普 通 高 等 教 育 教 材

大学生职业生涯规划

汤春琳 何锦龙 杨智勇 主编

化学工业出版社

·北京·

内容简介

本书紧密贴合我国的国情以及高校的实际情况，坚持"实用、管用、够用"的编写原则，全心全意地为大学生提供一套系统化的职业生涯规划指导方案。本书的内容设计紧密结合了大学生的成长特点和他们在生涯规划中可能遇到的困惑，目的是帮助学生们逐步加深对职业生涯的理解，树立起清晰的职业生涯规划意识，并且增强他们在职业选择上的决策能力，从而为他们未来的职业发展打下坚实的基础。全书内容包括职业生涯规划导论，职业生涯规划的理论、方法与步骤，兴趣探索，能力探索，职业探索，职业生涯决策与目标，职业生涯规划的行动计划与调整等八章内容，覆盖了大学生在职业生涯规划过程中所需要的核心知识和关键技能。每章不仅提供了丰富的理论知识，还融入了真实案例分析和体验活动等多样化的内容，力求在理论知识学习与实践操作之间实现无缝对接。

本书既可以作为各类高等学校大学生职业生涯规划的教材，又可供从事大学生职业生涯规划研究的教师做参考。

图书在版编目（CIP）数据

大学生职业生涯规划 / 汤春琳，何锦龙，杨智勇主编. -- 北京：化学工业出版社，2025.8. --（普通高等教育教材）. -- ISBN 978-7-122-48368-3

Ⅰ. G647.38

中国国家版本馆 CIP 数据核字第 2025E4L965 号

责任编辑：姜 磊 蔡洪伟 江百宁 文字编辑：李一凡 王 硕
责任校对：田睿涵 装帧设计：张 辉

出版发行：化学工业出版社
　　　　　（北京市东城区青年湖南街 13 号 邮政编码 100011）
印　　装：大厂回族自治县聚鑫印刷有限责任公司
710mm×1000mm　1/16　印张 13½　字数 225 千字
2025 年 9 月北京第 1 版第 1 次印刷

购书咨询：010-64518888　　　　售后服务：010-64518899
网　　址：http://www.cip.com.cn

定　　价：45.00 元

前 言

中国古代伟大的思想家孔子曾言："吾十有五而志于学，三十而立，四十而不惑，五十而知天命，六十而耳顺，七十而从心所欲，不逾矩。"这句话揭示了一个清晰的人生发展脉络。从高考到大学，当大学新生踏入全新的校园生活时，往往满怀憧憬与抱负，渴望在大学期间有所作为。然而，随着时间的推移，许多学生开始对"象牙塔"生活感到迷茫，难以回答"我是谁""我该走向何方""我如何实现目标"等关键问题。尽管入学时大家站在同一起跑线上，但毕业时却呈现出显著的差异，其根本原因在于是否进行了有效的"规划"。

为了帮助大学生更好地规划大学生活与未来人生，我们编写了《大学生职业生涯规划》一书。本书系统介绍了生涯意识启蒙、生涯规划理论、自我探索、工作世界探索、职业决策、行动与评估等内容，还精心设计了多种形式的实践内容，旨在通过多元化的形式激发学生的思考与实践。本书不仅传授职业生涯规划的核心原则与方法，还帮助大学生深入了解自我、认知外部世界、明确目标并付诸行动，力求使大学生在步入职场前，从观念、心态、知识、技能等方面做好充分准备，助力他们实现"成人、成才、成功"的目标。

本书由汤春琳、何锦龙、杨智勇担任主编。具体分工如下：第一章、第二章和第四章由汤春琳编写；第三章、第五章和第六章由何锦龙编写；第七章、第八章和附录由杨智勇编写。李秀琴、齐书桥也参与了本书的编写及图表的审核工作。全书最后由汤春琳审核定稿。在编写过程中，我们参考了相关书籍、报刊及网络资料，在此向所有相关作者致以诚挚的感谢。

由于编者水平有限，书中难免存在不足之处，恳请广大读者批评指正，以便再版时进一步完善。

编者
2025 年 3 月

目 录

第三章　职业生涯规划的方法与步骤　　49

第四章　兴趣探索　　75

第五章 能力探索 `99`

第六章 职业探索 `126`

第七章 职业生涯决策与目标 150

第八章 职业生涯规划的行动计划与调整 175

附录　197

第一章
职业生涯规划导论

随着我国高等教育从传统的精英教育模式逐步转向大众化教育，越来越多的国民获得了接受高等教育的机会，这无疑是一个积极的社会发展趋势。然而，这种转变也带来了一些挑战，特别是对于高校毕业生而言，他们面临着更为沉重的就业压力。在当前的就业市场中，许多学生对自己的职业定位感到迷茫，缺乏对外部就业环境的深入了解，同时，他们往往没有为自己设定一个明确的职业发展目标。这些职业生涯规划和职业意识的缺失，无疑使得他们在就业和择业的过程中遇到了更多的困难和挑战。研究和实践都表明，个人的生涯和职业意识的成熟程度，对于其个人的全面发展和职业成功具有极其重要的影响。因此，为了培养出良好的生涯和职业意识，首先必须深入理解职业、生涯以及职业生涯规划的真正含义，充分认识到大学生进行职业生涯规划的紧迫性和深远意义，这对于他们未来的职业发展和人生规划具有不可估量的价值。

第一节 职业生涯概述

一、职业生涯的相关概念

（一）生涯

生涯是一个人一生中所经历的工作、职务、角色，以及非工作或职业活动的总和，涵盖了个人生活中衣、食、住、行、娱等方面的活动和经验。生涯是指整体人生的发展，它不仅包括一个人终身的事业，还涉及个人整体生活形态的开展。

在学术界，职业生涯规划师舒伯的观点被广泛接受。他认为生涯是指生活中各种事件的演变方向和历程，它整合了人一生中的职业和生活角色，展现了个人独特的自我发展形态。实际上，生涯是一个人所有教育背景、工作经历、家庭以及生活角色和各种经验的总和。人的生涯发展既是自然生命的成长过程，也是自我设计与创造的过程。在这个过程中，职业作为所有"事件"和"角色"中的关键因素，对人生其他角色和经历产生重大影响。生涯是以职业为主轴和动力源，所以，"生涯"可以视为介于"生命"和"职业"之间的概念，其外延既不等同于"生命"，也不局限于"职业"，内容丰富，具有广泛的内涵和特征。

生涯的特征包括：

1. 终身性

生涯的发展是人一生中连续不断的过程。生涯涵盖了一个人一生中所拥有的各种职位和角色，因此，生涯不是个人在某一阶段特有的，而是终身发展的过程。

2. 独特性

每个人的生涯发展都是独一无二的。生涯是个人根据他的人生理想，为了实现自我价值而逐渐展开的独特生命历程。不同的个体有不同的生涯，虽然某些人在生涯形态上有相似之处，但其实质可能完全不同。

3. 发展性

人是生涯的主动塑造者。生涯是一个动态的发展过程，个人在不同生命阶段的需求会不断变化和发展，个体也会随之不断成长。

4. 综合性

生涯以个人职业角色的发展为主轴，也包括了其他与工作相关的角色。生涯不仅仅是个人在某一时段所拥有的职位或角色，而是个人一生中所拥有的所有职位和角色的总和。这个总和不仅限于个人的职业角色，还包括学生、父母、公民等涵盖人生整体发展的各个层面的角色。

5. 社会性

每个人都在与社会交流的过程中与周围环境和他人有着千丝万缕的联系。一方面，通过劳动获取物质保障，创造社会财富，得到社会的肯定和认可，并从中感受到自己做人的尊严和价值。另一方面，在与他人的互动中构建情感纽带，形成归属感和认同感，使个体超越孤立的存在，融入更广阔的社会网络，在相互支持与合作中实现精神的丰盈与生命的完整。每个人在生涯中都随着职位的变化而扮演着特定的社会角色，其职位和角色的影响因素是多样的，既与个人的特质和经验有关，也受所处环境状况和社会需要所制约。只有在发展过程中不断地调整和适应，才有可能实现生涯目标。

　　罗素曾经说过："选择职业很重要，选择职业就是选择未来的自己。"这在很大程度上说明了职业决定着一个人未来的生活方式和个人前景。从个人角度讲，职业活动几乎贯穿于人一生的全过程。人们在生命的早期阶段接受教育与培训，为职业做准备。从青年时期进入职业世界到老年退离工作岗位，职业生涯长达几十年。职业不仅是谋生的手段，也是个人存在意义和价值的证明。生涯的概念是用一种生命全程和生活整体的观点将职业生涯纳入人整个生涯之中，兼顾工作和家庭的有机统一和平衡，丰富和发展了职业生涯发展理论。

　　生涯评估是生涯规划工作的重要组成部分，舒伯提出的评估模式包括：

　　① 初步了解：包括收集资料、初步接触及初步评估。

　　② 深入探究：探究工作的重要性、各种角色的分量及对各种角色的价值观，并对生涯成熟程度（如计划、决策技巧、职业资料、适切性）、自我观念（如自尊、明确性、和谐性、认识复杂性、切实性）、能力与潜能的发展水平、兴趣范围与活动等进行深入评估。

　　③ 整体资料评估检验：核实全部资料，并进行评估与预测。

　　④ 咨询：通过共同讨论和修正评估结果，帮助个体明确当前的自我认知与发展方向。

　　⑤ 讨论行动计划：将计划、执行、追踪评价结合起来，深入讨论如何具体实施。

　　从以上模式可以看出，职业生涯发展理论特别强调必须深入地了解每个人的发展状况，特别是工作观念、生涯成熟程度以及自我观念等方面的内容，包括有关能力倾向与兴趣的资料，必须经过辅导人员与个体共同讨论后，才能作为辅导与咨询的依据。

（二）职业生涯

　　职业生涯是指个人一生中经历的一系列职业和角色的总和，即个人终身发展的历程。它不等同于工作，因为工作通常指在特定行业中的职位，要求有目的性、成果导向、投入时间和精力，并持续一段时间。而职业则是介于"工作"和"生涯"之间的概念，涉及一系列相关工作。对于职业生涯的定义和内涵，目前尚未形成统一的理解。在职业生涯概念发展的早期（20世纪初），社会相对稳定，人们一旦进入某个职业，通常不会改变，职业生涯的概念几乎等同于工作，指的是一个人在工作中经历的职业或职位的总称。随着社会经济的发展和人们认知水平的提升，职业的稳定性降低，人们对职业生涯有了新的理解。到了20世纪60年代，人们频繁使用英文单词career，强调职业的变化性，即一个人一生可能会多次更换职业。到了 20 世纪 70 年代末期，美国麻省理工学院的教授施恩提出了职业生涯发展理论。

职业生涯的定义可以分为广义和狭义两种。国外的职业心理学家，如舒伯等，认为职业生涯是从获得职业能力、培养职业兴趣、选择职业、就业直至完全退出职业的整个过程，始于人的出生，主张将人一生所经历的职业及非职业活动都视为职业生涯的内容，即将"职业生涯"概念与"生涯"或"人生"的概念等同。而以霍尔等为代表的职业心理学家则认为，职业生涯是指从职业学习开始到职业劳动结束的整个过程，即职业生涯仅限于直接从事职业工作的这一段生命时光，始于任职前的职业学习和培训。

国内学者沈登学、孔勤提出：首先，职业生涯是个体的行为经历，而非群体或组织的行为经历；其次，职业生涯实质上是指一个人一生中的任职经历或历程。从这个意义上讲，狭义的职业生涯规划始于工作前的专业学习和训练，终止于完全结束或退出职业；而在广义上，职业生涯从出生开始到完全结束职业工作为止。职业生涯是一个包含具体职业内容的发展概念、动态概念。

从广义的角度来看，职业生涯指个体一生所有的经历与活动，包括生活经历、工作（职业）经历、情感经历等，综合涵盖个体所扮演的各种角色；从狭义的角度来看，职业生涯指从个体有意识地进行职业准备开始到完全退出职业世界期间，所经历的与职业活动紧密联系的事件与角色的总和，包括与职业活动紧密联系的家庭生活、工作生活等部分的事件与角色。

一个人一生中连续从事的职业，不仅包括过去、现在和未来中那些客观观察到的职业发展过程，还包括个人对职业生涯发展的见解和期望。具体而言，职业生涯是指以心理开发、生理开发、智力开发、技能开发、伦理开发等人的潜能综合性开发为基础，以工作内容的确定和变化、工作业绩的评估、工资待遇、职称与职务的变动为标志，以满足组织和个人需求为目标的工作经历和内心体验的经历。与职业不同，职业生涯是一个动态的、发展的概念。

二、职业生涯的特征

职业生涯的特征包括：

1. 独特性

每个个体都是独特的，具有不同的特点。职业条件、职业理想、职业选择等方面的不同，加上每个人为实现自己的职业理想所做的种种努力的不同，构成了人与人相区别的、独特的职业生涯历程。

2. 终身性

职业生涯是一种动态发展的历程，每个人在不同阶段有着不同的追求，在每个阶段都不断地做出职业生涯规划并积极地去实施，这是一个贯穿终身的活动。即使是在晚年，个人也会不同程度地扮演好自己的角色，发挥余热，"老骥伏枥，志在千里"，正是人生晚年对职业生涯的追求。

3. 阶段性

职业生涯的发展过程有着不同的发展阶段，可以划分为不同的时期。国内外许多职业生涯规划理论家对人的职业生涯从不同角度做出各种划分，每个阶段都有不同的目标和任务，并且各个阶段之间具有递进性，各个阶段彼此有着各种关联。

4. 发展性

职业生涯是一种发展、渐进的动态过程，从整体来看，每个人的职业生涯都具有一定的逻辑性。在个人与他人、个人与环境、个人与社会的互动中，每个人根据自己不断充实的社会职业信息、职业决策技术，做出与该阶段相符的职业生涯规划。

三、职业生涯的分类

职业生涯的分类包括：

1. 外职业生涯与内职业生涯

外职业生涯是对组织而言的职业生涯，组织努力为员工在职业生涯中确立一条有所依循的、可感知的、具有可操作性的发展道路。相对于内职业生涯而言，外职业生涯是外在的、客观存在的。内职业生涯是对个人而言的职业生涯，是个人追求的一种职业。在内职业生涯中，个人力图使工作与他们个人的其他需要、家庭义务及个人休闲等达成平衡。内职业生涯是从业者个人追求一种职业的过程中所经历的道路，是其个人的职业发展道路。职业生涯是内职业生涯与外职业生涯的合理有效的结合与平衡，它使得双方的需要都得到满足，彼此受益。

2. 组织生涯和个人生涯

组织生涯强调个人职业所隶属的组织结构，是个人所在的组织所具有的一系列社会位置。为了使员工能够不断地满足组织的要求，组织的工作主要是提供职业需求信息及职业提升路线或策略，了解自己的资源储备，并有针对性地开发组织内部的人力资源。个人生涯由个人职业发展计划、职业策略、职业变动和职业位置等一系列变量构成。

3. 主观生涯与客观生涯

我们可以在生命周期的不同阶段赋予职业变动的意义，这是我们对职业的认知模式。在主观上，职业生涯可以看成一种志向，也就是促使一个人选择一种职业的决定因素。在客观上，通过职业生涯可以客观地观察到现实社会位置的变化，可以被看成一系列由低到高的职务。

第二节　职业生涯规划概述

在一些欧美国家，青少年很早就开始接受职业生涯教育，从学生时代开始，他们就开始有目的地规划和设计自己的未来生涯，为未来职业选择进行有益的探索和积极的准备。然而，在我国，职业生涯教育的起步较晚。大学生必须尽早地认识自己、发展自己、完善自己，并有针对性地进行职业生涯规划，科学地规划适合自身特点和发展需求的职业发展路径，以便更好地适应新时代的发展趋势，抓住每一个可能成功的机遇，在适应社会发展需求的同时，不断促进个人全面成长和成才。接下来，让我们先来探讨一下职业生涯规划的定义、大学生职业生涯规划的特点和必要性，以及大学生职业生涯规划的意义。

一、职业生涯规划的定义

职业生涯规划（career planning）可简称为生涯规划，是指个人与组织相结合，在对个人职业生涯的主客观条件进行测定、分析、总结研究的基础上，对自己的兴趣、爱好、能力、特长、经历及不足等各方面进行综合分析与权衡，结合时代特点，根据自己的职业倾向，确定最佳的职业奋斗目标，并为实现这一目标做出行之有效的安排。

（一）职业生涯规划的期限

根据规划的时间维度，职业生涯规划可以划分为短期规划、中期规划、长期规划和人生规划。

1. 短期规划

短期规划为 3 年以内的规划，主要是确定近期目标，规划近期完成的任务。

2. 中期规划

中期规划一般为 3～5 年，规划 3～5 年内的目标与任务。

3. 长期规划

长期规划时间是 5～10 年，主要设定较长远的目标。

4. 人生规划

人生规划时间长至 40 年左右，设定整个人生的发展目标和步骤。一个人的职业生涯是一个长期的过程，所以应有一个整体的职业生涯规划，但整个人生职业生涯规划是一个笼统的概念，很难具体地实施。例如，制定一个人生职业生涯规划——要成为一个上市公司的财务总监。为了达到这个目标，就要把这个规划分成几个中期的规划，如什么时候成为会计师，什么时候成为财务科长；然后再把这些规划进行进一步的细分，把它分解为直接可操作的具体计划，如为了达到财务总监的要求，什么时候成为中级会计师、什么时候成为高级会计师、什么时候考取注册会计师。这样我们就可以把整个人生职业生涯规划分成几个长期的规划，再将长期的规划分成几个中期的规划，然后把中期规划再分成几个短期的规划，一步一步来实现它。

(二) 职业生涯规划的特性

1. 可行性

规划要有事实依据，而不是美好的幻想或不切实际的梦想，否则将会错失发展良机。

2. 适时性

规划是预测未来的行动，确定将来的目标，因此各项主要活动何时实施、何时完成，都应有时间和时序上的妥善安排，以作为检查行动的依据。

3. 适应性

规划未来的职业生涯目标，牵涉到多种可变因素，因此规划应有弹性，以增加其适应性。

4. 连续性

人生每个发展阶段应能连续性衔接。

二、大学生职业发展规划

(一) 大学生职业发展规划的定义

从校园学子到社会独立个体的转变，是每位大学生都需面对的人生重大转折。美国著名发展心理学家埃里克森将此称为"危机"，即必须经历的变化时刻。他视成年期任务为这一危机结果的体现。大学阶段，职业选择变得日益重要，危机更多体现在青年个体的未来发展方向上。大学生如何应对这一不可避免的危机，实际上取决于他们如何理性规划自己的未来职业，如何逐步实现规划。在学习期间，大学生对个人发展规划往往不够明确，而职业发展规划理论能指导学生规划未来人生方向，促使学生提前准备、准确定位。

大学生职业发展规划是指学生通过自我评估和环境分析，结合职业理想与生涯预期，在学校相关部门和人员的协助下，规划学习、生活、工作，提升综合素质和就业竞争力，为未来就业打下坚实基础。实现大学教育与市场需求无缝对接，促进个体与职业的和谐发展。大学生职业发展规划的主体是学生本人，学校应提供全面辅导和条件支持。要深刻理解这一概念，需明确以下几点：第一，大学生职业发展规划的基础是全面客观地认识自我和外部环境；第二，大学生职业发展规划的首要任务是确立个人职业发展目标；第三，大学生职业发展规划是一个持续的动态过程；第四，大学生职业发展规划的实现是逐步的，需遵循特定的时间规划；第五，大学生职业发展规划的终极目标是实现最初设定的职业目标。

（二）大学生职业发展规划的特点

大学生的职业发展规划对其一生职业发展具有决定性影响，因此，客观分析自身优势和劣势，清晰认识性格、能力和兴趣等，对于制定合理有效的职业发展规划至关重要。一个良好的大学生职业发展规划应具备以下特点：

1. 连贯性

大学生职业发展规划具有连贯性特点。职业规划是一项连贯且系统的工作，广义上讲，职业贯穿人的一生，大学阶段作为专业学习时期，尤其凸显其职业准备期的特性。因此，大学生职业发展规划不仅限于大四阶段，而应贯穿整个大学四年，分阶段、分任务逐步完成。

2. 实际性

规划时需基于事实，充分考虑个人条件和外部环境限制，制定切实可行的职业计划。这要求大学生加强自我认知，进行全面客观的自我定位，并对外部条件进行细致分析，选择适合且可实现的职业目标，避免仅凭个人美好愿望或不切实际的梦想制定目标，以免错失良机。

3. 及时性

规划应根据各学期、各阶段特点合理安排实施。规划是预测未来行动、确定未来目标的过程。各项主要活动的实施和完成时间必须有明确的时间和时序安排，作为行动检查的依据。因此，学生应通过多种途径接受继续教育，了解自身特点，发挥优势，避免劣势。

4. 针对性

个人职业发展规划必须由个人主导。每位大学生的成长环境、个性类型、价值观及能力爱好等各有不同。通常兴趣和能力是决定职业适应性的两个主要方面，也是职业设计和决策过程中应重点考虑的因素。因此，大学生在设定职业目标、制定职业规划时，应客观分析外部环境和个人条件，制定有针对性的个人计划，避免盲目跟从。

5. 前瞻性

大学生未来的生涯道路和即将面临的职业世界非常广阔，大学生在进行自我定位和选择职业发展道路之前，必须了解摆在面前的职业生涯道路的各种可能性，了解未来职业世界。只有这样，才能在自我认知的基础上做好自我定位，并选择一条适合自身特点的职业生涯发展道路。

(三) 大学生职业发展规划的必要性

我们常听到"计划赶不上变化快"的说法。由于人生充满变化、机遇和风险，对人生、职业的规划似乎是个伪命题。这种观点认为，幸福和精彩的人生是命运的安排，我们对此无能为力，遇不上是天意，遇得上是运气。然而，国内著名职业规划专家古典老师在众多咨询案例中发现，对于大学生和入职五年的年轻人而言，是否拥有清晰的职业规划思路直接决定了他们职业生涯的长度和深度。

中国职业生涯教育专家古典在《你的生命有什么可能》一书中阐述：

我们对幸福人生的最大误解，是将幸福和精彩的人生视为命运的安排，好像我们对此无能为力，能做的仅仅是站在街头等待好运降临。

当你羡慕他人时，是否想过——那可能不是幸运，而是一种习得的能力。一个人生命中的财富、成就和光环，或许有幸运的成分，但他们的快乐、热爱和努力，都不是"遇上"的，而是"修炼"出来的。所有美好人生都是通过修炼和管理得来的。每一项人生要素的背后，都有支撑它的能力。

兴趣：提升兴趣让我们持续发现新事物，给生命注入玩耍和快乐的体验；

能力：强化能力让我们固化自己的努力，掌控生活和工作，并取得成就；

价值观：确立价值观让我们产生定见，抵御各种诱惑，专注于热爱的领域，获得宁静和满足。

兴趣带来快乐，努力带来能力，而价值观助你发现热爱的领域。兴趣、能力和价值观是三种重要的管理生命的能力——当你拥有这些幸福的能力，你就能轻松找到热爱的领域，在其中努力投入；而如果你缺乏这些能力，即使有幸找到这个领域，你也无法把握。

过好人生是一种能力，而非天赋。当开始掌握正确的练习方法时，每个人都有无限的可能。

实际上，职业规划的原理也是如此。

三、大学生职业规划的重要性

大学生职业规划具有个性化、计划性和系统性的特征。个性化强调这是个人的规划行为，是社会化过程的起点，而非群体或组织的活动。计划性意味着由于缺少实践经验，规划侧重于制定计划，基于对自身和环境的分析以及前景预测，而非基于从业经验。系统性则表明这是一个有机、逐步的过程，而非机械、预先设定的过程。大学生职业规划的重要性主要体现在以下几个方面。

（一）大学生职业规划对个人成长的意义

现代职业规划不仅有助于大学生实现目标，更关键的是帮助他们深入了解自己，确立合理且可行的职业生涯方向。在竞争激烈、人才众多的时代，只有发展个人竞争优势，才能抓住转瞬即逝的机会，发挥潜能，达成目标。大学生正处于生涯探索与建立的转换期，通过探索能明确方向，制定具体可行的职业计划，并积极积累职业成功所需的知识。

1. 有助于大学生确立人生目标

明确的目标能激发人们努力奋斗，积极创造条件以实现目标，避免无目标地漂泊。许多事业失败者并非缺乏知识和才能，而是因为没有规划适合自己的职业生涯，缺乏明确的人生目标。职业规划有助于学生选择符合个人兴趣、爱好、特长的职业岗位，满足个人需求，提供有效帮助。学生在自己选择的职业岗位上工作，会感到内心的满足，可以利用特长和优势创造业绩，实现人生理想，为社会做出贡献。

2. 引导大学生积极进行职业探索，实现自我完善

知识经济改变了社会产业结构，促使工作世界发生根本变化，职业内涵和从事职业的方式也随之改变。职业规划能激励大学生不断探索未来职业领域，培养职业能力，适应未来职业变化和发展。同时帮助学生确定符合其兴趣与特长的生涯路线，正确设定职业发展目标，实现人生理想。随着职业规划的具体目标实现，大学生的成就感增强，思想方式和心态向积极方向转变。职业规划为大学生提供了清晰的学业完成蓝图，使他们对学业实现过程有了清晰认识，进而产生信心和勇气，实现自我完善。

3. 提升大学生职业品质，认清就业形势，转变就业观念

大学生职业规划通常从入学开始，促使学生思考职业与未来的问题，如

"毕业后我能做什么?""社会需要什么样的人才?""就业形势如何?"等。这一思考过程有助于学生关注外界就业环境和用人单位标准,不仅能认清形势,还可用外界职业需求指导学习生活,提升职业品质。学生通过长时间关注与思考,对就业有全面认识,有助于形成正确的就业观念。许多学生缺乏合理就业观念,没有正确自我定位,这是缺乏对职业全面认识的结果。社会职业多样,对从业人员的要求各异,毕业生条件不同,个体素质千差万别。因此,需要了解社会对不同职业的需求,了解个人经济地位、社会关系,根据个人优势选择职业目标,选择合适岗位。同时,需树立"只要依法从事有报酬的劳动,对社会发展有贡献的都属于就业"的大就业观,明确择业标准只有"适合"与否,没有"好坏"之分。

4. 促进大学生全面发展

首先,大学生职业规划是成才的有效途径。随着文化素质提高,大学生普遍希望施展才能,成就事业,体现人生价值。只有及早规划职业生涯,认清自己,不断探索和发展内在潜能,才能正确掌握人生方向,创造成功人生。明确目标后,才能努力向目标前进,使事业早日成功。职业规划可以为求职择业提供成功技术和方法,帮助学生充分认识自己,能够客观分析环境、科学梳理目标、正确选择职业,并采取有效措施,克服职业发展困难、避免人生陷阱、获得事业成功。大学生无论从事何种职业,都需通过科学的职业规划,实现个人目标,获得事业成功,成为出色人才。因此,职业规划是成才的有效方法。

其次,大学生职业规划有助于全面提高大学生的综合素质。职业规划是一种终身教育形式,基于素质教育。素质教育面向全体学生,要求教师尊重学生个性,了解学生兴趣和志向多样性,创造性地开展教育活动,挖掘学生潜能并促进其全面发展。职业规划既注重发展完美个性,培养创新精神,又注重将个性发展与社会需求结合。通过职业规划,学生能更理智地认识自己和社会,完善人格,谋求发展,适应社会需求,实现个人价值。

再次,大学生职业规划有利于增强大学生的主体意识。受应试教育影响,部分大学生缺乏主体意识,认为学习是为了父母、教师而学,未认识到学习是职业生涯发展的需要。通过职业规划,大学生能全面了解自己的个性、长处与不足,认清社会对人才的需求,制定职业目标,并自觉将规划转化为行动,增强学习目的性和主体性意识。

因此,大学生应利用宝贵时间,进行系统的职业规划,学习相关理论知识,提高主体性意识和自主选择意识。同时,正确规划职业生涯,提高规划能力，实现促进个体全面发展的最终目的。

（二）大学生职业规划对学校发展的意义

1. 推动学校教育教学改革

在大学生职业规划过程中，学校根据市场变化调整专业和课程设置，更新课程内容，提高教学的针对性和时效性。职业规划强调学生自主性，注重灵活修课制度和弹性学分制的实施，强调实践重要性。学生在实践中可以更好地了解外部环境和自身条件，拓展与企业的交流，为实习创造条件。这也成为教学中不可或缺的环节。

2. 促进学校人才培养体系完善

职业规划作为科学管理理念，对人才培养模式提出新要求，以促进学校全面育人、科学育人体系建立。职业规划教育要求学校形成面向市场的人才培养模式，教学具有针对性和时效性。强调学生自主性和自由选择，要求教育强调实践重要性和办学开放性，以便学生在实践中更好地了解外部环境和自身条件，开阔视野、丰富阅历，缩小与社会需求的差距，并促进学校人才培养体系完善。职业规划教育的目的是实现人职和谐及人才充分、全面发展，要求学校在人才培养模式上更全面、科学，注重个性化培养。

3. 丰富高校就业指导理论基础和方法论体系

高校就业指导是一项实践性较强的工作，会不断遇到新问题。职业规划是高校就业指导面临的新挑战。积极、有效地开展大学生职业规划是高校就业指导向科学化和系统化迈进的关键一步，丰富的实践经验需总结与升华，形成新的科学理论以指导新的实践。大学生职业规划作为高校就业指导工作的重要组成部分，在合理配置人才资源中发挥日益重要的作用，对它的研究将有助于高校就业指导学科体系的形成。

第三节　大学与职业生涯发展

大学生涯构成了人生的关键时期，是职业发展的预备阶段。在该阶段学生选择特定专业进行学习，为未来职业生涯打下基础，因此大学生涯亦可视为职业准备期。这是职业生涯的起始阶段，对个人而言，能否在起点上取得优势至关重要。因此，对大学期间的学习进行科学和合理的规划，将有助于我们顺利步入社会、进入职场，实现职业发展和事业成功。

一、迅速适应大学生活

（一）既来之，则安之

许多学生在高考前都听过这样一句话："高中虽然辛苦，但到了大学就轻松了。"这是善意的谎言，现实并非如此。高考的顺利通过确实让大学学习比高中更轻松，但大学期间的任务并不简单，反而会让人面临更多问题和困惑。当大学生开始审视周围的人时，会发现除了成绩相当外，自己似乎没有太多值得自豪的地方。经过高考的筛选，班级里高手云集，竞争激烈。当曾经引以为傲的学习成绩不再是唯一标准时，可能会感到自己变得平凡，甚至在课外知识、人际交往能力、家庭背景或身体容貌等方面不如他人。曾经憧憬的大学生活可能并不如想象中美好，甚至可能变得令人失望。这些都是大学生可能遇到的问题，其带来的烦恼或许不亚于高考。

由于对新环境的陌生感，大学新生的情绪波动通常较大，这是正常的。关键在于调整心态，及时从高中生的角色转变为大学生的角色。面对问题，不应抱怨，而应调整自己以适应环境。抱怨现状或怀念过去都无法解决问题，除了改变自己以适应环境外，别无选择。这虽然听起来残酷，但并非没有道理。此时，应放下心理负担，正视现实，以平和的心态和积极进取的态度度过大学四年。常言道，"比较只会让人沮丧"，大学里人才济济，竞争激烈，不必过分与他人比较，而应发现他人的优点和自己的不足，取长补短。

如何快速熟悉大学生活？有一件非常重要的事情需要你自己完成：独立自主地生活。随着寄宿生活的开始，你的日常生活都需要自己打理，从食堂用餐、洗衣打扫，到安排学习计划、制定学业规划，都需要独立完成（当然，你可以得到许多建议）。新生入校，家长最担心、学校最关心的就是安全问题。学校通常会进行安全教育，作为大学新生，必须从安全管理开始，学会自我管理。此外，你还需要学会理财。你需要制定一个合理的开支计划，切勿为了所谓的"面子""交情"而挥霍，否则，下学期可能因资金紧张而难以向父母开口，最终受苦的还是自己。学会独立自主地生活，对许多大学生来说是第一个挑战，应将独立生活视为提高自我管理能力和丰富生活经验的机会，快速适应大学生活。

（二）大学新生必须做的几件事

尽快熟悉并融入大学生活是顺利适应大学生活的重要步骤，为此，新生入学后必须做以下几件事。

1. 尽快熟悉大学的环境

入学后学校一般会安排班主任、辅导员，以及一到两名高年级同学担任班主任、辅导员助理，他们会带领你们熟悉整个校园环境及建筑功能，比如报告厅、教学楼等。这个活动千万别错过，今后即使你单独行动，也能根据通知及时找到活动场所。此外，你还可以更好地利用校园环境开展班级活动。在熟悉校园环境的同时也可以了解一下各个地方工作人员的职能情况。熟悉环境时需要你做一个有心人，这也将使你有能力帮助和你同时迈进大学校园的新同学。

2. 熟悉你的室友、同学、班主任、辅导员

进入大学后学习压力减轻，但人际交往和交流变得更加频繁和复杂。与你关系最紧密的有这些人：室友、同学、班主任、辅导员。与室友建立良好的关系是大学第一门必修课，关系融洽与否直接决定了四年后你多了几个朋友，还是多了几个"老死不相往来"的宿敌。想要处理好与室友的关系，可以尝试以下几个建议：平等对待每个室友，不用有色眼镜看人；积极主动参与寝室事务，如打扫卫生；尽量与室友保持一致的作息时间，对作息不一致的室友给予理解或劝解；积极参与寝室集体活动；养成良好的生活和卫生习惯等。以室友为基础建立你的新型人际关系网络，让他们成为你成长的参谋、助手，成为你大学生活的稳定剂和催化剂。

高年级同学是你超越同班同学的关键人物，他们会给你提供校园活动等多方面的建议，比如如何组织一次活动、如何参加热门社团面试、如何申请课题、如何策划活动等，他们的帮助既减少了走弯路的时间成本，也增加了你成功的概率。当然，想要得到前辈的帮助，前提是你自己得积极主动，礼貌地寻求帮助，对于获得的帮助一定要表示感谢。

班主任、辅导员是直接与学生接触的老师。有的学校设班主任，有的学校设辅导员，有的两者都设。班主任或辅导员与你的接触在大一的时候相对较多，一般是有限接触，比如到军训场地看望大家、到寝室走访、参加班会等。辅导员平日里默默无闻地帮助你处理除学习之外的所有官方事务（比如请假、综合测评、班级动态掌握、党员发展等），一旦发生突发事件，他们往往会第一时间赶赴现场并随时待命。碰到解决不了的问题或者遇到困扰想找人谈心时，找他们是最好的办法。

3. 抓住每一个机会发出自己的声音

大学是一个舞台，如果你不争取主角，那么就只能当配角或者观众，看别人的表演了。新生入学，大家互相还不了解，此时，应尽可能多地尝试而不是

急着找准位置。积极主动是大学生活的一个技巧。对于自己有条件参与的活动，尽可能多地去争取、尝试，胜出时以王者风范统领全局，落败则以大度心态坦然面对，积极参加团队合作项目，努力做好配角。每个人的性格、特长、爱好、能力，是不一样的，每个人身上都会有一些闪光点，有些可能已经显露，有些可能等待挖掘。所以你应该不断尝试，广泛涉猎，尽可能多地试着做一些自己原本做不到或者原以为自己做不到的事情，充分挖掘你的潜能，在尝试的过程中，发现真实的自己，并不断强化你的潜能，扩大你的优势。不断重复自己能力范围内的事情只会让自己原地踏步，因此，需要寻找机会适当拓展自己的活动范围和层次，不断提高自己的综合素质和能力。学校针对新同学安排的活动很多，这些活动既是挖掘自身才能的好机会，也是结识新朋友的好办法。刚进入大学校园的你千万别错过这些活动，千万不能因为怕苦怕累，甚至是怕丢了面子而畏缩不前。

4. 认识并爱上你的专业

大学的专业和高中学业的衔接不是很强，报考大学的时候，很多人的选择并不是很多。但各校一般都有转专业机制，符合条件者可以申请。许多同学想转专业，可能不是基于自己的理性分析，多半是道听途说或者家人的意愿。新的高考方案更强调专业先导，因此会更多地照顾学生的兴趣。你需要做的，是先对自己专业进行大致的了解。学校会有专业教育，或者在第一学期可能会安排专业导论课，教授会亲自授课，跟大家分析本专业的课程安排、培养方案、就业方向和就业前景等情况，这是非常重要的机会，一定要仔细听讲，搞清楚。此外，也可以和参加工作不久的亲朋好友聊聊专业情况，听听他们对专业前景的认识。最后，根据自己的学习特点、兴趣爱好、行业前景来确定自己的专业意向，巩固专业思想。如果拿不准自己到底是否适合学习这个专业，可以先学习一段时间，再根据具体情况选择辅修第二专业。

5. 树立目标、科学规划

"空虚、寂寞、无聊"往往伴随着对大学生活的无知而来，男生选择玩游戏，女生选择看电视剧等方式消磨时间的情况不在少数。究其原因，主要是这些同学失去了目标，他们相信那个善意的谎言，认为考上了大学就是"功德圆满"，就不用再努力、奋斗了，从而阻碍了自己前进的步伐。大学能够成就一个人，也可以毁掉一个人，关键在于你的选择。有些人，并不想混日子虚度光阴，但是不知道该如何努力，以致产生迷茫、彷徨的心理。说到底，就是这些同学丧失了生活的目标，不知该何去何从。因此，对大学生来说，重新思考自己的前进方向、规划自己的大学生活非常重要。

高中时期学生受过的教育，大多围绕着高考的目标，很少考虑职业的问题。由于启蒙教育的缺失，大学生大多还没有职业的意识和概念，因此，在认识自己、认识职业之前，所谓的目标大多不切实际。鉴于此，掌握职业规划的知识和方法非常重要。了解自己的兴趣、特长和价值观，结合社会需求和行业发展趋势，制定出符合个人特点和职业目标的规划，这将有助于大学生在大学期间做出明智的选择，为未来的职业生涯打下坚实的基础。

二、确立学习与职业成长的联系

教育是为职业和事业成功打基础的过程。"为何来到大学？""在大学中应学习什么？""学习的目的何在？"这是许多大学生经常思考的问题。显然，大学生的主要任务是学习，但学习的最终目标是实现职业上的成就。学习绝非单纯为了知识本身，而是为了使生活更加充实和有意义，这自然也涵盖了获取未来工作中所需的专业技能和能力。

职业是展现自我价值和提升生活质量的舞台。作为大学生，一个渴望独立的年轻人，总是梦想着通过自己的奋斗实现个人价值，期望看到家人因自己的努力而露出满意的笑容。这一切都需要一个能够展现个人才华的职业舞台。事业是我们实现梦想的途径。正如古人所言，"取法乎上"，大学生在入学之初就应树立远大的理想，这样才能有所成就。理想是人们所向往和追求的未来目标。职业理想则是对事业成就的期望和追求。可以说，一旦我们设定了职业理想，我们的学业和职业就会转化为事业。理想的实现需要一个平台作为支撑，而事业正是我们通往理想的路径，没有事业这个平台，理想只能是空想。大学生不仅要学会将现实的学习观念转变为未来的职业观念，还要学会将"为了生活而学习工作"的职业观念，转变为"为了学习工作而生活"的事业观念。

学业、职业和事业是相互关联的，从我们踏入大学，开始制定生涯规划的那一刻起，未来的职业生涯就已经启程。只要我们不忘初心，在专心学习的同时，有意识地积累职业经验，并适时进行必要的、合理的职业规划调整，我们的职业生涯之路定会走得精彩纷呈。

三、大学学习与职业发展

大学四年时光虽长，实则转瞬即逝。在这期间，大学生如何在平凡的生活中，开辟出属于自己的天地？有些学生回顾大学生活时，常因未对这四年进行整体规划而感到遗憾，白白浪费了宝贵的时间。那么，大学生应如何规划未来并迅速适应大学生活呢？这是一个值得深思的问题，也是每个大学生在入学之初就应考虑的问题。

1. 明确人生目标

进入大学，面对角色和环境的转变，新生们往往感到放松，加之大学相对自由的氛围，容易导致目标不明确，从而产生适应上的困难。因此，从入学之初，新生们就应深入思考，反复自问："我究竟想成为怎样的人？""大学期间我需要培养哪些能力？""我将为未来做哪些准备？"经过深思熟虑后，应制定出符合个人发展的规划，明确人生的大目标，并将其细化为不同阶段的具体目标，制定详细计划，确保大目标得以逐步实现，而非沦为空想。

首先，设定长期和终极目标，即人生最终的定位。目标要基于现实，从个人实际出发，过高则易失去信心，过低则缺乏前进动力。正如诺贝尔生理学或医学奖得主托马斯·亨特·摩尔根所言："目标不宜过高，否则近乎妄想。目标应设得近一些，易于达成。"

其次，设定短期目标，明确大学四年应达到的目标和所需能力。例如，若目标是成为全面型人才，则需培养逻辑性、数理性、语言、空间、自我内省、洞察人性、体育和音乐等八种能力，这些是成功人士通常具备的能力。同时，培养团队协作、主动学习的能力，具备诚信正直、拥有理想和激情等特质，并进行七项学习：自修之道、基础知识、实践贯通、兴趣培养、积极主动、掌握时间、为人处世。

再次，设定年度或学期目标。将短期目标进一步细化，具体到每一学年、每一学期。例如，本学年应完成什么？本学期末成绩要达到什么标准？一年内要读多少本课外书？参加哪些社会实践与社团活动？人际关系如何处理？身体素质如何？等等。

最后，设定日常目标，即对年度或学期目标进一步细化。例如，每天应做什么？如何安排一天的学习生活？日常目标应具体、可操作，并注重人性化，以易于实现。如坚持每天跑步、锻炼身体、增强体质，为顺利度过大学生活创造条件。

目标是成功的基石。对大学新生而言，花时间制定大学人生规划，明确奋斗目标，将大有裨益。认清自己的方向，以自己的方式前进，朝着最适合自己、最能发挥自己能力的方向成长。当我们的目光投向远方，困难和挫折都将成为前进的垫脚石，而非绊脚石。

2. 保持积极向上的心态

在制定大学规划和适应大学生活的过程中，"态度"至关重要。通常，影响大学生成才的不良心理品质包括易受暗示性、顽固性、冲动性、优柔寡断、惰性、缺乏恒心、胆怯软弱等。针对这些问题，我们可以采取相应的措施。

首先，正确地认识自我。如果大学生能全面深刻地认识自我，客观准确地评价自我，就能扬长避短、发展和完善自我。认识自我可以通过与条件相似的人比较、观察他人对自己的态度、分析自己活动成果的社会效应等途径进行。评价自我时，既要与自己比较，看到差距和进步，也要与他人比较，综合分析信息，既不自卑也不自大。

其次，运用积极的自我暗示。自我暗示是通过内部语言或书面语言来调节和控制情绪的方法。例如，在公众场合发言紧张时，可以内心告诉自己"勇敢点，放松，不要紧张"；使用"你能行！""不能恼火"等自我激励或自我约束的话语。要接受自己，平和理智地看待自己的优缺点、成败得失，在此基础上，培养自信、自立、自强、自主的心理品质，以发展的眼光看待自己，不断激励自己、完善自己、超越自己。实际上，在积极的自我暗示下，人的潜力是巨大的。想法决定我们的生活，有什么样的想法，就会有什么样的未来。同时，积极的自我暗示有助于控制和调节情绪，使自己拥有积极的心态。

再次，选择目标时，要有"无怨无悔"的决心。勇者无畏，除了具备一定的智商、情商，还要有"胆商"，即胆识、勇气与魄力。无论选择哪条路，都会有风险和收获。不敢选择的人，也是不敢承担责任的人，不会成功。勇于挑战不仅是一种素质，更是一种荣誉，在不断地挑战中，发现自己的潜能，实现人生价值，丰富人生历练。需要强调的是，要把握好自信度，不要让自信变成自负。有时，经过一段时间的实践，若发现既定目标无法实现或并非所希望的结果，就要学会及时回头、敢于回头，不要一错再错。

最后，有效地控制自我。从大学开始，就可以用具体目标来抑制惰性，养成良好习惯。例如，每天坚持早起晨读。要有意识地控制自己的欲望，尤其是那些不利于健康成长的欲望，若想成功就必须有所放弃。要培养健全的意志，增强挫折承受能力，提高行动的自觉性和顽强性，增强自制力和约束力。

3. 敢于梦想、勇于实践

世界因梦想的实现而伟大。要敢于梦想，勇于实践，对自己的决定要全力以赴。梦想是前进的动力，是推动我们不断前行的源泉。在大学期间，我们要敢于梦想，敢于设定高远的目标，并且要勇于实践，将梦想转化为现实。

首先，在大学期间，要分步骤、脚踏实地、扎扎实实地完成自己确立的每一个目标。大一为试探期，要初步了解自己所学专业以及对口的职业，特别是未来想从事的职业，刻苦学习，打好基础。大二为定向期，应考虑未来是否深造或就业，深入学习专业课程。通过参加学生社团等组织锻炼自己的能力，尝试与未来职业或本专业相关的兼职、社会实践活动，并正确处理好各种学生组织工作与学习的关系。大三为冲刺期，应确定是否考研，提高求职技能，锻炼自己独立解决问题的能力，有意识地培养个人职业发展的核心技能。大四为分化期，对于找工作、考研、出国，不能犹豫不决，要对前三年做一个总结，对自己有个清楚的认识。

其次，要主动适应新的学习、生活、人际交往方式，提高自理和自立能力，不断发展和完善自我。应做到以下几点：

一是适应新的环境。大学生应接纳现实，增强独立意识，提升自主能力，培养自立精神，尽快掌握新生活技能，也要提高生活自理能力，包括日常生活、休闲娱乐、社会交往等方面。在参加社团活动方面，根据自己的性格特点和条件，有选择地培养和发展一些业余爱好。同时，还应注意照顾好自己，增强体质，为大学四年的学习与生活提供保障。

二是适应新的人际关系。大学生建立新的人际关系既是环境的要求，也是个体逐渐走向成熟和向成人转化的必要条件。大学生要处理好同班、同年级同学关系，尤其要处理好寝室中的同学关系，适应以寝室为单位的集体生活。在新组成的群体里，面对差异，要学会承认、理解和尊重差异。同时，应学会沟通，打破对人际交往的恐惧，用积极的态度代替消极回避的方式。应逐渐摆脱以自我为中心的思维方式，学会换位思考，把自己历练成心智成熟、心胸豁达的人。值得一提的是，在相互适应过程中，除体谅别人之外，还要适当表达自己的意见和感受，甚至是对抗性的意见和感受，这不只是一个针锋相对的过程，也是一个互相沟通与理解的过程。这不仅需要掌握人际沟通的技巧，更需要有暴露自己的观点，甚至是弱点的勇气。另外，大学生要拥有一个开放的心态，善于吸取和学习别人的优点，不断提高知识水平与自我修养。培根说过："如果你把快乐告诉一个朋友，你将得到两份快乐；如果把忧愁向一个朋友倾诉，你将被分掉一半忧愁。"除了同学关系之外，大学生还应和老师多交流、沟通，这样不仅能融洽师生关系，而且会从老师身上学到许多东西。同时，还要学会处理好竞争与合作的关系。大学生既要有竞争意识，也要培养团队合作精神。事实上，一个人与他人合作的能力就是竞争力的一个重要体现。此外，需要强调的是，人际交往中的级差、层次是客观存在的。在交往中，应把握好交往的度，保持社交距离，注意交往方式，根据心理距离的变化，及时调整和改变。一个人要想和所有人都成为亲密的朋友，那是不现实、不可能的。但是，如果大家尽量学会与各种不同性格的人打交道，就能与更多的人相处得融洽，自身的人际交往、协调沟通的能力也随之得到提高。

　　三是适应新的学习方式。大学的学习方式主要由大学生的知识结构和老师的教学方式决定。大学期间，学习专业知识固然重要，但更重要的是学习独立思考的方法。"三人行必有我师"，大学生应当充分利用学校的人才资源，从各种渠道吸收知识和方法。只要用心，就会发现自己周围到处是良师益友。大学生可以主动向资深的教授、老师请教，或者请他们推荐一些课外参考读物；与师兄、师姐或同班同学多交流和切磋，他们都是自己最好的知识来源和学习伙伴。只要珍惜这些机会，大胆发问，互帮互学，就能学到最有用的知识和方法，达到共同进步。

第二章
职业生涯规划理论

在现实生活中，当我们在面对职业生涯的挑战和决策时，我们往往都在努力寻找一个可以确保我们成功的"职业生涯模式"。然而，这个概念实在是太抽象了，它甚至可能让我们感到困惑，因为并没有一个现成的、可以直接套用的模板存在。虽然一些关于成功学的理论和心灵鸡汤类的书籍对某些人来说可能带来一些启发和动力，但现实世界中的复杂情况和问题的多样性远远超出了这些理论和书籍所能解决的范围。有选择性地吸收这些信息，确实可以在一定程度上促进职业生涯的发展，但这并不能取代系统的职业生涯规划，更不能替代以自我了解为基础的生涯探索活动。理论是基于对事件的观察和分析而形成的，它为我们理解事件的来龙去脉和采取相应的行动提供了巨大的帮助。

职业生涯规划不仅仅是一门学科，它还拥有着丰富的理论基础。在众多理论中，一些比较著名的理论包括："特质-因素"理论、由美国心理学家约翰·霍兰德提出的"职业性向"理论，以及由心理学家舒伯提出的"职业发展"理论等。为了更好地进行职业生涯规划，我们必须首先掌握职业生涯规划的基础理论知识，并且能够熟练地运用这些理论来指导和规划自己的职业生涯。

第一节　职业选择理论

职业选择涉及个人挑选和确定就业的种类与方向。它是人们步入社会生活、实现人生关键环节的重要行为。职业选择有助于实现人与劳动岗位的最佳结合，促进个人顺利融入社会劳动，同时推动社会化的顺利进行和实现。此外，职业选择还能带来经济与社会效益的多方面共赢，进而促进人的全面发展。

一、"特质-因素"理论

"特质-因素"理论（Trait-Factor Theory）起源于 18 世纪的心理学研究，直接基于美国波士顿大学帕森斯（Parsons）关于职业指导的三要素思想，并由美国职业心理学家威廉森（Williamson）进一步发展。20 世纪 30 年代，面对经济衰退和失业率的大幅上升，美国政府于 1931 年成立了"明尼苏达就业安定研究中心"。威廉森随后在明尼苏达大学开展学生职业辅导工作，形成了独特的"明尼苏达辅导观"。

（一）基本主张

"特质-因素"理论是一种以经验为基础的辅导模式，其理论基础是差异心理学，强调个人特质与职业选择的关联。其理论前提包括：第一，每个人拥有一系列独特的特性，这些特性可以客观有效地测量；第二，不同职业需要不同特性的人员以取得成功；第三，选择职业是一个相对简单的过程，人职匹配是可行的；第四，个人特性与工作要求的配合越紧密，职业成功的可能性越大。

该理论认为，由于发展与成长方面的差异，每个人都有其独特的个人能力与人格特质。这些特质与特定职业相关联，每种人格特质的人都有适合自己的职业，且人人都有机会选择职业。个人特性可以客观测量，职业因素也可以分析。个人特质，如兴趣、倾向、能力、人格等，可通过心理测验等客观方法测量，从而描绘出个人潜能。同样，职业也可根据所需个人特质的"量"来描述其特征。职业指导，就是利用这两方面的资料来指导求职者进入合适的职业。帕森斯提出的职业指导包含三个要素。

1. 自我分析

自我分析即评估求职者的心理和生理特点（特质），通过心理测量及其他评估手段，获取求职者的身体状况、能力倾向、兴趣爱好、气质与性格等个人资料，并通过会谈、调查等方法获取求职者的家庭背景、工作经历等信息，然后对这些资料进行评估。

2. 工作分析

工作分析即分析各种职业对人的要求（因素），并向求职者提供相关职业信息，包括以下几点。

① 职业的性质、薪资待遇、工作条件以及晋升的可能性。

② 求职的最低条件，包括学历要求、所需的专业训练、身体要求、年龄、各种能力以及其他心理特点的要求。

③ 为准备就业而设置的教育课程计划，以及提供这种训练的教育机构、学习年限、入学资格和费用等。

④ 就业机会。

3. 人职匹配

人职匹配理论最初由美国波士顿大学的帕森斯提出，是职业选择和职业指导的经典理论之一。帕森斯在其著作《选择一个职业》中，明确阐述了职业选择的三大要素和条件：

① 清晰地认识自己的态度、能力、兴趣、智慧、局限和其他特征。

② 应清晰地了解职业选择成功的条件，所需知识，在不同职业岗位上的优势、劣势、补偿、机会及前景。

③ 平衡上述两者。

帕森斯的理论内涵是在清晰认识和了解个人的主观条件和社会职业岗位需求的基础上，将主观条件与社会职业需求相对照、相匹配，最终选择一种与个人特长相匹配的职业。

职业与人的匹配分为两种类型：

① 条件匹配。即需要特殊技术和专业知识的职业与掌握该技能和知识的求职者相匹配；或者劳动条件较差的职业，如脏、累、险等职业，需要吃苦耐劳、体格健壮的劳动者与之相匹配。

② 特长匹配。即某些职业需要特定的特长，如具有敏感、易动感情、不守常规、有独创性、个性强、理想主义等人格特征的人，适合从事有审美性的、需要自我感情表达的艺术创造类型的职业。帕森斯的人职匹配论，对职业生涯规划和实现人职和谐具有重要的指导意义。

"特质-因素"理论强调个人特点与职业所需素质及技能（因素）之间的协调与匹配。为了深入了解和掌握个体特性，"特质-因素"理论非常重视人才测评的作用。可以说，"特质-因素"理论的职业指导是建立在对人的特性测评基础之上的。职业指导者通过测量与评价被指导者的生理、心理特性并分析职业对人的要求，帮助被指导者进行分析比较，使其在清楚了解自己和职业因素的基础上做出明智的职业选择。这一理论奠定了人才测评理论的基础，推动了人才测评在职业选拔与指导中的应用与发展。

（二）局限性

"特质-因素"理论的优点在于重视"个别差异"和"职业资料"，但其理论假设存在局限性，即认为一个人在职业选择上只有一个"正确"目标，即只有一种职业适合个人从事，并且假设每种工作只需要一种类型的人来完成。这样的假设将个人特质与工作要求视为静态关系，并且低估了个人的学习与成长潜力以及工作要求随时间变化的可能性。尽管存在这些缺点，"特质-因素"理论仍对职业指导的实施产生了深远影响。如果能恰当运用该理论，可以发挥其优点。个人在做出职业决策与选择时，必须先进行自我了解和了解外部工作环境。"知己"是要了解个人的兴趣、倾向、能力等特质；"知彼"是要了解外部工作领域的状况以及不同工作所需条件，通过各种测验结果与职业资料的分析，以达到自我探索的目的。

二、霍兰德的职业性向理论

约翰斯·霍普金斯大学的心理学教授约翰·霍兰德（John Holland）在1971年，基于其职业咨询经验，提出了职业性向（Career Orientation）理论，也称为职业兴趣理论。霍兰德认为，职业选择反映了个体的人格特质，求职者倾向于寻找与自己人格相匹配的职业。他将这种人格与职业类型相契合的状态称为"适配"。

（一）工作环境分类

该理论首先将职业划分为以下六种典型的工作环境。

① 现实性的：如建筑、驾驶客车、农业耕作等。

② 调查研究性的：例如科学和学术研究等。

③ 艺术性的：包括雕刻、表演和书法等。

④ 社会性的：涉及教育、宗教服务和社会性工作等。

⑤ 开拓性的：例如销售、政治和金融等。

⑥ 常规性的：如会计、计算机技术、药理学等。

这些工作环境类型有助于描述员工的个性特征，因为每个人通常偏好于六种职业类型中的一种或多种。职业性向是影响个人职业选择的关键因素。

（二）对劳动者进行分类

依据劳动者的心理特质和职业选择倾向，将劳动者分为六种基本类型，即研究型、艺术型、社会型、企业型、传统型和现实型。人格与环境的匹配是提高职业满意度和成就感的关键。霍兰德人格特征分类与对应的职业类型见表 2-1。

表 2-1 霍兰德人格特征分类与对应的职业类型

劳动者类型	劳动者职业类型	劳动者人格特征	相对应的职业类型
现实型(R型)	喜欢使用工具从事操作性强的工作,做事手脚灵活、动作协调,不善言辞、不善交际	实利主义的、谦卑的、自然的、直率的、坦诚的、有毅力的、注意实际的、不介入的	工程师、技术员、机械操作员、维修安装工、木工、电工、司机、测绘员、农民、牧民等
研究型(I型)	抽象思维能力强、求知欲强、肯动脑、善于思考,喜欢独立和富有创造性的工作/有学识才能,不善于领导他人	分析型的、独立的、理性的、细心的、谨慎的、善于批评的、好奇的、精确的、不合群的	自然科学和社会科学方面的研究人员、专家,化学、冶金等方面的工程师、技术员,计算机操作人员等
艺术型(A型)	喜欢以艺术形式的创作来表现自己的才能,具有特殊艺术才能和个性,乐于创造新颖的、与众不同的艺术成果,渴望表现自己的个性	复杂的、不切实际的、不守常规的、感情冲动的、善于表达的、敏感的、理想主义的	音乐、舞蹈、喜剧方面的演员、艺术家、编导,文学、艺术方面的评论员、广播主持人、编辑、作家、摄影师等
社会型(S型)	喜欢从事为他人服务和教育的工作,喜欢参与解决人们共同关注的问题,比较看重社会义务和社会公德	乐于助人的、有责任心的、善于合作的、理想主义的、耐心的、合群的、友好的、仁慈的、善解人意的、慷慨的、有说服力的	教师,行政人员,医护人员,衣食住行服务行业经理、管理人员和服务人员,福利人员等
企业型(E型)	精力充沛、自信、善于交际,具有领导才能,喜欢竞争,敢于冒险,喜欢权力、地位和物质财富	精力旺盛的、乐观的、大胆的、自信的、外向的、合群的、野心勃勃的、盛气凌人的	经理、企业家、政府官员、商人、行政部门和单位的领导人和管理者等
传统型(C型)	谨慎保守、尽职尽责、忠诚可靠、自我控制能力强,尊重权威和规章制度、喜欢按计划办事,细心、有条理,习惯接受他人的指挥和领导,不喜欢冒险和竞争、缺乏创造性、富有自我牺牲精神	有责任心的、效率高的、稳重踏实的、细致的、有耐心的、自我抑制的、顺从的、有秩序的、实际的、依赖性强的、缺乏想象力的	秘书、计算机操作员、办公室人员、统计员、打字员、记事员、会计、行政助理、出纳员、投资分析员、审计员、图书管理员、税务员和交通管理员等

1. 现实型

倾向于规则明确的具体劳动和需要基本操作技能的工作,社交能力较弱,不适应社会性质的职业。具有这类人格的人通常从事技能性职业和技术性职业,如一般劳工、技工、机械装备工等。

2. 研究型

表现出聪明、理性、好奇、精确、批评等特质,偏好智力的、抽象的、分析的、独立的任务,如研究性质的职业,但可能缺乏领导能力。典型职业包括研究人员、工程师等。

3. 艺术型

具有想象、冲动、直觉、无秩序、情绪化、有创意等特质，喜欢艺术性质的职业和环境，不擅长实务工作。典型职业包括艺术和文学领域的职业，如演员、导演、艺术设计师、歌唱家、诗人等。

4. 社会型

表现出合作、友善、助人、负责、圆滑、善于社交、善于言谈、洞察力强等特质。喜欢社会交往，关心社会问题，具有领导能力。典型职业包括教育工作者和社会工作者，如教师、教育行政人员、咨询人员等。

5. 企业型

具有冒险、自信、精力充沛、善于社交、喜欢竞争、追求权力、地位和物质财富等特质，喜欢领导和企业性质的职业。典型职业包括政府官员、企业领导、销售人员等。

6. 传统型

表现出顺从、谨慎、保守、实际、稳重、效率高等特质，喜欢有系统、有条理的工作任务。典型职业包括秘书、办公室人员、会计、行政助理、出纳员等。

（三）理论的核心理念

霍兰德的职业性向理论，其核心在于劳动者的职业倾向与职业种类的匹配。当相同类型的工作与劳动者相结合时，适应性才得以实现。霍兰德提出，劳动者个性与职业的匹配存在三种基本情形：首先，人职匹配，即劳动者找到与其个性相符的职业，能充分施展才华并获得较高的工作满足感；其次，人职次匹配，即劳动者找到与个性相近的职业，需要通过个人努力和调整来适应工作环境；最后，人职不匹配，即劳动者找到与个性相悖的职业，难以发挥潜力，工作满足感和成就感较低。为了更直观地阐释这一问题，霍兰德构建了一个六边形模型，如图 2-1 所示。六边形的六个顶点分别代表六种职业类型和劳动者的六种个性特质。图中各点连线的距离反映了职业类型与劳动者个性特质的相关性。连线越短，表示两种类型的相关性越强，适应性越高。六种类型的定位基于其相似性程度。

从图 2-1 中可以看出：每种类型与其他类型之间存在不同程度的关系，大致可以描述为以下三类。

1. 邻近关系

例如 RI、RC、CE、ES 等，具有这种关系的两种类型个体相似之处较多，

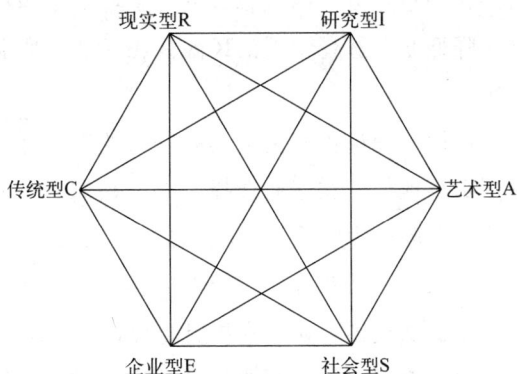

图 2-1　霍兰德职业性向选择图

如现实型 R 和研究型 I 的个体通常不倾向于社交，这两种职业环境也较少提供人际交往的机会。

2. 间隔关系

例如 RA、RE、EA、SC、CI 等，具有这种关系的两种类型个体之间的共同点比邻近关系的少。

3. 对立关系

例如 RS、IE、AC、SR、EI 及 CA，具有这种关系的人格类型共同点较少，因此，一个人同时对处于对立关系的两种职业环境都感兴趣的情况较为罕见。

根据霍兰德的职业性向理论，在职业决策中最理想的情况是个体能够找到与其人格类型重合的职业环境。一个人在与人格类型相一致的环境中工作，容易得到乐趣和内在满足，最有可能充分发挥自己的才能。因此，在职业选拔和职业指导中，首先要通过一定的测评手段与方法来确定个体的人格类型，然后寻找与之相匹配的职业种类。此外，霍兰德还设计了职业性向测试（Vocational Preference Inventory，VPI）和自我导向搜寻量表（Self-Directed Search，SDS）两种测量工具，使其理论具有高度的可操作性，成为职业选择理论中较有影响的理论之一。

（四）对职业性向理论的评价

霍兰德的职业性向理论将人作为整体进行研究，揭示了人格的整体架构并进行了分类，解决了"特性-因素"理论将人格拆分成简单元素的缺陷。霍兰德的六种人格类型划分，基于经验总结，并通过长期实验研究不断修正和完善。他强调个人特质与职业特性之间的匹配。通过将个体和职业划分为不同类别，有助于指导人们在兴趣相近、内容相关的众多职业中积极探索，从而审慎规划未来职业道路，降低职业选择错误的风险。霍兰德的职业性向理论自提出以来，已被广泛采用。

至今，霍兰德职业性向理论仍然是最具影响力的理论之一，它在职业发展和职业分类领域占据重要地位。在职业选择方面，兴趣是个人与职业匹配的关键因素。对于缺乏职业经验的大学生而言，掌握霍兰德职业性向理论、进行职业兴趣测试，有助于为未来有针对性地求职做准备。无论是职业规划、职业选择还是职业调整，都需要从整体上认识和提升自己的职业能力。明确职业兴趣是职业成功的关键，它影响着个体对职业的满意度、成就感和绩效。当个人的职业与其兴趣类型相匹配时，其潜在能力得以充分发挥，工作表现也更为突出。

在日常生活中，我们常常通过观察他人行为来了解他们的心理特征，但由于个人认知、判断标准和经验的局限，我们通常只能观察到一两个行为表现，得出的结论往往较为主观且难以大规模数据化测量。而心理测验，尤其是标准化测验，虽然也是间接测量，通过行为表现来推测心理特征，但经过众多心理学家长期研究和积累，对心理特征对应的行为表现有了较为全面的列举，因此测验结果具有较高的参考价值，并且可以广泛应用于实际。

然而，在应用和实践中，霍兰德职业性向理论也存在局限性。一方面，霍兰德在讨论择业者的人格、职业兴趣和职业特征时，将其视为基本确定的因素，但从长远和发展的角度来看，择业者的人格、职业兴趣和职业环境都是在不断变化的，它们之间的适应并非完全被动，而是在相互适应中相互作用。另一方面，择业者的决定不仅受人格因素影响，还与个人的兴趣、特长、价值观、情商、工作经验、教育和能力等多方面因素有关，同时也受到家庭期望、社会需求、科技发展、经济波动等广泛社会背景的影响，因此需要全面综合地考虑。

三、职业锚理论

职业锚理论起源于美国麻省理工学院斯隆管理学院，由该学院的著名职业指导专家埃德加·H·施恩（Edgar. H. Schein）教授领导的研究小组提出。该理论是基于对斯隆管理学院 44 名 MBA（工商管理硕士）毕业生长达 12 年的职业生涯研究，通过面谈、跟踪调查、公司调查、人才测评、问卷调查等多种方式，最终总结出的职业锚（亦称职业定位）理论。

（一）基本定义

职业锚，又称为职业系留点，源于船只停泊定位的铁锚。它代表了一个人在必须做出选择时，无论如何都不会放弃的职业中至关重要的东西或价值观。实际上，它是人们在选择和发展职业时所围绕的核心。

职业锚是个体自我意向的一部分，是个体通过早期工作经历获得的，与个人在实际工作经验中反思的动机、价值观、才能相吻合的稳定职业定位。职业锚强调个人能力、动机和价值观的相互作用与整合，是个人与工作环境互动的结果，并在实际工作中不断调整。

职业锚问卷是国际上广泛使用且效果显著的职业测评工具之一。它是一种职业生涯规划咨询和自我了解的工具，有助于组织或个人进行更理想的职业生涯规划。

理解职业锚的概念，需关注以下几点：

① 职业锚基于员工通过工作获得的经验。它在职业生涯早期形成，员工在积累了一定的工作经验后，才能确定自己稳定的长期贡献领域。个人在面临各种实际工作和生活情境之前，难以真正了解自己的能力、动机和价值观，以及这些因素在职业选择中的适应程度。因此，职业锚在一定程度上由员工的实际工作经验决定，而不仅仅是潜在的才能和动机。

② 职业锚不是基于各种测试得出的能力、工作动机、价值观，而是在实际工作中，根据自身和已被证实的能力、动机、需求和价值观，进行的实际选择和准确职业定位。

③ 职业锚是员工在自我发展过程中，动机、需求、价值观、能力相互作用和逐步整合的结果。

④ 员工及其职业并非一成不变。职业锚代表着个人稳定的职业贡献和成长领域。但这并不意味着个人将停止变化和发展。员工可以以职业锚为稳定基础，进一步发展职业工作，并适应个人生命周期和家庭生命周期的成长和变化。此外，职业锚本身也可能发生变化，员工在职业生涯的中后期可能会根据新的情况重新确定自己的职业锚。

（二）发展内容

职业锚基于员工通过工作获得的经验，在职业生涯早期形成。随着员工工作经验的不断丰富，职业锚也得到进一步发展。1978 年，施恩教授提出了包括自主型、创业型、管理型、技术型、安全型在内的五种职业锚类型。

随着职业锚研究价值不断被发现，越来越多的研究者加入研究行列。到了 20 世纪 90 年代，又发现了安全稳定型、生活型、服务型三种职业锚类型。施恩先生将职业锚的类型扩展到八种，并推出了职业锚测试量表。

（三）职业锚的种类

1. 技术型

以技术才能作为职业的基石，专注于技术或特定职能领域的业务，对专业技术或职能工作充满热情，重视个人专业技能的提升。他们不倾向于全面管理，主要的成长在于技术职能能力的增强，其成就更多地依赖于专家的认可与肯定。

技术型人才追求在技术或职能领域的持续成长和技能提升，以及运用这些技术或职能的机会。他们对自己的评价源于专业水平，喜欢应对来自专业领域的挑战。通常，他们不愿意从事常规的管理工作，因为这将意味着放弃在技术领域的成就。

2. 管理型

以管理才能作为职业的导向，关注管理职责，并且职责越大越好。权力是他们的终极追求，他们有强烈的晋升欲望，注重提升、等级和收入，具备出色的分析问题、人际交往和情感管理能力。

管理型人才致力于职业晋升，热衷于全面管理，能独立负责一个部门，并能跨部门整合他人的努力成果。他们愿意承担整个部门的责任，并将公司的成败视为己任。具体的技术或职能工作对他们而言，只是通往更高管理层的必经之路。

3. 创业型

以创新为职业导向，拥有强烈的创造欲望和需求，希望通过创新建立自己的事业基础，意志坚定，敢于冒险，面对困难时坚韧不拔。他们与自主型、管理型人才在某些方面有所重叠，因为创新需要相对自主和宽松的空间，以及一定的管理能力，但这些都不是他们的最终目标。

创业型人才希望利用自己的能力创建属于自己的公司或产品（或服务），愿意冒险并克服障碍。他们希望向世界证明，公司是他们凭借自己的努力创立的。他们可能目前在别人的公司工作，但同时在学习并评估未来的机遇。一旦时机成熟，他们就会自立门户，开创自己的事业。

4. 安全型

以安全作为职业导向，追求职业的稳定性和安全感。为了实现这一追求，他们更倾向于在大公司工作，并积极融入这个大集体，在行为上表现出顺从、遵守规则、不越界；一旦加入一个组织，便不会轻易离开；最终希望在获得稳定的同时，也拥有安全的工作、体面的收入和安心的退休计划。

安全型人才追求工作中的安全感和稳定性。他们能够预测未来的成功，从而感到放松。他们关心财务安全，例如退休金和退休计划。稳定性包括诚信、忠诚以及完成上级交代的任务，尽管有时他们能达到高职位，但他们并不关心具体的职位和工作内容。

5. 自主型

以自主作为职业导向，力求摆脱组织的束缚，追求能够发挥个人职业能力的工作环境。尽管技术型、创造型人才也有追求自主的倾向，但本质上，自主型人才可能更愿意脱离组织，追求一种自由自在的方式生活。

自主型人才希望自由安排自己的工作方式、习惯和生活方式。他们追求能够发挥个人能力的工作环境，尽可能摆脱组织的限制。他们宁愿放弃晋升或工作扩展的机会，也不愿意放弃自由和独立。

6. 服务型

服务型人才是指那些始终追求他们认可的核心价值的人，例如帮助他人、维护人们的安全、通过新产品消除疾病等。他们始终寻找这样的机会，即使这意味着他们需要更换公司，也不会接受不允许他们实现这些价值的工作变动或晋升。

7. 挑战型

挑战型人才喜欢解决看似无法解决的问题，战胜强大的对手，克服难以逾越的困难。对他们来说，工作的意义在于它允许他们战胜各种不可能。新奇、变化和困难是他们的终极目标。如果事情变得容易，他们很快就会感到厌烦。

8. 生活型

生活型人才喜欢那些能够平衡并结合个人需求、家庭需求和职业需求的工作环境。他们希望将生活的各个方面整合为一个整体，因此，他们需要一个能够具有足够弹性以实现这一目标的职业环境。即使这意味着牺牲职业的某些方面，如晋升带来的职业转换，他们将成功定义得比职业成功更广泛。他们认为自己在如何生活、居住地选择、家庭事务处理以及在组织中的发展道路等方面是独一无二的。

（四）功能阐述

在员工的职业生涯和组织的发展历程中，职业锚扮演着关键角色。

1. 提供准确反馈

职业锚是员工通过探索确定的长期职业目标或定位，这一过程基于员工的需求、动力和价值观。因此，职业锚清晰展现了员工的职业追求和抱负。

2. 构建员工实际可行的职业路径

职业锚准确揭示了员工的职业需求和理想的工作环境，反映了他们的价值观和抱负。通过职业锚，组织能够获得员工的准确信息反馈，从而有针对性地为员工的职业发展规划实际可行、高效顺畅的职业路径。

3. 增进员工的工作经验

职业锚作为员工职业定位的工具，不仅有助于他们在长期从事某项职业中积累工作经验，还能不断增强职业技能，从而直接提升工作效率或劳动生产率。

4. 奠定员工中后期工作的基石

职业锚之所以被视为中后期职业工作的基础，是因为它是在员工积累工作经验后形成的，体现了员工的价值观和被发现的才能。员工在某一职业中"抛锚"，既是自我认知的过程，也是将职业工作与自我观念结合的过程，决定了中后期的主要生活和职业选择。

（五）个人成长对职业锚的影响

职业锚是个人在早期职业发展过程中逐渐形成的定位。施恩认为，在职业锚的形成或发展过程中，个人雇员起着决定性作用。

1. 增强职业适应性

通常情况下，新雇员在经过认识、塑造、充实规划自我等职前准备后，通过科学的职业选择进入企业组织，这表明了雇员对所选职业的初步适合性。然而，这种适合性仅仅是基于主观的认识、分析、判断和体验，尚未经过职业工作的实践验证。

职业适应性是在职业活动实践中验证和发展了的适合性。每个人在从事职业活动时，都处于一定的物质和心理环境中，个人从事职业的态度受到多种主客观因素的影响，例如对工作的兴趣、价值观、技能、能力、工作条件、福利情况，他人和组织对自己工作的认可及奖励情况，人际关系情况，以及家庭成员对本人职业工作的态度等。个人的职业适应性就是能够快速习惯、调整、认可这些因素，即雇员在组织的具体职业活动中，适应职业工作性质、类型和工作条件，与个人需求和价值目标相融合，使自身在职业工作生活中获得最大的满足。职业适应的结果能保证雇员在较长时间内从事某种职业活动，并且在职业活动中保持高效率，有利于雇员个性的全面发展。因此，雇员从初入组织的主观职业适合性，通过职业活动实践，转变为职业适应性的过程，即是雇员寻找职业锚或发展职业锚的过程。职业适应性是职业锚的准备或前提。

2. 利用组织职业规划表，确定职业目标，塑造职业角色形象

职业规划表是一张工作类别结构表，将组织设计的各项工作分类排列，形成一个系统反映企业人力资源配置的图表。雇员应借助职业规划表所列的职工工作类别、职务晋升与变化途径，结合个人的需求与价值观，实事求是地确定自己的职业目标。一旦确定目标，就要根据目标工作职能及其对人员素质的要求有目的地进行自我培养和训练，使自己具备从事该项职业的充分条件，从而在组织内树立良好的职业角色形象。

职业角色形象是雇员个人向组织及其工作群体全面展现的自我职业素质，是组织或工作群体对个人关于职业素质的根本认识。职业角色形象的构成主要有两大要素：一是职业道德思想素质，通过敬业精神、对本职工作的热爱、事业心、责任心、工作态度、职业纪律、道德等来体现；二是职业工作能力素质，主要看雇员所具有的智力、知识、技能是否胜任本职工作。雇员个人应从上述两个主要的基本构成要素入手，很好地塑造自己的职业角色形象，为自己确定职业锚创造条件、打好基础。

3. 培养和提高自我职业决策能力和决策技巧

自我职业决策能力是一种重要的职业能力。决策能力的大小、决策的正确与否，往往影响整个职业生涯乃至一生。在个人的职业发展过程中，特别是在职业发展的转折点，例如首次择业、确定职业锚、重新择职等，具备强大的职业决策能力和决策技巧至关重要。因此，在选择、开发职业锚的过程中，个人必须着力培养和提高职业决策能力。

所谓自我职业决策能力，是指个人习得的、用以顺利完成职业选择活动所需的知识、技能及个性心理品质。具体来说，要培养和提高个人以下几方面的职业决策能力：①善于搜集相关的职业资料和个人资料，并对这些资料进行正确的分析与评价；②制定职业决策计划与目标，独立承担和完成个人职业决策任务；③在实际决策过程中，不是犹豫不决、不知所措、优柔寡断，而是有主见性，能适时地、果断地做出正确决策；④能有效地实施职业决策，能够克服计划实施过程中的种种困难。

职业决策能力在实际职业决策中运用时，需要讲求决策技巧，掌握决策过程。首先，搜集、分析与评价各项相关职业资料及个人资料，这一工作即是对几种职业选择途径的后果与可能性的分析和预测。其次，对个人预期职业目标

及价值观进行探讨。个人究竟是怎样的职业价值倾向？由此决定的职业目标是什么？类似的问题并非每个人都十分清楚。现实中，经常会发现价值观念不清、不确定的情况。因此，澄清、明确和肯定个人主观价值倾向与偏好应为首要任务，否则无法做出职业决策。最后，在上述两项工作的基础上，将主观愿望、需要、动机和条件，与客观职业需要进行匹配和综合平衡，经过权衡利弊得失，确定最适合、最有利、最佳的职业岗位。这一决策选择过程，是将个人的自我意向归并，找到自己爱好的和擅长的东西，发展一种将带来满足感和报偿的职业角色的过程。

（六）应用实践

经过多年的演进，职业锚已成为众多个人职业生涯规划的首选工具和公司人力资源管理的关键工具。

个人在进行职业规划和定位时，可以利用职业锚来思考自己的能力，确定自己的发展方向，审视自己的价值观是否与当前工作相匹配。只有个人的定位与所从事的职业相匹配，才能在工作中发挥自己的长处，实现自己的价值。尝试各种具有挑战性的工作，在不同的专业和领域中进行工作轮换，对自己的资质、能力、偏好进行客观的评价，是使个人的职业锚具体化的有效途径。

对企业而言，通过雇员在不同工作岗位之间的轮换，了解雇员的职业兴趣、技能和价值观，将他们安排到最合适的职业路径上，可以实现企业和个人发展的双赢。

第二节　职业发展理论

个人的职业生涯是一个持续且长期的过程，它由几个连续的阶段构成。个人的职业道路受到家庭社会经济地位、智力水平、个性特质以及所遇到的机会的影响，但其核心在于自我认识的成长与完善，而自我认识又与个人在工作环境中的角色紧密相关。随着时间的推移和经验的积累，个人的职业偏好、能力、生活和工作环境以及自我认识都会发生变化，人们不断地在这些方面做出选择和调整。

一、金斯伯格的职业生涯发展模型

金斯伯格（Ginzberg），美国杰出的职业指导专家和职业生涯发展理论的奠基人，对职业生涯的发展进行了深入的实证研究。他的研究重点是童年到青少年时期的职业心理发展，通过分析被试者从童年到成年早期以及成熟期的职业选择思维和行为，金斯伯格将职业生涯发展划分为三个阶段：幻想期、尝试期和现实期。

1. 幻想期（11岁以前）

在这个阶段，儿童的职业心理主要受个人兴趣的驱动，情感色彩浓厚且易变，具有很强的情境依赖性。例如，儿童可能会因为喜欢某个娱乐明星而认为其工作非常棒，或者在电影院时觉得卖零食和爆米花的店员工作很有趣，又或者在海洋馆看到海豚表演时羡慕饲养员或驯兽师的工作，他们通常不会考虑自己的条件、能力以及社会需求和机会，而是完全沉浸在幻想之中。

2. 尝试期（11岁至17岁）

在这个阶段，学生的职业心理仍然受到主观因素的主导。其中，11至12岁的学生处于兴趣期，他们希望未来的职业与个人兴趣相关联。13岁至14岁的学生进入能力期，开始考虑自己的能力，希望未来的职业能够与之匹配。到了15岁至17岁，学生进入价值期，他们不仅考虑兴趣和能力，也开始关注职业的社会地位、意义以及社会对该职业的需求。

3. 现实期（17岁以后）

这是人们正式做出职业选择的阶段，特点是客观和实际。学生开始尝试将职业愿望与自身能力、社会现实的职业需求相结合，力求使主观愿望与客观条件相协调，以找到适合自己的职业角色。这一时期，学生的职业需求变得明确，为了实现特定的职业目标，他们准备进入相应的学校或接受专业培训。这种基于现实、客观的选择是一种妥协和适应。

由于金斯伯格的研究对象主要是未成年学生，他们的生活环境和教育条件往往不由自己决定，其后期职业发展存在较大变数，因此，他所获得的数据多基于教育决策而非职业决策，而一个人的职业生涯主要阶段实际上是在成年之后。此外，为了避免职业选择受到现实因素的过度限制，研究对象主要是具有天主教背景或中上阶层的白人男性，这使得理论具有一定的局限性。尽管如此，在当时的历史背景下，金斯伯格的理论极大地促进了人们对职业生涯发展的思考，并对后续的职业生涯理论产生了深远的影响。

二、舒伯的职业发展理论

在职业发展研究领域，舒伯被认为是最具影响力的专家之一，继帕森斯之后，他成为了又一个划时代的巨匠。他借鉴了布尔赫勒的生命周期理论和哈维赫斯特的发展阶段理论，构建了一个解释职业发展的生涯概念模型，并提出了一整套详尽的职业发展阶段模式。

（一）基本主张

在当今社会，职业选择不仅仅是一个简单的决定，它是一个复杂的过程，涉及个人的内在特质和外在环境的相互作用。每个人都有独特的性格、兴趣和能力，这些因素在职业选择中扮演着至关重要的角色。同时，工作环境和自我认知也会随着时间的推移和经验的积累而发生变化，这就要求个人不断地调整和适应自己的职业路径。职业选择的过程，实际上是一个持续地适应和自我发现的旅程，它包括了成长、探索、建立、保持和衰退等多个生活阶段。这些阶段构成了个人职业生涯的全貌，每个阶段都有其特定的任务和挑战，需要个人去面对和克服。

职业形态或职业模式的形成，是一个多因素交织的结果。它不仅受到父母社会经济地位的影响，还与个人的心理能力、个人特质以及机遇紧密相关。在一个人的生涯中，某个阶段的成功往往建立在之前阶段所做的准备之上。个人生活阶段的发展，是通过个人能力兴趣的成熟、实际的尝试以及自我概念的发展来实现的。职业发展的过程，本质上是自我概念的发展和实现，它是一个调和的过程，在这个过程中，自我概念受到潜在的人格、中枢神经系统、内分泌系统、担任各种角色的机会以及来自长辈和同辈群体对其角色认可程度的评估等因素的相互作用而发展。职业发展的过程是个人与社会环境之间、自我概念与现实之间的一种协调过程，它是个人扮演的角色之一，这种角色在幻想中或实际生活的各种活动中表现出来。

工作满意度和生活满意度，这两个看似简单的概念，实际上蕴含着深刻的含义。它们不仅取决于个人的工作是否与其能力、兴趣、人格特质及价值观等相匹配，还取决于个人在成长和探索经验中，是否对所从事的工作或担任的职务感到称职。这种感觉，是个人在职业生涯中不断追求的目标，也是衡量职业成功与否的重要标准。

（二）职业发展阶段模式

舒伯，这位在职业发展研究领域有着深远影响的学者，通过 20 多年的广泛实验研究，提出了人一生的完整的职业发展阶段模式。这一模式不仅体现了他对职业发展研究的主要贡献，也是其理论中最有影响力的部分。他将职业生涯发展分为 5 个阶段：成长阶段（Growth Stage）、探索阶段（Exploration Stage）、建立阶段（Establishment Stage）、维持阶段（Maintenance Stage）

和衰退阶段（Decline Stage）。每个阶段都有其特定的分期和主要任务，这些内容在表 2-2 中有详细描述。

表 2-2　职业生涯发展阶段和发展任务

阶段	阶段描述	分期	分期描述	发展任务
成长阶段 0～14 岁	受家庭、学校中关键事件的影响，发展自我概念，需要与幻想为该时期最主要的特质，随着年龄的增长，兴趣和能力逐渐变得重要	幻想期 4～10 岁	在该时期，需要占统治地位，在幻想中扮演自己喜爱的职业角色	逐渐认识到自己是个什么样的人，同时对工作和工作的意义有一个初步的理解
		兴趣期 11～12 岁	在该时期，个人喜好成为职业期望及其活动的主要决定因素	
		能力期 13～14 岁	在该时期，个人开始更多地考虑自己的能力及工作要求	
探索阶段 15～24 岁	在学校学习、休闲活动及各种工作经验中，进行自我探索、角色探索及职业探索	尝试期 15～17 岁	个人对兴趣等因素有所考虑，并进行择业的尝试性选择，判断可能适合自己的职业领域	探索各种可能的职业选择，对自己的能力和天资进行现实性评价，并根据未来的职业选择做出相应的教育决策，完成择业和最初就业
		过渡期 18～21 岁	进入劳动力市场，更多地考虑现实因素并将其纳入对自我的认知中，初步尝试择业	
		初步尝试承诺期 22～24 岁	已发展出一个大体上适合自己的职业，开始从事第一份工作并试图将其作为自己的终身职业	
建立阶段 25～44 岁	寻求适当的职业领域，逐步建立稳定的职位，工作可能变迁，但职业不会改变	承诺稳定期 25～30 岁	个人在自己所选择的职业中安顿下来，并确保一个相对稳定的位置	巩固已有的地位并力争提升，使现有的职位得到保障；在一个永久性职位上稳定下来
		提升期 31～44 岁	个人在工作中做出好的业绩，资历也随之加深	
维持阶段 45～64 岁	逐渐取得相当的地位，重点在于如何维持地位，面对新人的挑战	维持期 45～64 岁	接受自己的缺点，判断需要解决的新问题，开发新技能，致力于最重要的活动	维持并巩固已获得的地位
衰退阶段 65 岁以后	身心衰退，原工作停止，发展新的角色，寻求不同方式以满足需要	衰减期 65～70 岁	工作节奏趋于缓慢，需适应自身能力的下降，开始以部分时间来代替全日制工作	发展非职业性角色，做自己期望做的事情，缩减工作时间
		退休期 71 岁以后	工作活动会完全停止或转变为部分时间工作、志愿工作或休闲活动	

1. 成长阶段

（1）年龄范围

成长阶段通常在 0 至 14 岁之间。在这个阶段，儿童通过家庭和学校中的关键事件的影响以及认同的建立，逐渐发展出自我概念。在这一阶段的早期，幻想和需要占据主导地位，但随着对社会的参与和对现实的了解加深，兴趣和能力逐渐变得重要。

（2）发展任务

在这个阶段，儿童开始逐渐认识到自己是怎样的人，并对工作及其意义有一个初步的理解。

（3）阶段分期

成长阶段可以细分为三个时期：幻想期（4 至 10 岁），在这个时期，需要占据主导地位，在幻想中扮演自己喜爱的职业角色；兴趣期（11 至 12 岁），在这个时期，个人喜好成为职业期望及其活动的主要决定因素；能力期（13 至 14 岁），在这个时期，个人开始更多地考虑自己的能力和工作要求。

2. 探索阶段

（1）年龄范围

探索阶段通常在 15 至 24 岁之间。在这个阶段，个人通过学校学习、业余活动和短期工作来考察自我、坚定角色和探索职业。

（2）发展任务

在这个阶段，个人需要探索各种可能的职业选择，对自己的能力和天资进行现实性评价，并根据未来的职业选择做出相应的教育决策，完成择业和最初就业。

（3）阶段分期

探索阶段可以细分为三个时期：尝试期（15 至 17 岁），个人考虑兴趣等因素，并尝试性地选择职业，判断可能适合自己的职业领域；过渡期（18 至 21 岁），年轻人进入劳动力市场，更多地考虑现实因素并将其纳入自我认知中；初步尝试承诺期（22 至 24 岁），已经发展出一个大致适合自己的职业，开始从事第一份工作并试图将其作为自己的终身职业。

3. 建立阶段

（1）年龄范围

建立阶段通常在 25 至 44 岁之间。在这个阶段，个人已经找到一个合适的职业领域，并努力持久地保持下去，以后发生的变化将主要是职位、工作内容的变化，而不是职业的变化。

（2）发展任务

在这个阶段，个人需要发现自己喜欢从事的工作，学会与他人相处；巩固已有的地位并力争提升，使现有的职位得到保障；在一个永久性的职位上稳定下来。

（3）阶段分期

建立阶段可以细分为承诺稳定期和提升期。在承诺稳定期（25～30岁）内，个人在自己所选择的职业中安顿下来，并确保一个相对稳定的位置。在提升期（31～44岁）内，对于大多数人来说，这是一个富有创造性的时期，个人在工作中做出好的业绩，资历也随之加深。

4. 维持阶段

（1）年龄范围

维持阶段通常在45～64岁之间。在这个阶段的个人已经在自己的工作领域中取得了一定的地位，需要考虑的主要是如何维持目前的地位并继续沿着该方向前进，而很少或不去寻求在新领域中的发展。

（2）发展任务

在这个阶段，个人需要接受自己的不足，判断需要解决的新问题，开发新技能，致力于最重要的活动，维持并巩固已获得的地位。

5. 衰退阶段

（1）年龄范围

衰退阶段通常在65岁以后，随着体力和脑力的逐步衰退，工作活动的变化也将停滞。该阶段的个体必须完成角色的转换，从有选择的参与者转化为完全退出工作领域的旁观者。退休后，个体还必须找到满足感的其他来源。

（2）主要任务

在这个阶段，个人需要发展非职业性角色，做自己期望做的事情，减少工作时间。

（3）阶段分期

衰退阶段可以细分为衰减期和退休期。在衰减期（65～70岁）内，工作节奏趋于缓慢，责任转移，个人需适应自身能力的下降，开始以部分时间来代替全日制工作。在退休期（71岁以后）内，工作活动会完全停止或转变为部分时间工作、志愿工作或休闲活动。

在上述理论中，每个阶段都有特定的发展任务需要完成，每个阶段都需要达到一定的发展水平或成就标准，而且前一阶段的发展任务的完成情况会影响到后一阶段的发展。在提出生涯发展阶段理论后，舒伯对发展任务的看法又向前迈进了一步。他认为在人一生的生涯发展中,各个阶段同样要面对成长、探索、建立、维持和衰退的问题,因此形成了"成长—探索—建立—维持—衰退"的循环。例如,一个大学一年级的新生,首先必须适应新的角色与学习环境,经过"成长"和"探索","建立"了一定的适应模式来"维持"大学学习生活之后,就又要开始面对另一个阶段——准备求职。原有的、已经适应了的惯用模式会逐渐"衰退",继而对新阶段又开始新一轮的循环,如此循环往复。从这一角度来看,职业生涯阶段的划分应该没有明显的年龄界限。

舒伯的职业发展理论系统性极强,具有相当强的合理性,其理论既是职业指导理论发展中的里程碑,同时又吸取了已有理论的精华,因此涵盖面较宽。其观点认为,个人需要同时考虑自身的特点和职业所要求的特点,通过表达自己的爱好,做出选择,接受必要的培训,发现工作机遇来实现个人与职业的匹配。舒伯后期又将影响职业选择的因素分为两类:一类是"个体决定因素",包括兴趣、能力、价值观等个体化因素;另一类是"环境决定因素",如社会结构和经济条件等。舒伯的职业发展理论将人职的匹配和发展、职业选择的心理和社会因素有机地结合在一起,提出的人生职业发展阶段模式具有重要的实践意义,为职业生涯指导与规划奠定了科学基础。

(三)局限性

尽管舒伯的生涯发展理论在职业指导领域具有里程碑意义,但它并非完美无缺。其局限性主要表现在以下两个方面:

一方面,由于社会的快速变迁,终身学习观念的提出以及人的寿命的增加,理论中关于中年期、老年期的角色与任务,有待进一步研究,否则理论会显得不完整。

另一方面,忽视了经济、社会因素对生涯发展方向的影响,并且学习的因素与职业发展历程的关系也需进一步深入研究。

我们当然希望职业生涯可以成为由一系列可以预测的事件组成的连续体,有一条保证成功的轨迹可循。然而,如今的工作世界形态多样、流动性大,个人的职业生涯也更具弹性,因此清晰界定每一阶段并划分年龄可能显得有些僵化。依托职业生涯阶段理论,我们不妨把职业生涯看作不断发展的持续性循环,将不同时期囊括的主题和任务作为人生不同阶段所应达到的参考状态,而这些任务会随着时间发展或变得重要或退居次要。

三、施恩的职业生涯发展理论

美国知名心理学家及职业管理专家施恩教授,基于人生不同年龄阶段所面临的问题和职业工作的核心任务，将职业生涯细分为九个时期。由于每个人的发展路径各异，这些时期之间可能会出现不同程度的重叠。

1. 成长、幻想、探索时期（0~21岁）

此时期个体扮演的角色包括学生、职业候选人、求职者等，其核心任务包括：

① 发现并培养个人的需求、兴趣、能力和才华，为实际职业选择奠定基础；

② 学习相关职业知识，寻找符合实际的角色模型，获取充足信息，明确个人价值观、动机和抱负，做出明智的教育决策，将童年时期的职业幻想转化为可操作的现实；

③ 接受教育和培训，有针对性地提升工作世界所需的基本素养和技能。

2. 初入职场时期（16~25岁）

此时期个体的角色是求职者、新员工，核心任务如下：

① 探索劳动市场，寻找可能成为职业基础的首份工作；

② 与雇主或组织达成正式协议，成为组织或行业的一员。

3. 基础培训时期（16~25岁）

与前一时期不同，此时个体不再是职场外的观察者，而是要跨入职业或组织的大门，扮演实习生、新手的角色。核心任务是：

① 了解并熟悉组织，接受组织文化，融入工作团队，尽快成为组织的有效成员；

② 接触并熟悉日常的工作流程，适应工作内容。

4. 职业正式成员早期（17~30岁）

此时期的角色定位是成为组织新的正式成员。面临的核心任务包括：

① 承担职责，成功完成首次分配的工作任务；

② 发展并展示个人技能、专长，为个人提升或横向职业探索与成长打基础；

③ 根据个人才能和价值观，结合组织中的机会和限制，重新评估最初的职业追求，决定是否留在该组织或职业中，或在个人需求与组织限制、机会之间寻找更好的匹配方式。

5. 职业中期（25岁以上）

作为组织正式成员，个体的核心任务有以下四点：

① 选择发展一项专业技能或进入管理部门；

② 保持技术竞争力，在选定的专业或管理领域继续学习，努力成为该领

域的专家或职业骨干；

③ 承担更多责任，确立个人的职场地位；

④ 着手规划个人的长期职业发展。

6. 职业中期风险时期（35~45岁）

此时期的核心任务是：

① 客观评估个人进步、职业抱负及个人前途；

② 决定是接受现状还是争取更明朗的未来；

③ 建立良好的师徒关系。

7. 职业后期（40岁到退休）

此阶段的职业状况或任务包括：

① 成为良师，发挥影响力，指导新人，对他人承担责任；

② 增强、发展、深化技能，或提高才干，以承担更广泛、更重要的责任；

③ 若追求稳定，则需接受和面对个人影响力和挑战能力的下降。

8. 衰退和离职时期（40岁到退休）

此阶段的核心职业任务是：

① 学会接受权力、责任、地位的下降；

② 基于竞争力和进取心的减弱，学会接受并发展新的角色；

③ 评估个人职业生涯，准备退休。

9. 退休时期（因人而异）

个体离开组织或职业，在失去工作或组织角色后，面临两大问题或任务：

① 保持某种认同感，适应角色、生活方式以及生活标准的剧烈变化；

② 保持自我价值观，利用积累的经验和智慧、各种资源角色，帮助他人在专业或技术领域中成长。

施恩对职业生涯发展阶段的划分相当详尽，年龄跨度较小，虽然看似是依据年龄顺序划分，但实际上并未受限于此。其阶段划分更多是基于职业状态、任务和职业行为的重要性等因素。由于每个人经历某一职业阶段的年龄不同，因此他仅提供了大致的年龄范围，存在年龄交叉或重叠，这反映了个体之间的差异性。施恩将个体可能面临的问题融入职业生涯中，指出职业中期可能存在的风险，使个体能够根据自身情况作出调整。

四、格林豪斯的职业生涯发展理论

格林豪斯（Greenhaus）在研究各学者对职业生涯发展阶段的探讨后，指出了人生不同年龄段职业发展的主要任务，并据此将职业生涯划分为五个阶段：

1. 职业准备阶段（18岁之前）

核心任务是培养职业想象力，评估和选择职业，接受必要的职业教育。

2. 初入职场阶段（19～25岁）

核心任务是在理想的组织中找到工作，在充分获取信息的基础上，尽可能选择一个合适且令人满意的职业。

3. 职业生涯初期阶段（26～40岁）

核心任务是：学习职业技能，提升工作能力；了解和学习组织纪律和规范，逐步适应职业工作，适应并融入组织，为未来的职业成功做准备。

4. 职业生涯中期阶段（41～55岁）

核心任务是：对早期职业生涯进行重新评估，强化或改变个人的职业理想；选定职业，努力工作，取得成就。

5. 职业生涯后期阶段（56岁直至退休）

核心任务是保持现有的职业成就，维护尊严，准备退休。

第三节　职业决策理论

职业生涯决策是个人根据各种条件，并经过一系列活动以后，进行的目标决定，以及为实现目标而制定优选的个人行动方案。职业决策是一个复杂的认知过程，通过此过程，决策者收集有关自我和职业环境的信息，仔细考虑各种可供选择的职业前景，做出职业行为的公开承诺。从这个概念我们可以看出：职业决策是一个过程，而不单单是一种结果。

一、认知信息加工理论

1991年，盖瑞·彼得森、詹姆斯·桑普森和罗伯特·里尔登在其著作《生涯发展和服务：一种认知的方法》中详细阐述了生涯发展的新方法——认知信息加工（Cognitive Information Processing，简称CIP）理论。认知信息加工理论是生涯选择和发展理论体系中迅速扩展的新的重要理论。金字塔模型构成认知信息加工理论的基本框架，知识领域、决策技能领域、执行加工领域组成认知信息加工理论的基本内容，金字塔模型和CASVE循环（包括沟通、分析、综合、评估和执行五个阶段）是认知信息加工理论的核心观点。

（一）认知信息加工理论的基本假设

认知是指人们的思维方式或者人们的头脑是如何加工信息的。心理学家认为，人们在自己的长时记忆中保持着一些不同种类的知识结构和成分，这些结构和成分对于生涯决策的制定具有重要意义。认知信息加工理论就是基于在生涯问题的解决和决策的制定过程中大脑接收、编码、储存和利用信息与知识的理念而形成的一种理论。认知信息加工理论主要关注涉及解决职业生涯问题和职业生涯决策的思维和记忆过程，强调职业生涯问题的解决是一个认知的过程。认知信息加工理论基于八种假设，这些假设的核心内容如下：

① 生涯选择以人们如何去思考和去感受为基础。

② 生涯选择是一项问题解决活动。

③ 生涯问题解决的能力以人们了解什么和如何思考为基础。

④ 生涯决策需要良好的记忆。

⑤ 生涯决策需要动机。

⑥ 持续进行的生涯发展是终身学习和成长的一部分。

⑦ 生涯发展在很大程度上取决于人们的思维内容和思维方式。

⑧ 生涯质量取决于人们对生涯决策和生涯问题解决的了解程度。

（二）认知信息加工理论的基本框架

金字塔模型构成认知信息加工理论的基本框架，如图 2-2 所示。

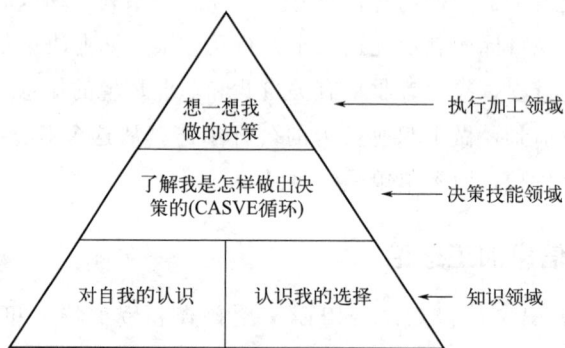

图 2-2　认知信息加工金字塔模型

金字塔底部的知识领域包含自我知识和职业知识，自我知识包括了解自己的价值观、兴趣和技能，职业知识包括理解特定的职业、学校专业及其组织方式。知识领域可以比作储存于计算机记忆中的各种数据文件，各种零散的信息以一条动态的信息或图式的方式储存，这些图式能使人们处理和加工生涯问题解决和决策制定的信息。

金字塔第二级水平的决策技能领域包含进行良好决策的沟通（Communi-cation）、分析（Analysis）、综合（Synthesis）、评估（Valuing）和执行（Execution）等五个步骤的指南（缩写为 CASVE）。决策技能领域可以比作是计算机程序，把信息和数据存储在计算机文件和内存中。因为解决问题需要大量的记忆空间和信息加工能力。

金字塔顶端的执行加工领域包括自我对话（self-talk）、自我觉察（self-awareness）和控制与监督（control and monitoring），它具有工作控制职能。它告诉在金字塔第二级水平上的程序将按照何种顺序运作，就像计算机的CPU 告诉计算机运行程序何时发出指令一样。

（三）认知信息加工理论的基本内容

1. 知识领域

自我知识关注"对自我的认识"，职业知识关注"认识我的选择"。自我知识和职业知识构成生涯规划的基础。

在解决生涯问题和制定生涯决策的过程中，不少人把注意力放在"了解自己的各种选择"上，但最初放在"了解自我"上会更好，"了解自我"是解决生涯问题和制定生涯决策的开始，自我知识是生涯规划的第一块基石。价值观、兴趣和技能是自我知识中最需要考虑的重要组成部分，价值观是"工作的动力"，兴趣是"喜欢做的事"，技能是"更容易做得出色的事"。价值观、兴趣和技能可以通过外部的、客观的测量工具获得。这种测量工具可信但不能全信，可用但不能完全依靠。结合自我审视和反思会有助于改善自我认识，会更"积极"地思考自己，提高自我认识的信息质量。职业知识是生涯规划的第二块基石，包括所了解的职业选择、学习领域和休闲活动。通过考察劳动力市场和职业信息，了解这些信息是如何组织以及怎样查找和评估的。同时也应了解教育和培训的各种选择，探索休闲和娱乐的各种选择。职业、教育和休闲三大领域相互关联，要获取三大领域的各种信息，就必须更聪明地思考各种选择，从而完善职业、教育和休闲知识，提高职业知识的信息质量。

2. 决策技能领域

认知信息加工理论关注的是如何决策，决策技能领域（即 CASVE 循环）与决策有关，是认知信息加工理论的另一核心观点。CASVE 循环的沟通、分析、综合、评估和执行五个阶段描述了决策过程。CASVE 循环如图 2-3 所示。CASVE 循环关注的是"了解我是如何做出决策的"，它是理性的，同时，也存在直觉的成分。

"沟通"以与生涯问题所有方面或现实和理想生涯情境之间差距的充分"接触"为特征。"沟通"是指个体"接收"到有关问题的信息，经过"编码"

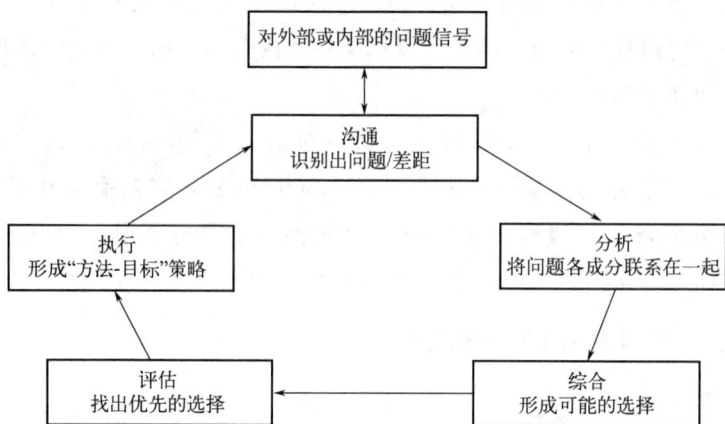

图 2-3　CASVE 循环

的过程，输出"这个落差是个必须解决的问题"的信息。"沟通"阶段能识别到理想与现实情境之间存在差距的信息。这些信息可能通过内部或外部的信息交流途径来传达，内部途径包括消极情绪、规避行为和生理提示等，外部途径包括积极或消极的事件和重要他人的提示等。"沟通"阶段就是"了解我需要做出一个选择"的阶段。

"分析"以确定生涯问题的原因及生涯各部分间的关系为特征，是对问题所有方面进行更充分理解的一个反思阶段。好的问题解决者会利用时间去思考、观察和研究，从而更充分地了解差距，了解自己是否具备有效做出反应的能力。"分析"阶段就是"了解我自己和我的各种选择"的阶段。

"综合"则以形成一个可供选择的解决生涯问题的方法清单为特征。这一阶段将综合和加工"分析"阶段提供的信息，从而制定出消除问题或差距的行动方案。"综合"阶段就是"扩大并缩小选择清单"的阶段，可以理解为"综合细化"和"综合具体化"两个层面。

"评估"以对可能的解决方法进行排序为特征，尝试性的最佳选择从这一决策阶段中产生。这是"选择一个职业、学习计划或工作"的阶段。"评估"阶段的第一阶段是评估各个方案的利弊得失，即评估每一种选择对问题解决者和他人的影响。第二阶段是对综合阶段得出的各种选择进行排序，排列出优先级。

"执行"以实施生涯问题解决的规划和执行步骤为特征，可包括对解决问题的首选方法的尝试或真实性测验。这是"实施我的选择"的阶段。"执行"阶段是将认知转换为有计划有策略的行动，包括形成"方法-目标"策略，并确立一系列逻辑步骤以达到目标。

3. 执行加工领域

认知是一个人为完成一项任务或达到一定目标而投身其中的记忆和思考，是一种思维的过程。元认知是指更高层次的思维。元认知技能是人们思考生涯问题解决和制定决策的技能，也就是"对思考的思考"。元认知技能主宰着人们如何思考生涯问题和决策制定，元认知在执行加工领域关注的是"想一想我做出的决策（思考我的决策）"。在元认知中，三种特别重要的技能是自我语言、自我觉察和监督与控制。

自我语言是人们就他们的表现与自己交谈，是一种自言自语式的内在对话。一个有效的生涯问题解决者必须有一个重要的信念，即"我是一个有能力解决自己问题的人"。自我对话可能是积极的也可能是消极的。积极的对话能产生一种积极的期待，能强化积极的行为；消极的自我对话干扰信息加工的有效性和效率，会使良好的生涯决策产生问题。人们可以将消极的自我对话转变为积极的自我对话。

自我觉察或自我意识是指解决问题和做出决定时能够意识到自己。自我觉察包括对行为的觉察和对情绪的觉察。一个有效的生涯问题解决者意味着"个人能意识到自己就是任务执行者"。在从事信息加工任务时，优秀的生涯问题解决者能意识到自己的感受，能意识到他人的需要，从而做出对自己和社会都有利的选择。

监督是指个体判断什么时候任务已经完成、什么时候进入下一个任务、什么时候一个任务需要额外帮助等的能力。控制是指个体在工作或活动中有目的地参与一个问题解决和决策制定过程的能力。监督和控制可以帮助当事人监控决策的整个过程，即在哪一个步骤需要提供何种信息、在哪一个步骤需要暂时停顿以便补充足够的信息、在哪一个阶段产生心理冲突、是否必须回到先前的阶段重新考虑等。良好的问题解决和决策制定策略包括了解何时前进和何时停下来收集更多信息，还包括对决策中的强迫性和冲动性给予认真的权衡。

认知信息加工理论是生涯选择和发展理论体系中迅速扩展的新的重要理论，其理论框架、基本内容和核心观点为开展生涯辅导与生涯规划提供了新的视角。当然，认知信息加工理论的本土化问题及其实践环节还有待进一步探讨和研究。

二、丁克里奇的职业生涯决策风格理论

1968年，丁克里奇（Dinklage）通过访谈研究确定了成人做职业生涯决

策时采用的策略和决策类型。她将个体在教育、职业和个人决策中采用的风格分为 8 类：

　　① 冲动型（Impulsive），冲动地选择第一个能够得到的选项。

　　② 宿命型（Fatalistic），直到机会到来时才做决策。

　　③ 顺从型（Compliant），遵从他人对决策的指导。

　　④ 延迟型（Delaying），直到最后一刻才做决策。

　　⑤ 烦恼型（Agonizing），过度搜集信息，使用信息时又过度担心。

　　⑥ 计划型（Planning），使用标准化决策模型所推荐的理性策略。

　　⑦ 直觉型（Intuitive），因为"感觉到是对的"而做决策，但不能说明原因。

　　⑧ 瘫痪型（Paralysis），接受做决策的责任，但是感觉过于焦虑而不能对决策做出有建设性的工作。

第三章 职业生涯规划的方法与步骤

在面对未来的种种可能性时，每个人都必须做出自己的选择。是选择积极主动地规划自己的未来，提前做好安排，还是选择随波逐流，任由命运的波涛将自己推向未知的彼岸？这个问题引发了广泛的思考，促使众多大学生纷纷加入到学习职业规划课程的行列中来。根据著名生涯发展专家舒伯的理论，大学阶段是职业探索的关键时期，此时，职业兴趣开始稳定下来，对未来职业的期望也逐渐变得明确，这正是进行职业规划的最佳时机。在这一时期，大学生们拥有更多的思考空间和选择的自由度，他们开始审视自己的个人爱好与能力，分析社会的需求与就业的前景，并在学习、课外活动以及工作中进行各种尝试。通过自我了解、反思和检验，他们逐步构建起自我认知，进而确立初步的职业观念，为自己的职业规划打下坚实的基础。然而，由于大学生在这一阶段形成的职业观念主要来源于学校教育、娱乐活动、个人生活经历以及他人经验的分享，这些观念往往不够清晰、稳定，有时甚至带有强烈的主观性。因此，本章将重点阐述职业规划的关键要素、策略和步骤，以帮助大学生们更好地规划自己的职业生涯，确保他们能够在未来的人生道路上，更加自信和有目的地前行。

第一节　职业生涯规划的要素

正如世上无两片完全相同的树叶，每个人都是独一无二的，因此在规划职业生涯时，虽然可以借鉴他人的经验，但最终必须根据个人特点来制定。中国人力资源专家罗双平提出了一个简洁的公式，概括了职业生涯规划的三个核心要素：职业生涯规划＝自我认知＋外部了解＋决策。

一、自我认知

自我认知、外部了解是决策制定、目标设定和行动的根基。自我认知是指对自己的了解，这是职业生涯规划的关键起点。只有深刻认识自己，才能明确职业道路，避免盲目选择。自我认知涉及多个方面：

① 个人的兴趣、爱好和特长。

② 个人设定的目标和理想。

③ 个人的情商水平。

④ 个人的价值观念。

⑤ 个人的教育背景和能力。

⑥ 个人的生理状况，包括性别、健康和体能等因素。

深入了解自我意味着剖析自己的内在，评估自己的能力，明确自己的优势和不足。通过分析过往的经验和经历，预测未来可能的职业路径，从而彻底解答"我想做什么"和"我能做什么"的问题。自我认识必须全面、客观和深入，切勿忽视缺点和不足。

二、外部了解

外部了解是指熟悉周围的环境，探索与职业发展相关的工作世界，包括了解行业的特点、所需技能、就业途径、工作内容、职业前景、薪资水平、组织和社会需求、科技进步、经济波动以及政策和法律的影响等。自我认知是了解个人特性，而外部了解则是掌握工作环境的特性，两者紧密相连。

三、决策

在职业生涯规划中，决策扮演着至关重要的角色。它不仅包括了决策技巧的运用，还涉及决策风格的选择。在做出决策的过程中，个人可能会遇到各种冲突和障碍，但同时也会得到一些助力和支持。为了确保决策的正确性，个人的职业目标必须基于现实情况，而不是仅仅基于个人的主观愿望。这意味着，个人在设定职业目标时，需要有清晰的自我认知，了解自己的兴趣所在，确保这些兴趣与职业目标相匹配。同时，个人应该对所从事的职业抱有兴趣，这样才能积极主动地投入工作，而不是被动地应付。工作不仅要能发挥个人的专长，还要能利用个人的优势，适应工作环境，这样才能在工作中取得成功，避免处处受挫或难以适应。这表明，一个成功的、合理的职业生涯规划，是基于对自我认知的深刻理解、对外部环境的充分了解，以及在此基础上做出的明智决策。在职场上，自我认知、外部了解和决策三者是相互关联、相互影响的，它们共同构成了个人职业发展的基石。

第二节　职业生涯规划的策略

职业生涯规划的重要性不言而喻，我们所从事的每一份工作都是一次冒险，它既有可能拓展你未来的发展前景，也有可能限制你的选择余地。在现实生活中，我们发现一些求职者对自己的了解、对就业环境的了解、对行业和职业的了解都不够清晰，导致求职的盲目性，进而发展到一定阶段后产生职业迷茫，最明显的表现是：一种是在职业选择上常常为了实现他人的愿望，例如父母、配偶等；一种是盲目追求社会热门行业或职业；还有些是迫于生活压力和现实的需要。以上种种情况若与个人的特长和兴趣爱好不符，会导致职业生涯发展到一定阶段后的停滞，职业发展的瓶颈难以突破，转换成本将非常高。因此，像重视企业战略一样重视个人战略，为我们自己制定人生战略，意义重大。

一、影响职业生涯的因素

(一) 影响职业生涯的外部因素

人的职业生涯多种多样，展现出不同的职业生涯形态，这些都是个人、家庭、社会等众多因素共同作用的结果。从外部环境来看，影响职业生涯的因素主要包括以下几方面。

1. 教育背景

教育的重要性不言而喻。它赋予个人才能，塑造个人人格，促进个人发展，是人的社会化过程中极其重要的一个环节，对人的职业生涯也起着决定性作用。当今社会是一个重视学历的社会，教育程度不同，选择职业的能力就不同，起点也不同。从一般规律来看，一个人的学历越高，即所获得的教育水平越高，他的职业生涯就越成功。有较高学历的人，更容易获得一个起点较高的职位，同时，在今后的发展中，他的职业发展前景也比一般人好。

2. 家庭背景

家庭是个人社会化的第一个场所。"家长是孩子做人的第一任老师""家庭是孩子生活的第一个学校"，这些都反映了家庭对人的影响。人从出生的那一刻起就开始接受家庭对他潜移默化的影响，父母的教诲和日常生活中的言行举止，是孩子形成价值观和行为模式的基础。这种价值观和行为模式的形成，可以从根本上影响一个人今后的职业理想和职业目标，影响其职业的选择以及对岗位的态度、在工作中的各种行为等。

3. 机遇

机遇是一种随机出现、具有偶然性的东西。机遇对一个人的成功具有很大的推动作用，直接影响到一个人的职业生涯。但机遇并不代表一切，如果不具备其他条件的话，机遇一样发挥不了它应有的作用。它还需要自身的努力，包括创造性地思考、推销自我的能力、强烈的目标驱动力以及良好的教育和丰富的工作经验。同样的机遇往往青睐于有准备的高素质人才。

4. 社会环境

广义的社会环境包括了社会的政治、经济、文化等方面的因素，它涉及人们求职的管理体制、职业的社会评价、对有关职业的社会政策等大环境，这些环境决定了这个社会的职业结构、岗位的数量和岗位在社会上的价值等。个人职业生涯的成功离不开社会这个大环境，个人职业生涯必须面对这些不可抗拒、不可逆转的社会因素。

（二）影响职业生涯的个人因素

影响职业生涯的个人因素主要有以下几点：

1. 性格、气质

对于职业选择来说，性格和气质的作用至关重要。如果一个人选择了与其性格、气质特征不相符的职业工作，那么这个工作的适应过程对他来说一定是极其困难和痛苦的；相反，如果一个人选择了与他性格、气质相匹配的工作，其积极性和职业潜能就能够得到最大程度的调动和发掘，工作也容易出成绩。

2. 兴趣

兴趣是人类积极探索事物的认识倾向，同时是引起和维持注意的重要因素。兴趣是指人对有趣的事物给予优先注意和积极探索，并且带有情趣色彩和向往的心情。如果个人从事的是符合自己兴趣偏好的职业，那么他就会热爱自己的职业及工作岗位，持续性地积极追求自己的职业目标，并使自己的聪明才智发挥得淋漓尽致。

3. 价值观

个人的价值观对今后的职业生涯决策阶段有重要的影响，并直接关系到今后的工作满意度。当一个人的生活符合自己价值观的取向时，那么他将会拥有较高的健康和自尊水平。

4. 能力

社会上任何一种职业都要求从业人员具备相应的能力，因此，能力是人顺利完成某种职业活动的必要条件，也是个人获得职业生涯成功的基础。不同类型的职业对人的能力有不同的要求，而任何一种职业，由于工作性质、内容和所承担的责任的不同，又可分为不同的工作层次，各个工作层次的职务，对从业者的能力水平也有着不同的要求。从业者在选择职业的时候，要根据职业匹配的参考数据，正确认识和判断自我，做出明智的抉择。

5. 进取心、责任心和自信心

进取心是使个体具有目标指向性和适度活力的内部能源，认真而持久地工作是个体事业成功的前提，而具有进取特质的个体也就具有了事业成功的心理基石。责任心强的人常能够审时度势地选择适度的目标，并持久、自信地追求这个目标，他的事业也更容易成功。自信为个体在逆境中开拓、创新提供了信心和勇气，也为面对批评提供了信心和勇气，自信常常使自己的梦想成真，没有信心的人会变得怯懦、顺从。

6. 自我认知和自我调节

了解自己的优势和短处及与组织环境的关系，善于调节自己的生涯规划、学习时间等。

7. 稳定性和社会敏感性

冷静、稳定的情绪状态是工作顺利开展的有利条件。焦虑和抑郁会使人无端感到紧张、烦恼或无力，恐惧和急躁易使人忙中出乱。社会敏感性是指对人际交往的性质和发展趋势有洞察力和预见力，善于把握人际交往间的逻辑关系。行动之前要思考行为的结果，设身处地地想一想他人的处境，乐于与人交往，能体察他人的感受。

8. 社会接纳性和社会影响力

在承认人人有差别和有不足的前提下接纳他人，社会接纳性是建立深厚个人关系的基础。真诚地对他人及他人的言语感兴趣，认真倾听并注视对方是建立社会接纳性的有效途径。社会影响力主要指有以正直和公正为基础的说服力，有帮助他人发展和合作的精神，有一致性和耐力，善于沟通和交流，具有自信心、幽默等对情感的感染力，有仔细、镇静、沉着等对行为的影响力，有仪表、身姿等对视觉的影响力，有忠诚、正直等对道德品质的感染力。

二、职业规划的基本准则

恰当的职业规划能引领个人走向成功之路，反之，则可能导致偏离正轨。对个人而言，优秀的职业规划不仅有助于卓越的职业表现，还能促进个人全面发展和提升家庭生活品质。因此，在制定职业规划时，必须充分考虑个人特点，总结和分析影响职业发展的因素，明确个人的人生目标，选择合适的职业路径，并制定详细计划。具体而言，职业规划应遵循以下准则。

1. 全程性原则

全程性原则，亦称系统性原则，意味着对整个职业生涯发展过程进行全盘考虑，并将职业规划的实施视为系统工程，纳入个人发展战略之中。换言之，在拟定职业规划时，应从整体视角全面审视自身职业生涯的全程。

2. 阶段性原则

阶段性原则强调在进行职业规划时，需充分考虑个人所处的不同发展阶段，有目的地、有序地、有计划地调整和安排各阶段的职业规划。

3. 挑战性原则

职业规划应在确保可行性的同时，具备一定的挑战性，想要实现规划需付出努力，从而在成功后获得较大的成就感。

4. 发展性原则

发展性原则指出，在制定和执行职业规划的具体措施时，应充分考虑变化和发展性因素，如目标或措施是否能根据环境及组织、个体的变化进行调整，调整的范围和幅度有多大，目标或措施是否具有弹性或缓冲性。

5. 清晰性原则

规划应清晰明确，能够转化为可执行的具体行动，人生各阶段的规划和安排必须具体可行。

6. 实际性原则

无论职业规划多么吸引人，最终都需接受实践检验。一份优秀的规划除了遵循上述原则外，还应考虑目标是否符合个人性格、兴趣和特长，是否具有挑战性，是否能在规定时间内完成，实现目标的途径是否能在个人特质、社会环境、组织环境等范围内执行，以及可行性有多大。

7. 持久性原则

持久性原则体现了规划的长远视角。它要求我们必须理解事物的客观规律和变化趋势。无论遇到多大困难，都应相信改变现状的可能性。更重要的是，不局限于具体事件的成败，培养足够的耐心，坚信"坚持就是胜利"，从根本上解决职业生涯中的问题。

古希腊有这样一个故事。开学第一天，大哲学家苏格拉底对学生说："今天我们将学习一件最简单也最容易的事。每个人尽量向前甩动手臂。"他示范后说："从今天起，每天做300次，大家能做到吗？"学生们都笑了，认为这太简单了。一个月后，苏格拉底问："每天做300次，哪些同学坚持了？"90％的学生自豪地举手。又过了一个月,坚持的学生减少到八成。一年后,苏格拉底再次询问:"请告诉我,最简单的甩手运动,还有谁坚持了?"教室里,只有柏拉图一人举手。

8. 藐视原则

藐视原则结合了宏观审视和微观考量。它要求在战略上藐视所有困难,树立必胜的信心,只有这样,才有勇气去克服困难;在战术上重视每一个局部、细节的困难,从各个局部、环节上分步骤或分阶段逐一解决问题。例如,勾践在越国被吴国击败后,面对强大的吴国,他毫不畏惧,立志报仇雪耻。他从"卧薪尝胆"开始,吃饭时挂苦胆,问自己是否忘记会稽之耻,并用柴草代替褥子。他还亲自耕种以鼓励生产,制定奖励生育的制度以增加人口。他让文种管理国家大事,派范蠡训练人马,虚心听取意见,救济百姓。经过近 20 年的积累,越国终于战胜吴国。

9. 生存原则

生存原则强调了职业规划的价值底线。在职业生涯中,我们不能期待超出客观物质条件许可的奇迹。一切发展必须基于现实物质条件的许可,而生存原则正是这一思想的集中体现。追求发展是必然的,而生存是必需的,这两者并不矛盾。换言之,生存是第一位的,只有先确保生存,才能追求发展。例如,皮尔·卡丹小时候梦想成为舞蹈家,但家境困难只允许他成为裁缝店学徒。他不喜欢裁缝工作,痛苦于无法摆脱困境。一天,他给崇拜的舞蹈家写信,希望得到帮助。舞蹈家回信告诉他,自己小时候的理想是成为科学家,但因家境贫寒,只能跟随街头艺人卖唱。舞蹈家说,人首先要选择生存,只有生存下来,才有机会实现理想。皮尔·卡丹深受震撼,勤奋学习,最终创立了自己的时装公司,创造了世界级服装品牌。

10. 立足点原则

立足点原则告诉我们,人都是从失败中学习和成长的,没有天生的成功者。对待失败的方法,不在于追求不失败,而在于实施立足点战略,让自己有能力应对失败,支撑自己渡过难关。在实际工作中,与其总是担心出问题而束手束脚,不如在落实具体任务和规程的基础上,实事求是地设定一个最低的奋斗目标,立足于这个目标,然后大胆地工作,每取得一点超出预定目标的成绩,都是实在的积累,都是对我们的巨大激励。职场中许多人会遇到"职业瓶颈",比如,怀疑自己所从事的行业前景,经常感觉疲劳,对工作失去兴趣等。专家认为,遇到职业瓶颈时,无论是走是留,首先应分析导致职业瓶颈的原因,尽早发现自己的职业兴趣、职业价值观和职业优势。越早找到与自己相匹配的目标工作和行业，找到立足点，就越容易在工作中获得幸福感和满足感。也可以学习新知识，扩大工作技能范围，加强自身竞争力，获得心理上的满足感。

11. 集中力量原则

集中力量原则揭示了"把握机遇，促成质变"的基本道理。集中力量是将平凡变为卓越的法则。解决问题的关键在于选择一个最容易实现的地方，集中几倍的力量去实现。这需要精心选择时机、地点，确保初战必胜。不能将有限的力量分散在许多问题上，企图解决每个问题，最终却一个都解决不了；或者吝啬地配置力量，希望以少胜多，以较小的代价去解决问题——在战略上这是可行的、科学的，但在战术上，这是错误的。职场上的相关事例很多，比如，许多能力不错的人，如果让他们集中精力专注于一项工作，他们都能做得很好，甚至能成就一番事业。但是，其中不少人被感觉、情绪左右，被各种事情牵绊，以至于无法始终专注于一个明确目标，结果绩效平平，难成大事。因此，专家提出形象化的建议：要把需要做的事想象成是一大排抽屉中的一个小抽屉，不要总想着所有的抽屉，而要将精力集中于你已经打开的那个抽屉。

三、大学生如何规划自己的职业生涯

1. 自然发生法

一些学生在高考后填报志愿时，并未深思熟虑自己的兴趣和志向，仅仅依据分数所能考取的学校和专业，便草率地决定了自己的未来。自然发生法指的是不考虑个人条件，仅根据当前情况做出职业选择。虽然进入能录取的学校和专业能暂时缓解烦恼，减少即时压力，但因为没有考虑个人兴趣、能力、个性和就业前景等因素，未来可能面临较高的生涯风险。

2. 目前趋势法

盲目追随当前市场趋势，投身热门行业。目前趋势法是大学生普遍采纳的首选方法，因为热门行业似乎能带来更丰富的物质生活，有了经济基础，似乎就能做自己喜欢的事情。这确实是一个不错的就业策略。但这种方法也有不足，如果大家都追求热门行业，人才市场可能会饱和，供大于求，最终导致许多人无法就业。

3. 最少努力法

选择容易的专业或技术，期望获得最佳结果。最少努力法顾名思义，就是以最少的投入获得最大的回报。选择这种方法的人缺乏钻研精神，有时甚至想不劳而获。这不是明智的选择，我们应该根据自身实力，选择适合自己的专业或技术，付出努力才能有所收获。正如那句老话：一分耕耘，一分收获。

4. "拜金主义"法

选择待遇最好的行业。在当今社会，"拜金主义"盛行，每个人都希望自己的职业待遇优厚，因为我们需要生存，需要足够的工资来维持生活。但我们不应该只追求金钱，而忽视了自己的能力和性格。每个人的性格都影响着职业选择，不擅长交际的人，如果强迫自己左右逢源，可能会导致消极情绪。

5. 刻板印象法

根据性别、年龄、社会地位等刻板印象来选择工作。这种刻板印象可能会让你迅速找到发展方向，但实际上却扼杀了你对其他职业的潜能，容易使你故步自封，生活变得单调。因此，在了解了一些印象后，不应轻易下结论，你能做什么，或者你不能做什么。要认真思考，勇于尝试，这样才能找到最适合你的工作。

6. 橱窗游走法

走访各种工作场所，选择最吸引人的工作。这种方法有助于你对不同行业形成初步了解，拓宽视野。但由于人们会对每个职业持不专注或不平等的态度，感性认识可能会胜过理性认识，导致无法正确评估所见职业。我们应该在充分了解各行各业的基础上，认真思考，把就业视为一件严肃的事情，只有端正态度，才能成功。

7. 假手他人法

让他人代为决定和选择。

① 父母或家人：因为过去大小事情都是他们一手操办的。

② 朋友或同僚：因为他们与你关系亲密。

③ 老师、教授或学者：因为他们是专家，理应有更高明的见解。

中国传统文化中的伦理、社群及"天地君亲师"的观念影响着我们的行为。即使在现代社会，许多人思考未来时，仍不自觉地依赖他人做决定。周围有经验、有威望的人太多，我们常常会无条件地服从他们。他们的话对我们来说，不仅是意见和建议，更是必须遵从的指令。一旦这种性质发生改变，对我们可能有害无益。我们在虚心请教长辈的同时，更应自问"自己真正喜欢什么职业，愿意做什么工作"，结合两方面的认识，我们才能找到体现人生价值的路径。

8. 高瞻远瞩法

根据权威人士的预测，推测未来职业的发展趋势，并积极追求。高瞻远瞩法是一种较为理性的方法，它能让你对未来充满理想，并积极追求目标。但缺点是，未来的事谁也无法预料，如果我们盲目依赖理论上的预测，可能会导致理论与实践脱节，最终连自己该做什么都不清楚。因此，一定要结合当前实际情况，再规划未来，这才是更明智的选择。

9. 系统的职业生涯规划方法

系统的职业生涯规划方法综合考虑了生涯规划的基本要素（知己、知彼、抉择），并参考生涯规划模式，以降低风险。具体步骤包括：①觉知与承诺；②自我了解；③探索工作世界；④决策与目标设定；⑤生涯路径选择；⑥行动实施；⑦评估反馈。

前八种便捷的职业生涯规划方法虽然省时省力，效率高，但无法根据个人能力和特点进行长远规划。进入社会后，你会感到更加迷茫，形成恶性循环，使自己的生涯道路越来越模糊，未来面对的生涯风险较高。而系统的职业生涯规划方法，能让你认识到职业生涯的重要性，并能根据实际情况探索工作世界，确立职业目标并付诸行动，最后进行评估反馈。这种模式下，未来面临的生涯风险相对较低。

四、职业生涯发展阶段

职业生涯发展涵盖了一个人从初次就业直至退休的整个工作历程。这个过程可能是连续的，亦可能是断断续续的（例如失业待岗期间）。它主要分为三个阶段。

1. 职业适应阶段

职业适应阶段涉及从非职业心态向职业心态的转变，对组织内外环境的适应，以及对业务知识和技能的掌握。

2. 稳定成长阶段

度过职业适应期后，个人在某一职业单位中稳定下来，成为业务主管，逐步成为核心成员或担任领导职务。这一时期即稳定成长阶段，个人的职业能力达到顶峰，是创造成就、实现事业的黄金时期。

3. 职业终止阶段

由于年老或其他原因，个人失去职业能力或职业兴趣，从而结束职业生涯。

职业规划是职业生涯发展的基础。职业历程是否顺利、创造的社会财富多少、个人发展的方向和水平，都因职业种类、工作地点和单位、所任职务的不同而表现出显著的个体差异。因此，对于大学毕业生而言，制定良好的职业规划是一个关键任务。

五、职业规划的就业策略

职业规划的首要步骤是"定向"，即确定方向。方向若定错，就会南辕北辙，离目标越来越远，可能需要重新开始，付出更多代价。因此，在职业决策时，切勿犯方向性错误。

通常，职业方向由个人所学专业决定。但现实中，许多人毕业后无法完全根据所学专业选择工作，有时甚至与所学专业完全不符，专业不对口的情况非常普遍。在这种情况下，需要认真考虑，选择适合自己的职业岗位。

1. 定向

有时为了就业，可能需要强迫自己适应并不喜欢的岗位，只要这些职业是社会急需的、有发展前景的。一些学生在校期间取得双学位或多种职业资格证书，就业时便比他人拥有更多机会，显得更为出色。

2. 定点

"定点"指的是确定职业发展的地点。例如，一些人毕业后选择去南方，有的选择广州或沪宁杭地区，有的则选择边疆地区，选择到国家最需要的地方去，这都是可以理解的。但应综合考虑多方面因素，不可仅凭一时冲动。例如，有人去南方认为那里经济发达、薪资高，却忽视了激烈的竞争、观念差异、心理承受能力，以及气候、水土等因素，结果不久便离职。当然，这也不是问题。如果一开始就选准方向，便可以在一个地方围绕一个职位长期稳定发展，对个人资历和经验都有益处。频繁更换地点，对职业生涯的成长显然弊大于利。

3. 定位

在选择职业前，应对自己的水平、能力、薪资期望、心理承受能力等进行全面分析，做出准确的定位。既不应过于悲观，也不应高估自己。如果期望过高，一旦未能如愿，失望就会更大。刚毕业就被知名大公司选中，获得丰厚的薪资福利，当然是幸运的。如果没有遇到这样的机会，也不必气馁。不要过分看重公司的名气和薪资高低。只要这家公司和岗位适合你，是你所向往的，就应尝试争取。树立从基层做起、逐步积累经验、循序渐进、谋求发展的理念，可能对一生都有益。

除了这"三定"，还有一个重要的"一定"，即"定心"。心神不定，朝三暮四，怎能准确"定向、定点、定位"？无论做什么，都需要"定心"。

从哲学角度看，"三定"实际上解决了职业生涯规划中的三个基本问题："干什么""何处干""怎么干"。这三个问题一旦解决，职业生涯的发展就会比较顺利。确定志向是事业成功的基础，没有志向，事业成功就无从谈起。俗话说："志不立，天下无可成之事。"立志是人生的起点，反映了一个人的理想、胸怀、兴趣和价值观，影响着一个人的目标和成就大小。因此，在制定生涯规划时，首先应确立志向，这是制定职业生涯规划的关键，也是职业生涯规划中最重要的部分。

第三节　职业生涯规划的步骤

职业生涯规划是一个持续的过程，主要涵盖觉知与承诺、自我评估、了解工作世界、决策与目标设定、选择职业规划路径、制定行动计划与措施、评估与反馈等环节。系统化的生涯规划是一个循环往复的过程，具体涉及以下几个方面。

一、觉知与承诺

大学生的职业生涯规划往往具有虚拟性和前瞻性，很多情况下只是理论上的探讨，但职业生涯规划是个人人生发展路径的全面规划和投资，其规划结果将影响人的一生，其重要性不言而喻。职业生涯规划不仅是一个概念，也是人力资源管理中的一个先进理念，大学生若想运用它，必须先认识并理解它，在理解概念的同时，积极主动地思考，结合自己的学习生活实践，领悟其中的真谛，并积极与职业规划专家进行交流，将职业生涯规划理论内化为自己的观念。在觉知与承诺阶段，大学生可以通过多种途径如网络、书籍、报刊，获取关于职业生涯规划的知识，还可以从学校就业指导部门以及各种职业讲座中获取和加强对大学生职业生涯规划这一基本概念的理解，积极将其应用到自己的学习中，成为指导学习、生活的准则。作为大学生，应真正认识到职业生涯规划对自身的重要性，承诺要对自己的生涯进行规划，并愿意投入时间和精力来规划和管理自己的职业生涯。

志向是事业成功的基础，没有志向，事业的成功就无从谈起。常言道："志不立，天下无可成之事。"立志是人生的起点，反映一个人的理想、胸怀、兴趣和价值观，影响一个人的奋斗目标及成就的大小。在制定生涯规划时，首先要确立志向，这是制定职业生涯规划的关键，也是职业生涯中最重要的一环。

二、自我评估

自我评估即对自己进行全面分析，通过各种方式认识自己、了解自己是职业生涯规划中的关键要素。只有认识了自己，才能对自己的职业做出正确的选择，才能选定适合自己发展的职业生涯路线，才能对自己的职业生涯目标做出最佳选择。在职业生涯规划过程中，自我评估是不可或缺的一步，是职业生涯规划的基础，关系到职业生涯的成功与否。

自我评估的目的是认识自己、了解自己。自我评估包括对自己的兴趣、特长、性格、学识、技能、智商、情商、思维方式、思维方法、道德水准以及社会中的自我等进行评估。即弄清楚自己是谁，自己想要做什么，自己能做什么。常言道"当局者迷"，一个人对自己的认识总是片面的，因此，在自我评估中还应包括他人的意见，我们称之为"角色建议"。

一个有效的职业生涯规划，必须是在充分且正确地认识自身条件与相关环境的基础上进行的。对自我及环境的了解越透彻，越能做好职业生涯规划。因为职业生涯规划的目的不只是帮助你达到和实现个人目标，更重要的是帮助你真正了解自己。自我评估的方法有很多，例如可采用：

1. 自我剖析法

列出以下事项：①喜欢与不喜欢；②优点与缺点；③环境扫描评估；④里程碑，即自己职业道路、人生道路上的重大转折点。

2. 关键事件分析

对自己 5 年来的最成功与最不成功的 5 件事情进行分析，归纳出原因，综合成功事件与不成功事件的影响因素，从而形成关于能力与人格的自我概念。

3. SWOT 分析法

① 优势分析：自己出色的地方，特别是比之于竞争对手的优势方面。

你曾经做过什么？你学习了什么？最成功的是什么？

② 劣势分析：与竞争对手相比处于落后的方面。

性格弱点，如不善于交际、感情用事等，以及经验或经历中所欠缺的方法。

③ 机会分析：有利于职业选择和职业发展的机会。

对社会大环境的认识与分析：当前社会政治、经济、科技、文化发展趋势中有利于所选职业发展吗？

对自己所选企业的外部环境进行分析：企业在本行业中的地位与发展趋势如何？面对的市场怎样？有无职业空缺？需要具备哪些条件？

④ 威胁分析：存在潜在危险的方面。

企业要重组？走向衰落？新来的上司对自己有敌意？新同事或竞争对手实力增强？领导层发生变化？

4. 橱窗分析法

橱窗分析法是一种借助直角坐标系的不同象限来表示人的不同部分的分析方法，它以别人知道或不知道为横坐标，以自己知道或不知道为纵坐标。

橱窗1：为自己知道，别人知道的部分，称为"公开我"，属于个人展现在外、无所隐藏的部分。

橱窗2：为自己知道，别人不知道的部分，称为"隐私我"，属于个人内在的私有秘密部分。

橱窗3：为自己不知道，别人也不知道的部分，称为"潜在我"，是有待开发的部分。

橱窗4：为自己不知道，别人知道的部分，称为"背脊我"，犹如一个人的背部，自己看不到，别人却看得很清楚。

通过四个橱窗可知，须加强了解的是橱窗3和橱窗4，进而更加全面地分析了解自己。

运用科学有效的方法对自己的职业兴趣、性格、能力、价值观等进行全面认识，清楚自己的优势与特长、劣势与不足。自我分析要客观、冷静，不能以点带面，既要看到自己的优点，又要面对自己的缺点。只有这样，才能避免规划的盲目性，达到规划高度匹配自身特点。

三、了解工作世界

职业作为社会经济活动中的一个组成部分，其产生与演变是社会经济发展不可避免的一环。随着社会经济的不断进步，社会分工变得越来越精细。在现代社会，职业选择者面临的职业选项繁多，令人难以抉择。为了更有效地进行职业决策，我们不仅需要全面了解自己的个性特点，还必须深入理解职业领域的各个方面。

1. 社会环境分析

社会环境分析涉及对政治、经济、法律、科技和文化等宏观因素的考察，同时也包括对职业环境的评估。社会环境对大学生的职业生涯乃至整个人生发展具有深远的影响。通过分析社会大环境，可以了解所在国家或地区的政治、经济、科技、文化、法律状况，从而寻找各种发展机会。

职业生涯机遇的评估，主要是衡量各种环境因素对个人职业生涯发展的作用。每个人均处于特定的环境之中，脱离了这个环境，便无法生存与成长。在制定个人职业生涯规划时，需要分析环境条件的特点、环境的发展变化、个人与环境的关系、个人在环境中的地位、环境对个人的要求以及环境提供的有利条件与不利条件等。只有充分了解这些环境因素，才能在复杂环境中避害趋利，使职业生涯规划具有实际意义。评估机遇主要是评价周围环境对个人职业生涯发展的影响。评估的关键因素包括政治环境、社会环境、经济环境、组织环境等。只有明确了这些基本影响因素，才有可能实现成功。

机遇因人而异，每个人都有适合自己的道路，适合他人的未必适合你，适合你的未必适合他人。这需要参考个性特点，实现人职匹配。具体来说，就是先进行个人心理分析，再分析成功职业者的性格特点，最后将两者进行比较，从而确定合适的员工和职业。管理心理学中有许多相关理论，例如霍兰德的职业性向理论等。

应届毕业生职业规划测评系统，提供了科学客观的机会评估参考，求职者可以免费使用该系统进行职业生涯规划。

2. 行业分析

行业分析包括对当前从事行业和未来意向行业的环境分析，涵盖行业的发展状况、国际国内重大事件对行业的影响、行业的优势与问题、行业发展趋势等方面。

3. 职业领域分析

职业领域分析包括对职业的分类和内容、专业与职业的关系、具体职业对工作人员的要求、条件和待遇、教育方面的选择、社会对人才的素质要求、获取职业信息的方法等方面的考察。

4. 职业方向选择

职业方向选择的正确性直接关系到人生事业的成功与否。据调查，在职业方向选择错误的人群中，有80％的人在事业上遭遇失败。由此可见，职业方向选择对人生事业的发展至关重要。那么，大学生应如何进行正确的职业方向选择呢？至少应考虑以下几点：

① 性格与职业的匹配。

② 兴趣与职业的匹配。

③ 特长与职业的匹配。

④ 内外环境与职业的匹配。

对工作世界的认识是进行正确且合理的职业选择的基础。职业信息的获取与应用可以激发大学生探索职业生涯的动机。在分析和判断职业信息时，可以增强大学生对自我及职业世界的了解，甚至引起认知或态度上的变化。

四、决策与目标的设定

在进行合理的职业生涯定向测评后，大多数学生对自己的职业生涯有了初步的认识和理解，了解了自身的特质。此时，应当综合分析学生个人特点、职业理想、专业需求、发展前景以及社会政治环境、经济环境等因素，以确立职业决策和发展目标。

（一）职业决策

随着市场经济在我国的主导地位确立，个人择业自主性增强。如何根据人力资源市场的需求和个人特质合理选择或转换职业，成为每个人必须面对的问题。解决个人职业问题和做出职业决策时，需要考虑个人价值观、兴趣、技能、职业信息、教育背景、工作环境等信息，并进行分析，以进行职业选择或探索，这一过程即为"职业决策"。

（二）职业发展目标

1. 目标确立的要素

高校学生职业发展目标的确立，是指基于前期职业生涯定向测评的设计，根据学生特质与理想，确立适合其发展的职业生涯前景目标，是具体化职业目标的过程。职业发展目标是学生一生的追求，其实施需要具备五个要素：

① 明确性，能清晰反映个人理想与价值观。

② 计划性，有详细的发展方向和具体行动计划。

③ 激励性，实现目标的效价高、概率大。

④ 可行性，与学生实际、社会经济发展需求、企业行业提供的可能性相符合，具有可行性。

⑤ 坚定性，能持之以恒地努力向目标前进。

2. 职业发展目标的分解

职业发展目标是对自我长期追求目标的规划，具有理想性，其实施过程由具体阶段构成。需要将发展方向与具体目标分解，在不同阶段集中精力完成相关任务，即将其分解为阶段操作目标。阶段操作目标分为远程目标、中程目标、短程目标和人生目标四种，短程目标一般为一至二年，中程目标一般为三至五年，远程目标一般为六至十年。在制定阶段操作目标时，重点在于制定中程目标与短程目标，以切实引导现实的学习与职业活动。在制定阶段操作目标过程中，应注意两个问题：第一，各目标有机衔接，短程目标服务于中程目标，中程目标服务于远程目标；第二，切合现实又略高于现实，即通过努力能够顺利完成目标，有助于最大限度地激发学生的积极性。

3. 职业发展目标的设立

职业发展目标的设立，是职业生涯规划的核心。一个人事业的成败，在很大程度上取决于是否有正确适当的目标。没有目标，如同驶入大海的孤舟，四野茫茫，没有方向；树立了目标，才能明确奋斗方向，犹如黑暗中的灯塔，引导你避开险礁暗石，走向成功。

目标的设立，是在职业选择、职业生涯路线选择之后，对人生目标做出的抉择。其抉择依据是个人最佳才能、最优性格、最大兴趣、最有利环境等信息。

通常，一个人的目标会随着时间变化而变化，在每个重要阶段的目标可能不同。重要的是，目标既不能过高，也不能过低。设置目标的标准是：跳一跳，够得着。也就是说，要经过分析评估，才能设立符合实际，对自己有强大促进作用的目标。以下介绍设立职业发展目标的 13 个步骤：

（1）步骤 1

开始编织美梦，包括你想拥有的、你想做的、你想成为的、你想体验的。现在，请坐下来，拿一张纸和一支笔，动手写下你的心愿。在你写的时候，不必考虑目标如何达成，就是尽量写。直到你觉得没有什么可以写的时候，你可以看看下面几个问题并回答它们，这些问题会引导你去了解自己内心深处的渴望，这会花一些时间，但你现在的努力，将为下一步的丰富收获打下基础。

① 在你的生活中，你认为哪五件事最有价值？

② 在你的生活中，有哪三个最重要的目标？

③ 假如你只有六个月的生命，你会如何运用这六个月？

④ 假如你立刻成为百万富翁，在哪些事情上，你的做法会和今天不一样？

⑤ 有哪些事是你一直想做，但却不敢尝试去做的？

⑥ 在生活中，有哪些活动你觉得是最重要的？

⑦ 假如你确定自己不会失败（拥有充足的时间、资源、能力等），你会敢于梦想哪一件事情？

回答完这些问题后，把你列出的所有目标分成六个另类：健康、修养/知识、爱情/家庭、事业/财富、朋友、社会。

（2）步骤 2

审视你所写的，预估目标达成的时限。你希望何时达成呢？有达成时限的才可能叫目标，没时限的只能叫梦想。

在目标中选择你最愿意投入的、最令你跃跃欲试的、最能令你满足的四件事，并把它们写下来。现在建议你明确地、扼要地、肯定地写下你想实现它们的真正理由，告诉你自己能实现目标的把握和它们对你的重要性。如果你做事知道如何找出充分的理由，那你就无所不能，因为追求目标的动机比目标本身更能激励我们。

（3）步骤 3

核对你所列的四个目标，是否与形成结果的五大规则相符合：

① 用肯定的语气来预期你的结果，说出你希望的而非不希望的；

② 结果要尽可能具体，还要明确写出完成的期限与项目；

③ 事情完成时你要能明确知道已经完成了；

④ 要能抓住主动权，而非任人左右；

⑤ 是否对社会有利。

（4）步骤 4

列出你已经拥有的各种重要的资源。当你进行一个计划时，必须知道该使用哪些工具，即你所拥有资源的清单，里面包括自己的个性、朋友、财物、教育背景、时限、能力，以及其他。这份清单越详尽越好。

（5）步骤 5

当你做完这一切，请你回顾过去，有哪些你所列的资源会运用得很纯熟。回顾过去找出你认为最成功的两三次经验，仔细想想是做了什么特别的事，才获得事业、健康、财务、人际关系方面的成功，请记下这个特别的原因。

（6）步骤 6

当你做完前面的步骤后，现在请你写下要达成目标本身所具有的条件。

（7）步骤 7

写下你不能马上达成目标的原因。首先你得从剖析自己的个性开始：是什么原因妨碍你的前进？要达成目标，你得采取什么做法呢？如果你不确定，可以想想有哪位成功者值得你去学习。你得从最终的成就倒算，往你目前的地位一步步列出所需的做法。将你在步骤 7 中找出的信息作为你设计未来计划的参考。

（8）步骤 8

现在请你针对自己的四个重要目标，制定出实现它们的每一个步骤。别忘了，从你的目标往回制定步骤，并且自问：我第一步该如何做才会成功？是什么妨碍了我？我该如何改变自己呢？一定要记得你的计划得包含今天你可以做的，千万不要好高骛远。

（9）步骤9

为自己找一些值得效仿的模范。从你周围或从名人当中找出三五位在你的目标领域中有杰出成就的人，简单地写下他们成功的特质和事迹。当你做完这件事，请你闭上眼睛想一想，如同他们与你私谈一样，想象他们每一个人都会提供给你一些能达成目标的建议，记下他们每一位建议的方法，并在每句重点处记下他的名字。此外，回想过去曾有过的重大成功事迹，将它与你新目标的图像进行置换。

（10）步骤10

使目标多样化且有整体意义。

（11）步骤11

为自己创造一个适宜的环境。

（12）步骤12

经常反省所做事情的结果。

（13）步骤13

列一张表，写下过去曾是你目标而目前已实现的一些事。你要反思自己从中学到了些什么、这期间有哪些值得感谢的人、你有哪些特别的成就等。有许多人常常只看到未来，却不知珍惜和善用已经拥有的。所以你应明确这一点：成功的要素之一就是要存一颗感恩的心，时时对自己的现状心存感激。

当你按照这些步骤设立好自己的职业发展目标后，几周内，你的内心会越来越稳定且有了方向感。别人会开始注意到你的改变。几个月内，你会发现自己的一些目标在一步一步变成现实。你在无形中，走到一个令自己与他人惊讶的高度。

对于在校大学生而言，首先要构建自己合理的知识结构，构建一个以专业知识为核心，以相关专业知识、基础知识及一般知识为支撑的稳固、宽泛的知识结构。其次是要培养职业所需要的实践能力，即具备从事本行业岗位的基本能力和某些相关专业的能力。能力比知识更重要，所以，大学生应重点培养社会需要的决策能力、创造能力、社交能力、实践操作能力、组织管理能力、终身学习能力、心理调适能力、随机应变能力等。高校学生在校阶段的操作目标应根据自我的职业生涯规划，涵盖以下内容：文化基础知识学习目标、综合职业能力与关键能力培养目标、实践经验积累目标、职业决策与适应能力培养目标、人格完善目标等。制定操作目标过程中应将上述项目分解到每学年、每学期、每月、每周、每天，确保学生每天均按目标开展相关活动，以获得相应的发展。

五、职业发展路径的规划选择

职业发展路径（亦称职业生涯发展路径）指的是个人在确定职业后，为了达成职业目标和理想所采取的特定路径。由于职业发展的方向各异，所需条件也有所区别，因此，在职业规划过程中，必须做出选择，确保工作、学习和各种活动能够沿着既定的路径和方向前进。在当前社会、经济和科技快速发展的背景下，组织管理趋向扁平化和网络化，传统的纵向职业发展路径变得越来越狭窄，促使人们通过职业的横向转换来满足职业发展的需求。职业发展路径呈现出新的趋势，即趋向于多元化的职业发展路径。

面对多元化职业发展路径的新趋势，高校学生在设计职业发展路径时，应基于对社会职业机会、职业流动模式以及个人职业目标、综合职业能力、关键能力以及智力和非智力因素的全面客观分析，坚持方向性、适应性和灵活性原则，确保个人职业发展路径与职业目标相符，适应学生个体实际情况和社会需求。同时，根据个人和环境的变化灵活调整，保证其适应性。

大学生可以运用"五W"思考法和SWOT分析法（两种方法会在后面章节给出详细解释）来帮助分析和解决职业发展路径选择的问题，合理规划职业发展路径，提升规划的科学性、合理性和有效性。这为制定实际可行的职业行动计划打下坚实基础。在确定职业后，面临选择哪条发展路径的问题。是选择行政管理路径，还是专业技术路径；是先走专业技术路径，再转向行政管理路径……由于不同的发展路径对职业发展有不同的要求，因此，在职业规划中，必须做出选择，以便使个人的学习、工作和各种行动沿着既定的职业路径或方向前进。通常，职业路径的选择需要考虑以下三个问题：

① 我倾向于哪条发展路径？

② 我有能力发展哪条路径？

③ 我有机会发展哪条路径？

对这三个问题进行综合分析，有助于确定最适合自己的职业发展路径。

（一）职业发展路径的定义

通常指组织为员工设计的自我认知、成长和晋升的管理方案，它指明了员工可能的发展方向及发展机会。在个人职业生涯规划过程中，职业发展路径是指一个人在确定职业方向后选择通过什么途径去实现。而如果缺少职业发展路径蓝图，会走许多错路、弯路、回头路，导致资源、时间、精力的浪费。"条条大路通罗马"讲的是道路多、选择多、办法多，但如果没有选择一条捷径，就会在路上耽搁。所以，每个人在职业定向后，必须设计一条职业发展路径，使今后的学习和工作沿着预定路径发展。

（二）职业发展路径常用的划分方法

1. 三分法

大学生职业生涯发展路径可以概括为"红、黄、黑"三条路（见图 3-1）。一条是指进入政府机关或事业单位工作，工作稳定，前途光明，故称"红路"；一条是指进入企业或自主创业，以创造"黄金"财富为主，故称"黄路"；一条是指继续升学，因博士帽为黑色，故称"黑路"。

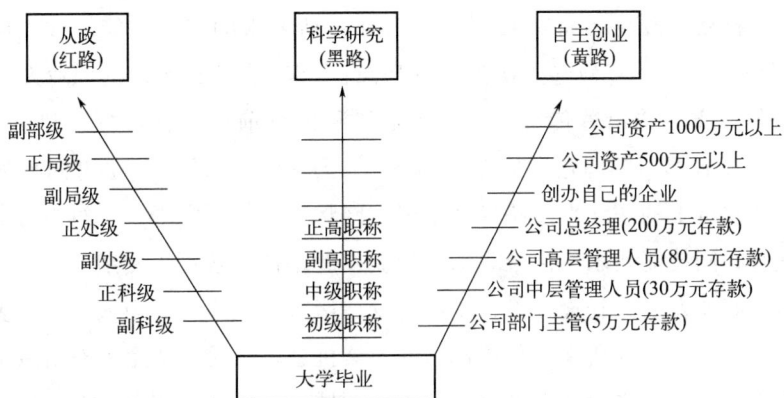

图 3-1　常见的三条大学生职业发展道路示意图

2. 五分法

"红、黄、黑"三条路是一种非常笼统的分法，随着时代的发展，职业种类增多，社会分工细化，这三条路线显然不能囊括所有劳动者的职业发展路径，现参照霍兰德的职业分类理论，把大学生职业发展路径细化为五条，如图 3-2 所示。

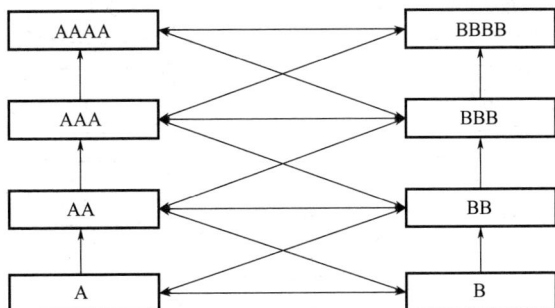

图 3-2　大学生职业发展路径

尽管每个人的职业发展路径都呈现不断上升态势，但它仅仅指明一个发展方向。一个组织内可能没有足够多的高层职位为每个员工提供升迁机会，一个人也不一定终生从事同一项工作。因此，在职业发展路径的实施过程中个人可以根据外部条件和自身因素的变化进行路线调整，可以在两条或多条路径上平行发展，也可以在两条或多条路径的同类岗位上平移或交叉移动，从而构成网状职业发展路径。

图中选择路线 A 的人会沿着"A→AA→AAA→AAAA"的职业路径不断向上发展，选择路线 B 的人会沿着"B→BB→BBB→BBBB"的职业路径不断向上发展。一旦 AB 两条路线有任何的相似点或交叉点，AB 两条路线的人就可随时进行路线改变。如果 A 岗位与 B 岗位所要求的基本技能大致相同，处于 A 岗位的员工有三种选择：转换到 B 岗位上，沿着 B 部门的职业发展路径前进；在 A 部门内沿着传统的职业发展路径继续前进；直接提升到 BB 岗位上，再沿着 B 部门的职业发展路径前进。处于 B 岗位的员工也有同样的三种选择，这样员工的职业发展路径就呈现出网状结构。现实中一个组织可能拥有多个具有相同技能要求的岗位，那么职业发展路径也就更为复杂。

网状职业发展路径设计降低了职业发展堵塞的概率，为个人带来更多的职业发展机会。当个人所在单位或部门的发展机会较少时，或个人对所从事的工作产生厌倦时，可以选择转换到新的工作领域，开始新的职业生涯。比如，有的人一开始选择了专业技术方向，但仍然对管理有兴趣，并希望能在管理领域做出一番事业，他完全可以沿着双重职业生涯路径跨越发展。即一开始从事某种技术性职业，不断积累充实专业知识，然后在适当的时候，转向专业技术部门的管理职位。

深圳华为公司的多数员工的职业发展道路就是一个典型案例，如图 3-3 所示。

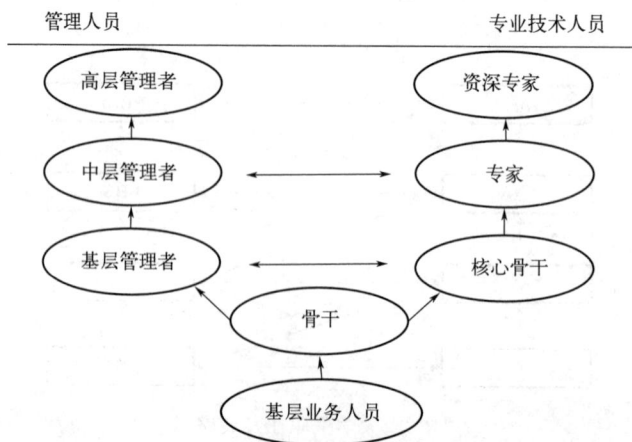

图 3-3　华为员工的职业发展道路

大学生在制定职业发展路径时存在"重管理，轻技术"的思想，不少学生为自己设计的发展道路是纯管理型路线。但现实生活中，管理类岗位毕竟只是一小部分，对于没有工作经验、不清楚各岗位所必备的工作技能、更不具备任何行业管理经验的大学生来说，一味追求向管理岗位发展，碰壁是必然的。

六、规划行动方案与步骤

选定职业后，行动成为实现目标的关键。没有行动，目标难以达成，职业生涯的成功也无从谈起。这里所说的行动，主要是指实现目标的具体措施，包括教育、培训、实践等方面。例如：

在职业素质方面，你打算学习哪些知识，掌握哪些技能，挖掘哪些潜能？

你将采取哪些措施？

计划用多久时间达成目标？

这些计划需要特别具体、可行，便于定期检查。一旦有了明确的计划和步骤，就应按照各阶段目标，制定执行步骤并付诸行动。

例如，在大学四年中，每个阶段的培养目标不同，个人制定的计划和采取的行动措施也应各有侧重。大一阶段，主要任务是正确认识大学、认识自我，进行职业剖析，制定职业目标。初步了解职业，特别是未来想从事的职业或专业对口的职业，提高人际沟通能力。多与前辈交流，尤其是大四前辈，以了解就业情况；多参加学校活动，提高交流技巧、沟通能力；利用学生手册、学校网站、讲座等途径了解学校各项规章制度。

大二阶段，开始考虑毕业后是升学、就业还是自主创业，主要任务是提升自身基础素质。通过参加学生社团组织，锻炼各种能力，同时检验自己的知识技能。尝试兼职，最好能在课余时间从事与未来职业或本专业相关的工作，提高责任感、主动性和抗挫折能力。增强英语口语能力、计算机应用能力，通过英语、计算机等级考试，有选择地辅修其他专业的知识来充实自己。

在大三阶段，加强自身综合素质，培养职业目标所需的各种能力，以提高求职技能；关注就业信息，做出升学、就业、自主择业等路径的抉择。撰写专业学术文章时，应大胆提出自己的见解，锻炼独立解决问题的能力和创造力；参加和专业有关的实践活动，和同学交流求职工作的心得体会；学习写简历、求职信，适当尝试求职。

在大四阶段，侧重于择业、就业或创业。对前三年的准备作一个总结：首先检验自己确立的职业目标是否合理，前三年准备是否充分；开始申请工作，积极参加招聘活动；了解用人单位资料信息，强化求职技巧，进行模拟面试训练等。

（一）制定合理可行的职业发展路径

应当围绕以下四个方面进行深入考虑。

① 希望向哪条职业生涯路径发展。这是指根据个人的爱好、兴趣、价值观、理想和成就动机等因素，规划出自己希望朝哪条路线发展，以便确定自己的职业生涯目标取向。

② 适合往哪条职业生涯路径发展。这是指综合分析自己的性格、经历、特长、学历、家庭影响等一些主客观条件，考虑自己适合向哪条路线发展，以确定自己的能力取向。

③ 能够往哪条职业生涯路径发展。这是指分析自身所处的社会环境、经济环境、文化环境、政治环境和组织环境等因素，衡量能够向哪条路线发展，以确定自己的机会取向。

④ 选择哪条职业生涯路径更有可能取得进一步发展。主要是指选择自己希望和适合的职业生涯发展路径后，进一步综合分析各方面因素，判断这条路线是否有利于职业生涯目标的实现，是否有利于进一步发展。

（二）加强教育培训和实践锻炼

大学生可以从教育培训和实践锻炼两方面努力，以促进职业发展路径的实现。

1. 教育培训

教育培训就是根据目标分解，制定教育培训计划，它是提高竞争力、接近目标的重要策略。有效的教育培训计划必须是指向目标的、切合自身实际的和可实施的。

教育的形式多样，可以通过讲座、远程教育、视听影像、培训班学习等方式进行。时间可长可短。教育培训的内容主要包括基础知识、专业知识、工作技能，也包括通用能力如团队合作能力、沟通能力、执行力等。

大学生为了提高职业技能，加强岗位的适应性，应当积极参加学校开设的专业技能强化学习，主动参加专业培训班如报关员、单证员、口译员、网络工程师、涉外文秘等培训，利用这些机会，获得有效的自我提高。

2. 实践锻炼

实践出真知，知识的积累、技能的培养、素质的提高主要在平时实践中实现。实践锻炼是缩小能力差距最有效、最直接的方法。

通过参加社团活动、社会实践和职业实习等活动，了解社会的政治、经济发展趋势，认识社会以及社会对人才的素质要求，根据社会需要有计划地提高自己的专业知识、工作技能、职业精神、身心素质等，避免学习的盲目性。通过职业实习，大学生还能够更加清楚社会职业分类及职位变化，清楚不同职位对自己的意义所在，有利于大学生在就业过程中正确定位、顺利就业。

七、评估与反馈

鉴于社会环境的变动及其他不可预知的因素，我们原先设定的职业生涯规划与现实情况之间难免会出现差异。正如人们常说的，"计划赶不上变化"，特别是在当今职场，变化才是唯一不变的规律。职业生涯规划受到众多因素的影响，其中一些是可以预见的，而另一些则难以预测。因此，对职业目标和生涯规划进行适时的调整显得尤为重要。职业生涯的评估与反馈能够为我们带来宝贵的经验。这一过程不仅是个人对自我认知的深化，也是对社会认知的深化，是提升职业生涯规划效率的关键手段。评估与反馈涉及对职业选择、生涯路径、人生目标以及实施策略的重新审视和调整，可以分为以下两个阶段。

（一）评估阶段

生涯规划是个人生活与职业发展的蓝图。尽管在制定职业规划时，我们已经考虑了众多内在和外在、主观和客观的因素，但随着时间的流逝，这些因素可能会发生变化。因此，为了保证规划的实用性和有效性，必须定期对生涯规划的内容和成效进行评估。此外，在执行过程中，也会遇到当初规划时未能预见的问题和挑战。为了确保生涯规划的效果，在每个阶段实施后，有必要对规划执行的方法进行评估。

（二）反馈与修订规划

在执行生涯规划的过程中，必须为未来的规划调整留出空间，修订的依据是每次评估后得到的反馈信息。规划修订的时机应考虑以下几点：首先，定期检查预定目标的实现进度；其次，在每个阶段目标实现后，根据实际效果调整后续阶段的目标和策略；第三，当客观环境变化影响到规划执行时，应及时调整以适应环境变化；最后，有效的生涯规划还需要不断地反思和修正生涯目标，审视策略方案是否适宜，并为下一轮生涯规划提供参考。

有效的职业生涯规划有助于我们持续地反思和修正目标与策略方案。人生宛如在未知海域中航行，我们无法预知下一刻会发生什么，现实社会中的不确定性因素会导致我们偏离最初设定的职业生涯目标。这就要求我们及时调整规划目标和行动方案，确保我们的追求之路能够顺利持续，并最终实现最高的人生理想。从这个角度来看，反馈评估确实是一个重新认识和发现自我的过程。

兴趣，作为心理倾向的关键要素，它根植于我们的特定需求之中，在社会实践中逐渐孕育并发展壮大。它不仅揭示了人们对特定刺激的渴望，还阐释了客体活动与个人特质之间的互动状态，以及活动与主体间特征的契合度。广泛的研究已经揭示了兴趣与工作满足感、职业稳定性和成就感之间存在着紧密的联系。当人们全身心投入到他们喜爱的工作中时，他们能够释放出 80% 至 90% 的潜能；相反，在那些他们不感兴趣的工作中，潜能的释放往往仅有 20% 至 30%。大多数心理学家和职业规划专家都一致认同，兴趣是影响工作满足感、职业稳定性和成就感的一个关键因素，它在职业生涯规划的自我探索过程中占据着核心地位。现在，让我们随着本章内容的深入展开，一起深入探索职业兴趣的奥秘吧！

第一节　兴趣概述

经过 30 年的深入访谈研究，美国芝加哥大学的心理学教授米哈利发现了一个现象：当人们全神贯注地投入某项活动，甚至达到忘我境界时，他们体验到的快乐和满足感最为强烈。这种能让人达到忘我状态的活动，无疑是他们的兴趣所在。这一研究揭示了兴趣与工作满意度、职业稳定性和成就感之间存在显著的正相关性。因此，兴趣在我们的职业生涯规划中扮演着至关重要的角色，是我们自我探索的关键因素。它不仅能够激发我们的内在动力，还能帮助我们在职业选择上做出更明智的决策，从而提高我们的工作满意度和生活质量。

一、兴趣的定义

兴趣，是人们对客观事物的偏好态度，表现为一种积极的心理倾向，即人们渴望认识或参与某项活动的倾向。它也是人对所需事物情感的体现。例如，当某人对某事物产生浓厚兴趣时，他会对该事物保持高度关注，并展现出积极的态度和探索行为。兴趣可以是短暂的，也可以是持久的，它能够引导我们去探索未知的领域，激发我们的创造力和想象力。

每个人都会优先关注并积极探索自己感兴趣的事物，表现出一种向往的状态。例如，美术爱好者会认真欣赏和评价各种画作和展览，收藏和模仿优秀作品；钱币收藏者则会努力收集和研究各种钱币。兴趣使我们愿意投入时间和精力去深入了解和学习，从而在这一过程中获得知识和技能。

兴趣不仅仅是对事物表面的关注，它的本质是通过获取知识或参与活动体验到情绪满足。例如，对舞蹈感兴趣的人会主动寻找机会参与舞蹈活动，并在跳舞时感到快乐和放松，体验到乐趣，并表现出积极和自愿的态度。兴趣驱使人们更愿意投入到喜爱的事务中，从而获得参与感和成就感。这种情感上的满足感是兴趣的核心，也是推动我们不断前进的动力。

兴趣与个人的认知和情感紧密相连。没有认知，就不会有情感，也就不会产生兴趣。认知越深入，情感越丰富，兴趣就越浓厚。例如，集邮爱好者认为集邮不仅有收藏和观赏价值，还能增长知识和陶冶情操，收藏越多，情感越专注，兴趣越深，最终发展成为一种爱好。兴趣是爱好的前提，而爱好则是兴趣的进一步发展和实践，表现为对事物的优先关注和实际行动。例如，对绘画感兴趣并开始学习绘画，就表明对绘画有了爱好。

兴趣和爱好受到社会环境、职业和文化层次的影响，不同背景的人兴趣和爱好各异。兴趣和爱好的品位高低直接影响个性特征的优劣。例如，对公益活动和高雅艺术感兴趣的人，表现出高雅的个性品质；而对低俗事物感兴趣的人，则表现出低级的个性品质。兴趣和爱好不仅反映了个人的内在，也是社会文化的一部分，它们在一定程度上塑造了我们的社会身份和地位。

兴趣和爱好有时也受遗传影响，父母的兴趣和爱好会直接影响孩子，因此父母的教育方式非常重要。年龄和时代的变迁也会对兴趣产生影响。从年龄角度看，少儿可能对图画和歌舞感兴趣，青年可能对文学和艺术感兴趣，而成年人可能对职业和工作感兴趣。这反映了随着年龄增长和知识积累，兴趣重心会发生转移。从时代角度看，不同的时代背景和物质文化条件也会对兴趣产生重大影响。例如，在科技迅速发展的今天，许多青少年对编程和人工智能产生了浓厚的兴趣，这与他们所处的时代背景密切相关。

无论兴趣是什么，它们都是以需求为基础的。人们需要什么，就会对什么产生兴趣。由于需求包括生理需求（物质需求）和社会需求（精神需求），因此兴趣也表现在这两个方面。生理需求或物质需求通常是暂时的，容易满足；而社会需求或精神需求则是持久的、稳定的、不断增长的。例如，人际交往、对文学艺术的兴趣和对社会生活的参与是长期的、终身的，并且是不断追求的。兴趣是在需求基础上产生的，也是在需求基础上发展的。大学生需要知识，知识越多，兴趣就越广泛越浓厚。因此，大学教育不仅要传授知识，还要激发学生的兴趣，培养他们的创新精神和实践能力。

二、兴趣的分类、特性及发展阶段

（一）兴趣的分类

兴趣种类繁多，但总体上有两种划分方式。

1. 物质兴趣和精神兴趣

物质兴趣主要指人们对舒适物质生活（如衣、食、住、行）的兴趣和追求；精神兴趣主要指人们对精神生活（如学习、研究、文学艺术）的兴趣和追求。大学生由于人生观和世界观尚未完全形成，无论物质兴趣还是精神兴趣，都需要师长的积极引导，以避免物质兴趣的畸形发展和精神兴趣的消极发展。

2. 直接兴趣和间接兴趣

直接兴趣是指对活动过程的兴趣。例如，一些大学生富有想象力和创造力，喜欢制作各种模型，在制作过程中表现出浓厚的兴趣；间接兴趣主要指对活动结果的兴趣。一些大学生喜欢绘画，每当完成一幅画作，都会对自己取得的成果表现出极大的兴趣。直接兴趣和间接兴趣是相互联系、相互促进的，没有直接兴趣，活动过程会变得乏味；没有间接兴趣的支持，活动就难以持久。因此，只有将直接兴趣和间接兴趣有机结合，才能充分发挥个人的积极性和创造性。

（二）兴趣的特性

兴趣具有倾向性、广阔性和持久性等特性。兴趣的倾向性指的是个体对什么感兴趣。由于年龄、环境、层次属性的不同，人们的兴趣指向也不同。例如，有的大学生喜欢文科，有的喜欢理科或工科，他们的兴趣倾向就不同。兴趣的广阔性指的是兴趣的范围。兴趣范围因人而异，有的人兴趣广泛，有的人兴趣狭窄。一般来说，兴趣广泛的人知识面更广，在事业上更容易取得成就。但也要注意，兴趣过广可能导致缺乏深入和专注，最终一事无成。兴趣的持久性指的是兴趣的稳定性。兴趣的稳定性对学习和工作非常重要，只有稳定的兴趣，才能促使人系统地学习知识，坚持完成工作，并取得成就。

对于当代大学生而言，兴趣的倾向性、广阔性和持久性至关重要，它们直接关系到大学生未来的职业发展方向和成就大小。兴趣的倾向性决定了大学生的专业选择和职业规划，兴趣的广阔性有助于他们在跨学科学习和研究中取得突破，而兴趣的持久性则保证了他们在长期的学习和工作中保持动力和热情。

（三）兴趣的发展阶段

兴趣的发展一般要经历从有趣到乐趣，最终成为志趣的过程。

有趣是兴趣发展的初级阶段，也是低级水平，它通常易起易落，非常不稳定。处于这一阶段的兴趣通常与人们对某事物的新奇感相关，随着新奇感的消失，兴趣也会自然消退。例如，青少年可能对新鲜事物充满好奇，但这种兴趣往往不会持续太久。

乐趣阶段，又称为爱好阶段，是在有趣的基础上定向发展的中级水平。在这一阶段，人们的兴趣会向专一和深入的方向发展。例如，对无线电有兴趣的人不仅会学习相关知识，还会亲自装配和修理，并参与相关兴趣小组。乐趣阶段的兴趣更加稳定和持久，它能够激发个人的潜能和创造力。

当乐趣与个人的社会责任感、理想和奋斗目标相结合时，就会转化为志趣，这是兴趣发展的高级水平。志趣是取得成就的根本动力，是成功的重要保障，具有社会性、自觉性和方向性三个特点。志趣不仅能够带来个人的满足感，还能为社会带来积极的影响。例如，科学家对探索宇宙奥秘的兴趣，最终可能转化为对人类进步的巨大贡献。

兴趣在我们的各种心理特征中扮演着基础角色。在人格特征、能力、潜能、价值观、需求和动机中，都可以看到兴趣的作用和表现。然而，兴趣与其他心理特征并不总是协调一致，有时甚至会发生冲突，因为这些心理特征的形成除了受兴趣的影响外，还有其他多种因素，如你可能喜欢但不擅长的事情很多，当前最需要的东西可能与你的兴趣不符。因此，在认识自己的兴趣时，我们也要清醒地意识到，这是我的兴趣，但它并不代表我已经具备了这样的能力，也不一定适合我。我们需要在兴趣的引导下，不断学习和成长，以实现个人潜能的最大化。

三、职业兴趣及其分类

（一）职业兴趣的含义

职业兴趣指的是个人渴望从事某项职业的意愿。在规划职业生涯时，我们特别关注职业兴趣。兴趣本身并非为特定职业而存在，但可依据职业类别进行划分，形成不同的职业兴趣类型。这种分类有助于我们发现个人兴趣与未来职业之间的关联。

（二）职业兴趣的重要性

职业兴趣在个人职业活动及生存发展中扮演着关键角色。它首先会影响职业定位和选择。求职时，人们会不自觉地考虑自己是否喜欢或对某项工作感兴趣。其次，职业兴趣能提升工作能力，激发探索和创新精神。研究表明，对工作感兴趣的人能发挥其才能的 $80\%\sim90\%$，且能长时间保持高效工作而不易感到疲倦；而缺乏兴趣的人仅能发挥 $20\%\sim30\%$ 的才能，且容易感到疲劳和厌倦。此外，对美国成功人士的调查显示，超过 94% 的人从事着自己喜爱的工作。职业兴趣还能增强适应力，帮助人们更快适应职业环境和角色。

或许有人会问：人的兴趣众多，是否每种兴趣都能转化为职业兴趣？是否每种兴趣都能找到对应的职业和专业？一个人的所有兴趣是否都应在职业中得到满足？

兴趣与职业紧密相连，尽管兴趣可被分为职业兴趣和非职业兴趣，但观察非职业兴趣会发现它们几乎都与职业生涯相关。例如，爬山兴趣可发展为登山或户外运动职业；逛街购物兴趣可转变为采购或时尚指导工作；甚至玩电脑游戏也可能成为游戏设计职业。当然，由于兴趣的广泛性和现实因素，不是所有兴趣都应在职业中得到满足。兴趣可通过兼职、志愿活动、社团参与、业余爱好等多种途径实现。尽管兴趣或职业兴趣在职业选择和生涯发展中不是决定性因素，但实现工作与个人兴趣的适度结合是非常重要的。

（三）职业兴趣的评估与分类

为了更科学地研究职业兴趣，众多心理学家和职业指导专家设计了职业兴趣测评工具。1927 年，斯特朗推出了《斯特朗职业兴趣调查表》，这是首个职业兴趣测验。1939 年，库德发布了《库德爱好调查表》。霍兰德理论提出后，对职业指导产生了深远影响。许多流行的测评工具都是基于霍兰德类型论设计的，通过测评，人们通常会获得一个由三个字母组成的霍兰德代码，以及与之相匹配的职业选项。这些工具可作为个人自我探索的有效手段。

1. 选择评估工具

在挑选评估工具时，应优先考虑那些正规且权威的测试，确保它们满足心理测量的基本要求，比如拥有良好的信度和效度，提供参考常模，对于自助评估，还应具备清晰的评估报告。国内已有众多引进和自主研发的测试，网络上也有许多免费资源，因此在进行评估前，需要仔细筛选。

2. 进行评估及解读结果

使用评估工具时，务必仔细阅读指导语，并遵循施测要求。对于结果的解释，除了自助评估外，通常需要生涯辅导专家来执行评估并提供专业的解释，以助于被评估者正确理解评估含义。

3. 职业兴趣分类

职业兴趣可根据不同职业种类划分为多种类型，详见表4-1。

表4-1　职业兴趣分类

类型	特点描述
农业兴趣	喜欢播种、耕地、观察庄稼生长、收割谷物，喜欢饲养牲畜和家禽
艺术兴趣	喜欢用颜料、织物、家具、服装等来表达美和色彩协调
运动兴趣	喜欢体育活动，如跑步、跳跃和团队运动，通过运动保持身材，喜欢看体育节目等
商业/经济兴趣	喜欢参加销售、贸易产品和服务等商业活动，喜欢拥有企业或在企业里从事管理工作，喜欢参与财政事务，关注经济结果
档案/办公室工作兴趣	喜欢从事作商业记录、整理资料、打字、撰写报告、为计算程序准备数据等注重细节、准确和整洁性强的工作
沟通兴趣	喜欢通过写作、演讲或抽象的形式来表达自己的思想和学识的活动，喜欢向别人讲述故事或提供信息
电子兴趣	喜欢电子方面的工作，如电报、拆收音机或电视机、组装或修理计算机等
工程兴趣	喜欢进行工程、机械、建筑、桥梁和化工厂等方面的设计
家务兴趣	喜欢家务活动，如打扫屋子、看管孩子、做饭和管理家务等
文学兴趣	喜欢阅读小说、诗词、文章、论文等，喜欢读书、看杂志并讨论其中的观点
管理兴趣	喜欢为自己和别人制定计划、组织事务和监督他人
机械兴趣	喜欢用机械工具进行工作、修理物品、在学校选修实践研讨课
医学/保健兴趣	喜欢能帮助人和动物的活动，喜欢诊治疾病和保健工作
音乐兴趣	喜欢拨弄乐器，喜欢参加音乐活动，如音乐会、唱歌等
数学兴趣	喜欢与数字打交道，喜欢代数、几何、微积分等课程
团队兴趣	愿意作为团体或小组的一分子，并会为了自己所在的公司、机构、部门的进展而牺牲个人的一些爱好
户外/自然兴趣	大多数时间都喜欢待在户外，喜欢露营和户外活动，喜欢饲养动物和培育植物
表演兴趣	喜欢在人前活动、在聚会中给人娱乐、在戏剧中扮演角色或表演话剧等

续表

类型	特点描述
政治兴趣	喜欢参加政治活动,希望拥有权力,进行决策、制定政策来影响自我和他人
科学兴趣	喜欢对自然界进行研究和调查,喜欢学习生物、化学、地理和物理等课程,喜欢用理性、科学的方法寻求真理
手工操作兴趣	喜欢安装或操作机器、装备和工具,喜欢使用木制品或铁器,喜欢驾驶小轿车、大卡车和重型设备,愿意当木匠、机械维修工、管道工、汽车修理工、焊工、工具或金属模型加工师
社交兴趣	喜欢与人打交道,关心他人的福利,愿意为大众解决问题、教授技术、为人们提供服务(如环保、保健和交通等方面的服务)
技术兴趣	喜欢兼具管理和责任于一身的服务于人的工作(如当工程师),喜欢承接汽车、电子、工业和产品工业等技术性的项目

(四) 大学生职业兴趣现状

尽管职业兴趣评估存在局限性,但它基于科学原理,并且正不断完善,因而拥有一定的准确性。通过职业评估,不仅可以了解个人职业兴趣状况,为职业选择提供参考,还可以通过分析群体评估结果来掌握特定群体的职业兴趣特点。当前大学生职业兴趣的特点主要体现在以下几个方面。

1. 职业兴趣不明确

许多学生,特别是低年级学生,由于生活安逸和各种诱惑的影响,缺乏对职业生涯的足够认识,对职业兴趣关注不多,对自己的职业喜好和倾向了解模糊。这是一个普遍现象。

2. 职业兴趣受污染

这指的是个体,尤其是大学生,受到多元价值观和外部多样化、不切实际的社会信息影响,导致对职业的倾向偏离了自身本性。大学生易受外部信息影响,多元价值观和复杂消极信息会影响他们的职业选择,甚至影响到接近本性的职业兴趣,表现出与本性不符的特点。许多大学生对职业兴趣的回答往往表现出好高骛远和只注重表面及结果的问题。

3. 职业兴趣沮丧

主要指经常对自己所学专业和未来职业感到不满,或难以从事喜欢的专业和职业,从而导致内心产生沮丧的情绪。

4. 职业兴趣范围狭窄

许多学生认为自己的兴趣点少、内容不丰富。根据个体内心体验和外在表现的明显程度,职业兴趣可分为显性兴趣和隐性兴趣。显性兴趣是指个体能明显体验到对某一职业的心理倾向，并有明显的外部行为表现。隐性兴趣是指个体通过了解和认识职业后可能产生的兴趣，但由于缺乏外部刺激而未明显表现出来。人的隐性兴趣范围很广。相关数据显示，除了专业兴趣较为明显外，其他兴趣得分普遍较低，这主要是因为许多大学生思想不够开放，缺乏认识和实践，未能将隐性职业兴趣转化为显性职业兴趣。

5. 兴趣稳定性不足，结构不合理

人的兴趣和其他心理特征一样，都在不断发展变化的，但保持一定时期内基本兴趣的稳定性是良好心理品质的体现。只有具备稳定兴趣的人，才能持续工作并取得成就。大学生职业兴趣稳定性不足，持续时间短，且有从众心理。在兴趣结构上，许多大学生没有表现出层次感，兴趣程度相似或易偏移，没有形成稳定的中心职业兴趣。这对他们未来的发展会产生影响。

6. 兴趣效能低，职业倾向差

兴趣效能指个体兴趣推动工作或活动的力量。根据兴趣效能水平，一般将兴趣分为高效能兴趣和低效能兴趣。高效能兴趣能成为推动工作和学习的动力，促进个体能力和性格的发展。低效能兴趣很少甚至不能产生实际效果，仅是一种向往，大学生的兴趣很多对学习和工作无益，且缺乏一定的职业倾向，无效的兴趣较多，如多数学生喜欢上网聊天、打游戏、玩扑克，甚至睡觉，这都是一种懒惰、消极享受的心理表现。提高学生兴趣效能，引导其原有兴趣的职业倾向，是非常必要的。

7. 兴趣发展水平较低，对兴趣对象的了解和付出较少

根据兴趣的深度、范围和稳定性，兴趣可分为有趣、乐趣、志趣三个由低到高的水平。有趣是最初级的兴趣水平，当有趣趋向集中，并对某一客体产生特殊爱好时，就成为乐趣。志趣是在乐趣基础上发展起来的，是兴趣的第三个阶段和高级水平。志趣具有很高的社会价值，且与个人的远大理想和目标联系起来。大学生对一种事物或职业产生兴趣多数是凭个体感觉，仅停留在有趣阶段，对兴趣对象没有足够的了解和认识，且不愿付出太多行动，这也是造成大学生职业兴趣不稳定的原因之一。

8. 对职业兴趣的信心不足

现代社会竞争激烈，高校毕业生数量逐渐增多，加上就业形势严峻，巨大的就业压力导致大学生在择业时产生悲观情绪，对职业兴趣的关注减少。有数据显示：56%的学生认为与专业相关的工作几乎不存在，84%的学生表示在找工作时会考虑兴趣爱好，但迫于就业压力，对职业兴趣的关注会减少。此外，学校重视高就业率，忽视学生职业兴趣的发展方向和对职业后续发展的支持，这也是影响学生对职业兴趣信心的一个方面。学生对自身能力、市场需求等认识不足，则是造成他们信心不足的主观原因。

大学生职业兴趣倾向于企业型、艺术型、社会型：具有企业型特点的人通常精力充沛，自负、热情、自信，富有冒险精神；具有艺术型特点的人通常善于表达，直觉力强，创造力和想象力丰富；社会型的人则喜欢那些需要与人建立关系、与群体合作、与人相处及通过谈话来解决问题和困难的工作环境。在校学生在这三个方面的倾向表现较为明显，这表明大学生具有想象、冲动、直觉、理想化、有创意、不重实际、不善于事务性工作的特点。他们不喜欢从事现实的、常规的和研究性的工作，内心较为浮躁，想法不切实际。

（五）兴趣与职业相适应的理论

兴趣通常被视为一种个性特质。舒伯反复强调，职业选择是自我认识的拓展与实现。目前，众多研究揭示了不同职业群体倾向于拥有特定的性格特质。例如，研究发现，对科学领域感兴趣的个体往往性格内向。还有证据表明，斯特朗-坎贝尔兴趣问卷（SCII）的得分与人格问卷得分（如爱德华个性偏好量表）之间存在显著的相关性。许多心理学家认为，职业选择反映了个人深层的情感需求，而职业调整通常是生活节奏调整的关键部分。因此，对职业兴趣的评估，或者更确切地说，寻找与个人态度和兴趣最匹配的职业群体，已成为理解不同人格特质的关键。

美国学者霍兰德是这一观点的支持者之一。他认为，职业偏好是一种生活方式的选择，它体现了个体的自我认识和核心性格特征。心理学家罗伊也持有类似的看法。

在第二章中，我们已经探讨了霍兰德的职业兴趣理论，该理论将职业划分为六种类型：现实型（R）、艺术型（A）、企业型（E）、社会型（S）、研究型（I）和传统型（C）。大多数人可以归类为这六种职业类型中的一种，或者多种类型的组合。具有某种人格（兴趣）类型或类型组合的个体，在相应的职业类型或类型组合中能够更好地满足职业需求，展现职业兴趣，发挥职业能力。

每种职业都有其主导的兴趣类型，而一个人可能同时拥有多种职业兴趣。关键在于识别自己最强的职业兴趣，结合社会需求和个人能力优势来选择和确定主要的职业兴趣。在选择学业或规划人生职业道路时，大学生应将职业兴趣与个人的职业能力、人格特质相结合。

第二节　兴趣与职业选择

在选择职业时，兴趣扮演了三个关键角色：首先，它作为衡量个人对某职业是否感兴趣的标准；其次，它作为预测个人是否能在职业中发掘潜力、取得成功的标准；最后，它作为判断个人是否能适应特定职业环境和角色的标准。当人们有了职业兴趣，他们会对自己的工作充满热爱，坚定追求职业目标，在工作中全力以赴，发挥自己的智慧。

一、职业生涯中兴趣的作用与联系

（一）兴趣的功能

2014年5月，中国教育在线转载了一篇文章，题为《"三无"工科男如何成功申请哥大》，讲述了一位名叫王乾的学生的故事。他来自一所非"985"和"211"工程院校，家庭背景普通，父亲是机床厂维修技师，家庭收入有限。他的英语成绩也仅仅是中等水平。然而，就是这样一个背景平凡的学生，却获得了哥伦比亚大学研究生院机械工程专业的录取通知书。那么，是什么让哥大对他如此青睐呢？

王乾从小就对机械玩具和智能模型，如机器人等，表现出浓厚的兴趣。他总是自豪地向妈妈展示和父亲一起制作的小玩具。高三时，他与家人讨论大学专业选择，选择了热爱的机械工程。大学四年，是他将个人兴趣转化为专业基础的关键时期。他注重基础，掌握了手工绘图能力，并在大学期间选修了与机械制造领域发展趋势相关的课程，通过了计算机等级考试。大二时，他参与课程设计大赛并获奖。大三暑假，他获得了实习机会，参与了具体项目的设计和测试。这些经历使他的职业规划更加明确。因此，王乾选择机械工程专业并非一时冲动，哥大研究生院的录取也绝非偶然。正是他对机械工程的浓厚兴趣、独到见解和不懈努力，打动了哥大研究生院。

研究显示，对工作有浓厚兴趣的人，能发挥出80%～90%的才能，长时间保持精力充沛；而对工作不感兴趣的人，只能发挥出20%～30%的才能，容易感到疲惫。这一发现也在对科学家和成功人士的研究中得到了验证。在职业生涯发展中，兴趣的作用主要体现在以下几个方面。

1. 兴趣，是动机产生的主要原因，也是创造性态度和行为的重要条件

良好的职业兴趣能充分发掘人的职业潜能，推动不懈努力和创造性劳动，

从而取得事业成功。兴趣能促进潜能发挥，主要表现在：一是兴趣能最大限度地发挥人的主动性；二是兴趣能促进积极的感知和持久的注意力；三是兴趣能成为学习的自觉动力，促使积极思考和探索；四是兴趣能调整情绪，产生积极情感体验，克服困难；五是兴趣能促进智力结构如想象、记忆、操作能力等的发展。

2. 兴趣的情绪色彩是认识倾向的一个重要特征

它基于认识和探索事物的需要，是保持工作活力和提高工作效率的最活跃因素。对特定工作产生兴趣的人，会发现工作充满乐趣，即使再辛苦的劳动也会感到快乐，并可能产生享受般的情感体验。兴趣对提高工作效率的影响主要体现在：一是兴趣能全面调动人的精力，专注于特定任务；二是兴趣能让人忘却疲劳，保持高效工作；三是兴趣能让人适应多变的工作环境和角色变化，形成新的适应。

3. 兴趣能促进事业成功

因为兴趣与人的职业目标、成就、动机、理想、价值观紧密相连，所以兴趣会使人在职业行为中趋向预期目标，即成功。研究也表明，一旦获得浓厚的职业兴趣，人们会对工作非常执着，全身心投入。这是成功的关键。如果一个人选择的职业正是自己的兴趣所在，那么他可能已经选择了通往成功的职业道路。

（二）兴趣与职业生涯的关系

兴趣与职业生涯的关系，可以从以下三个方面来阐述：

1. 兴趣有利于提高工作效率

个体依靠专业知识和技能参与职业活动，兴趣作为最好的老师，能促使个体不断学习，提高职业技能。同时，兴趣作为个性心理倾向，能激发工作动机，调动潜能，提高积极性，充分发挥才干。兴趣从"能力"和"活力"两个方面改善提高职业活动水平。

2. 兴趣有利于提高职业满意度

兴趣代表了个体的心理偏好，职业兴趣表明了个体对职业的偏好。从事感兴趣的职业，能获得更高的职业满足感，这是保证职业稳定性和工作满意度的重要因素。

3. 兴趣为个体职业生涯规划指引方向

个性的其他因素测评复杂，而兴趣相对容易把握，因此兴趣为职业生涯规划指引了方向。大学生在规划职业生涯时，应以"我"的兴趣为依据，而非他人兴趣。尽管可以征求家长和老师的意见，但最终决定应基于个人兴趣。做自己喜欢的事，才能获得更大的职业满足感和持久的热情。

（三）职业兴趣在职业生涯发展中的作用

1. 职业兴趣影响职业定向和职业选择

著名职业经理人李开复的职业选择深受职业兴趣的影响。他最初选择法律专业，但后来发现自己对法律不感兴趣，也没有成为律师的意愿，反而对计算机产生了浓厚的兴趣。这种兴趣促使他夜以继日地在电脑室探索和研究。在老师鼓励和自我分析后，他在大二转入哥伦比亚大学的计算机系。他感慨地说，如果不是那次决定，他可能不会在计算机领域取得成就，而是成为一个不成功也不快乐的律师。

2. 职业兴趣能够开发人的潜能，激发人的探索与创造热情

职业兴趣是创新的源泉。良好的兴趣使人具有高度的自觉性和积极性，最大限度地挖掘潜能，在职业活动中施展才华，创造出新的业绩。反之，对职业不感兴趣会影响积极性的发挥，不利于工作成就。一位 30 多岁的医生，因对写作的热爱，最终放弃医学，成为著名作家渡边淳一。而百岁老人摩西，76岁开始画画，80 岁举办个人画展，101 岁去世时留下 1600 幅作品。

3. 职业兴趣能够增强人的职业适应性和稳定性

从事感兴趣的工作时，人们能快速熟悉和融入新环境，在工作中产生强烈兴趣和满足感，成为职业活动的主人，积极主动地分析和设计工作环节，长时间保持高效率，并对岗位产生深厚感情。反之，如果对工作不感兴趣，工作容易成为负担，个体感到痛苦和无奈，消极怠工。总之，职业兴趣使人们明确主观倾向，找到最适宜的活动情景，投入最大的关注与能力，从而增强职业适应性和稳定性。

二、兴趣对择业的影响

兴趣，这个词语在我们的生活中扮演着至关重要的角色。它不仅仅是一个简单的心理倾向，更是推动我们去认识、掌握某种事物的内在动力。当一个人对某项职业产生了浓厚的兴趣时，他往往会对这项职业活动表现出极大的热情和肯定的态度。这种积极的心理状态能够使他全身心地投入到职业活动中，不断地开拓创新，努力工作，最终在事业上取得令人瞩目的成就。反之，如果一个人被迫从事自己并不感兴趣的职业，那么他的意识、精力和才能就会被白白浪费，最终只会感到劳神费力，事倍功半，甚至可能一无所获。

历史上，无数的例子证明了兴趣是最好的老师。无论是古代的科学家还是现代的行业领袖，他们之所以能在自己的领域取得卓越的成就，很大程度上是因为他们对所从事的工作怀有极大的热情和兴趣。比如，爱因斯坦对科学的热爱引领他走进了科学的迷宫，最终成为了科学巨匠；门捷列夫对化学的痴迷使他发现了化学元素周期律；巴斯德对化学反应的专注到了忘我的程度，甚至忘记了自己重要的婚礼；而我国的数学家陈景润，对数学研究的热爱让他在艰苦的条件下，废寝忘食地进行手算，努力攻克数学界的难题——歌德巴赫猜想，他的演算稿纸堆满了几麻袋，但他从未感到辛苦，反而认为这是莫大的幸福。这些故事无不说明，兴趣对于一个人的成功具有不可估量的神奇力量。

人的兴趣并非与生俱来，而是在人类的生产和生活实践中逐渐形成、发展和培养起来的。兴趣的形成需要一定的个人素质作为基础，如果一个人缺乏对某职业的知识或完全不了解，那么他很难对该职业产生真正的兴趣。在职业心理发展过程中，人们会经历有趣、乐趣、志趣这三个阶段，兴趣的社会性、自觉性和方向性才能得以确立，形成真正意义上的职业兴趣。这种兴趣会驱使人们承担起社会责任，并朝着自己的理想和目标前进。

由于社会生活的复杂性、丰富性以及职业的多样性和多变性，人们的兴趣类型也会表现出显著的个体差异。例如，有人对自然科学如天文、地理、数学、化学等领域感兴趣；有人对社会科学如经济、哲学、法律等领域感兴趣；还有人对写作、操作、运动、艺术等领域感兴趣。正是这种兴趣的个体差异性，促使人们选择与自己兴趣相符的职业。在选择职业时，人们会根据自己的兴趣广度、兴趣目标、兴趣稳定性、兴趣效能以及兴趣的客观性等多方面因素进行综合考虑。

在通常情况下，兴趣对择业的影响主要表现在以下几个方面：

1. 兴趣广度的差异

兴趣广度的差异指的是，有些人兴趣广泛，对许多事物都感兴趣，乐于探索；而另一些人则兴趣单一，习惯于在狭窄的范围内进行探索活动。前者可能拥有广博的知识，形成广泛的职业兴趣，为职业选择提供更大的空间。而后者则可能因兴趣局限而面临职业选择的困难。例如，一个对多个领域都有兴趣的人可能会在多个行业找到适合自己的职业，而一个兴趣单一的人则可能只在特定的领域内找到合适的工作。

2. 兴趣目标的差异

兴趣目标的差异指的是，有些人虽然兴趣广泛，但兴趣分散，难以将广泛的兴趣集中到一个中心目标上，因此难以使专业知识深入发展，也难以在职业生涯中取得成功。而兴趣目标明确的人则容易在明确的目标下将兴趣与职业统一，集中精力完成一件事。例如，一个对多种活动都感兴趣但没有明确目标的人可能会在多个领域浅尝辄止，而一个有明确兴趣目标的人则可能在某一领域精耕细作，最终取得显著成就。

3. 兴趣稳定性的差异

兴趣稳定性的差异指的是，有些人的兴趣一旦形成便持久不变，甚至可能越来越强烈；而另一些人的兴趣则多变，短期内对某项活动感兴趣，但不久后又被另一项活动所吸引。具有稳定职业兴趣的人容易产生深入研究问题的动力，并在事业上取得成功。而兴趣不稳定的人在职业生涯发展中，容易出现频繁更换目标的情况，不利于职业适应，在职业选择上也容易因犹豫不决而错失机会。例如，一个对某项工作有持久兴趣的人可能会在该领域不断进步，而一个兴趣多变的人则可能在多个领域之间徘徊，难以找到适合自己的职业。

4. 兴趣效能的差异

兴趣效能指的是兴趣所产生的实际效果。有些人能够将兴趣转化为实际行动，而有些人则仅停留在期望和等待中。在职业选择中，前者会积极主动地克服困难，实现职业理想；后者则缺乏主动性，只会被动等待，难以获得满意的职业。例如，一个能够将兴趣转化为行动的人可能会在自己感兴趣的领域取得成功，而一个仅停留在兴趣阶段的人则可能在职业道路上遇到重重阻碍。

5. 兴趣的客观性差异

兴趣的客观性差异指的是，有些人的兴趣脱离现实客观条件，仅为理想化的思考，难以实现；而有些人的兴趣则建立在切实可行的基础上，既符合主观条件，也符合客观条件。在职业选择中，前者往往错误估计条件，导致匹配失败，而后者则容易实现愿望。例如，一个对某项工作有理想化兴趣但缺乏实际条件支持的人可能会在职业选择上遇到挫折，而一个兴趣与现实条件相符合的人则可能更容易找到适合自己的工作。

三、如何实现兴趣与职业的匹配

兴趣对人生事业的发展至关重要，因此在职业选择时，兴趣自然是一个需要考虑的重要因素。为了帮助大家根据自己的兴趣选择合适的职业，以下介绍加拿大《职业分类辞典》中提到的各种职业兴趣类型的特点及其对应的职业。通过了解这些信息，我们可以更好地理解自己的兴趣所在，并找到与之相匹配的职业道路。

① 愿与事物打交道，喜欢接触工具、器具或数字，而不喜欢与人打交道。

相应的职业如制图员、修理工、裁缝、木匠、建筑工人、出纳员、记账员、会计，以及勘测、工程技术、机器制造人员等。这些职业通常要求个人具备良好的动手能力和对工具的熟练操作能力，适合那些喜欢独立工作、解决问题的人。

② 愿与人打交道。这类人喜欢社交，愿意与人接触，对销售、采访、传递信息等活动感兴趣。相应的职业如记者、推销员、营业员、服务员、教师、行政管理人员、外交联络人员等。这些职业需要良好的人际交往能力和沟通技巧，适合那些喜欢与人互动、乐于帮助他人的人。

③ 愿与文字符号打交道，喜欢常规的、有规律的活动。习惯于在预先安排好的程序下工作，愿意从事有规律的工作。相应的职业包括邮件分类员、办公室职员、图书馆管理员、档案整理员、打字员、统计员等。这些职业适合那些喜欢有条不紊、注重细节的人。

④ 愿与大自然打交道，喜欢地理、地质类的活动。相应的职业如地质勘探人员、钻井工、矿工等。这些职业通常要求在户外工作，适合那些喜欢探索自然、对地质学感兴趣的人。

⑤ 愿从事农业、生物、化学类工作，喜欢种养、化工方面的实验性活动。相应的职业如农业技术员、饲养员、水文员、化验员、制药工、菜农等。这些职业适合那些对农业、生物、化学等领域感兴趣，并愿意从事实验性工作的人。

⑥ 愿从事社会福利类的工作，喜欢帮助别人解决困难。这类人乐于助人，试图改善他人的状况，喜欢从事社会福利和助人工作。相应的职业如律师、咨询人员、科技推广人员、医生、护士等。这些职业需要同情心和责任感，适合那些愿意为社会作出贡献的人。

⑦ 愿做组织和管理工作，喜欢掌管一些事情，以发挥重要作用，希望受到众人尊敬和获得声望。相应的职业是各级各类组织的领导管理者，如行政人员、企业管理干部、学校领导和辅导员等。这些职业适合那些有领导才能、愿意承担责任的人。

⑧ 愿研究人的行为和心理，喜欢谈论涉及人的主题，对人的行为举止和心理状态感兴趣。相应的职业大都是研究人、管理人的工作，如心理学、政治学、人类学、人事管理、思想政治教育等研究工作，以及教育者、行为管理工作者、社会科学工作者、作家等。这些职业适合那些对人类行为和心理有深刻兴趣的人。

⑨ 愿从事科学技术事业，喜欢通过逻辑推理、理论分析、独立思考或实

验发现解决问题，对分析的、推理的、测试的活动感兴趣，擅长于理论分析，喜欢独立地解决问题，也喜欢通过实验有新的发现。相应的职业如生物、化学、工程学、力学、自然科学工作者及工程技术人员等。这些职业适合那些喜欢科学探索、逻辑思维和创新实验的人。

⑩　愿从事有想象力和创造力的工作。喜欢创造新的式样和概念，喜欢独立的工作，对自己的学识和才能颇为自信。乐于解决抽象的问题，而且急于了解周围的世界。相应的职业大都是科学研究工作和实验室工作，如社会调查、经济分析、各类科学研究工作、化验、新产品开发人员，以及演员、画家、作家或设计人员等。这些职业适合那些具有创新精神和艺术天赋的人。

⑪　愿做操作机器的技术工作，喜欢通过一定的技术来进行活动，对运用一定技术操作各种机械制造新产品或完成任务感兴趣，喜欢使用工具，特别是大型的、技术性强的先进机器，喜欢具体的东西。相应的职业如飞行员、车辆驾驶员、机械制造人员等。这些职业适合那些喜欢技术操作、对机械有浓厚兴趣的人。

⑫　愿从事具体的工作，喜欢制作看得见、摸得着的产品并从中得到乐趣，希望能很快看到自己的劳动成果，并从完成的产品中得到满足。相应的职业如室内装饰、园林、美容、理发、手工制作、机械维修等相关人员及厨师等。这些职业适合那些喜欢动手制作、对成果有即时反馈需求的人。

根据这种分类方式，一种兴趣类型可以对应许多种职业，同时绝大多数的职业也都与几种兴趣类型的特点相近，而每一个人往往又都同时具有其中几种类型的特点。假如你要成为一名护士，那你就应有愿与人打交道（类型②）、愿热心助人（类型⑥）、愿做具体工作（类型⑫）这三方面的兴趣类型。如果你对其中的某一方面缺乏兴趣，那就应努力培养和发展这方面的兴趣，以适应护士职业的要求。否则，还是选择更适合你兴趣类型的职业为好。

第三节　探索职业兴趣的途径

据统计，历年来我国高考人数与研究生招生人数在不断增加。这表明，随着高等教育的扩张，高学历人才数量不断上升，社会竞争愈发激烈。在庞大的求职大军中，大家都能体会到求职的不易，而寻找一份既满意又适合自己的工作更是难上加难。那么，我们应该如何应对这一挑战呢？如何才能找到适合自己的工作呢？在了解了职业与兴趣之间的联系后，我们需要对自己的职业兴趣进行探索。

一、职业兴趣的探索

了解个人职业兴趣有两种途径，即职业兴趣测试和经验法。首先，让我们来看看职业兴趣测试问卷。通过使用现成的职业兴趣测试问卷，可以发现自己的兴趣所对应的职业。这种方法的好处是，在职业概念尚不明确时，问卷测试有助于了解自己的兴趣领域。而且，由于这些问卷经过了科学验证，测试结果相对可靠。但是，由于测试过程较为复杂，通常需要专业人士协助进行评分和解释。

最早的职业兴趣测验始于 1927 年，以斯特朗编制的"斯特朗职业兴趣调查表"（简称 SVIB）为标志。后来，库得根据同质性分类划分了十个职业兴趣领域，包括：户外、机械、计算、科学、宗教、艺术、文学、音乐、社会服务和办公室。根据这十个领域，制定了十个同质性量表，受测者完成这些量表后，通过得分高低确定主要兴趣领域。这个问卷简称为"KOIS"。与前述方法不同，霍兰德在职业性向理论中，将职业兴趣分为六个维度：现实型、研究型、艺术型、社会型、企业型和传统型，并相应地将职业分为六个领域。通过评估个体在这些维度上的得分，可以在相应的职业分类表中找到适合的职业。这里主要介绍"ACT 无性别差异兴趣问卷"。该测验由美国大学考试中心（ACT）编制，基于霍兰德理论的六个方面进行设计，适用于初中生至成人，对早期职业规划和职业转换都有指导作用。为了减少性别差异对测试结果的影响，编制者在项目选择和常模构建上都做了相应调整。最初，ACT 兴趣问卷采用霍兰德理论的六个维度，后来简化为两极四个方面，即数据-观念维度和事物-人维度，分类更为简洁，可与霍兰德的六角形模型相互转换。

ACT 职业兴趣测验见表 4-2。表中列出了一些与职业相关的活动，请根据个人情况在喜欢或擅长的活动项目上选择"符合"，在不喜欢或不擅长的项目上选择"不符合"。

表 4-2　ACT 职业兴趣测验表

序号	活动项目	符合	不符合
1	了解恒星的形成		
2	素描和绘画		
3	帮助人们做出重要决策		
4	组织会议		
5	点钱、算钱		
6	使用医学器械		

续表

序号	活动项目	符合	不符合
7	了解大脑的活动机制		
8	作曲或改编音乐		
9	急救伤员		
10	制定规章和政策		
11	在商店里做问卷调查		
12	修理玩具		
13	考察科学博物馆		
14	摄影艺术创作		
15	给孩子们示范怎样做游戏运动		
16	参加政治竞选		
17	填写和核对工资表		
18	操作挖土机		
19	听著名科学家的报告		
20	写短篇小说		
21	参加社会福利募捐		
22	当众介绍情况		
23	建立财会账目		
24	当森林消防员		
25	研究生物学		
26	了解当代作家的写作风格		
27	帮助新来者结识他人		
28	与推销员讨论骗人的广告		
29	预算经费		
30	铸家具		
31	测量试管中的化学物质		
32	给杂志中的故事配插图		
33	参加小组讨论		
34	为他人制定工作计划		
35	结算账目		
36	学习雕磨宝石		
37	设计一座新型结构的建筑物		
38	写电影剧本		
39	帮人树立信心		
40	向人们解释公民的合法权利		
41	商品的分类、计数和保存		
42	暴风雨后补救损坏的树木		

续表

序号	活动项目	符合	不符合
43	研究植物疾病		
44	向当地广播站推荐音乐节目		
45	帮助救援处于危险中的人们		
46	为新产品写说明书		
47	计划每月的预算		
48	动物饲养		
49	阅读关于新的科学发现的书或杂志		
50	从事室内装潢		
51	帮助调停朋友间的纠纷		
52	管理工厂		
53	检查财政账目中的错误		
54	在奖品或徽章上刻字或图案		
55	研究化学		
56	画漫画		
57	做导游		
58	做推销人员		
59	计算货船的停泊费		
60	操作吊车或电影放映机		
61	使用显微镜或实验室设备		
62	设计金属雕塑		
63	帮助有困难的朋友		
64	打电话处理商务		
65	制图		
66	建筑施工		
67	了解地球、太阳和恒星的起源		
68	在乐队里演奏		
69	培养人们的新爱好		
70	就公司中的问题访谈工人		
71	计算贷款利息		
72	观察技师修理电视机		
73	对蝴蝶进行观察并分类		
74	写戏剧评论		
75	为残疾人服务		
76	监督和管理他人工作		
77	管理项目开支		
78	修剪植物和灌木		

续表

序号	活动项目	符合	不符合
79	研究维生素对植物的作用		
80	设计海报		
81	以开玩笑或讲故事的方式使他人开心		
82	从事商业经营活动		
83	检查报告图表中的错误		
84	在图书馆里管理书籍		
85	了解鸟的迁徙		
86	参加演出		
87	从事教学工作		
88	挨家挨户进行民意调查		
89	打字		
90	检查次品		

计分方法：

按照霍兰德的六个职业兴趣领域设计，即研究型（I）、艺术型（A）、社会型（S）、企业型（E）、传统型（C）和现实型（R），将 90 个项目循环排列，1、7、13、19 等 15 个题目属于研究型计分项目，2、8、14、20 等 15 个题目属于艺术型计分项目，以此类推，符合计 1 分，不符合计 0 分。分别计算六个领域的总分。

测验结果可在霍兰德三字母职业码表中查询。

第二种方法是通过经验评估职业兴趣。

如果对职业有所了解，可以从熟悉的职业入手，确定最喜欢的职业。这种方法的优点是快速简便，但如果熟悉的职业种类有限，选择范围也会相应缩小，不利于发现个人的职业潜力。

根据凯利的个人建构理论发展出的职业偏好比较活动，可以辅助我们进行职业兴趣探索。

第一步，请在职业偏好比较表的最上一列各栏中填写七种最熟悉的职业名称。注意：至少填写一项填答者目前从事的职业，也可以填写一项以上愿意从事的职业；所填写的职业应尽可能具体，不重复，避免雷同，以便比较。如果自己无法区分，可以参考报刊或询问身边亲友的职业，选择几个熟悉的职业填写。

第二步，比较对所填写的第一个职业与第二个职业的偏好程度。在这两个职业中，哪一个你更愿意去做？并请在对应栏目中写下愿意从事该工作的理由。试着思考："我更愿意去做……工作，是因为……"职业偏好的理由可以填写一项以上，并尽量详细。如果两个职业都不愿意从事，仍需选择一个相对愿意从事的，并写下理由。如果偏好第一个职业，则将偏好理由写在表格上；如果偏好第二个职业，则将不喜欢第一个职业的理由写在表格上，并在不喜欢的理由前加上一个×，表示不喜欢。如果一时想不出两个职业的区别，可以使用以下指导语进行引导：两个职业有什么不同？对我来说，它们有什么不同的意义？先引导求职者完成一至两个职业比较，使其熟悉填写方式，然后让其自行填写，并鼓励其在遇到困难时提问。

第三步，在完成各项职业偏好程度的比较后，请填答者从所列七个职业中选择一项最愿意从事的工作，并用该职业下的各项偏好理由，对照提供的职业价值观分类表，将得出的结果作为检查、反思和讨论个人职业价值观的参考。

这种方法可能不如测验法准确全面，但在没有测验工具的情况下，如果求职者对理想职业有一定认识，这也不失为一种简便易行的方法。

二、个人优势与职业抉择

个人对自身优势和行为倾向的分析是职业自我认知的一种途径。研究者提出，如果将人的学科成绩和日常生活中的行为倾向作为选择职业的依据，那么，至少存在一些职业群体与人的学习优势和生活活动倾向及表现相契合。通过分析研究，这一假设得到了证实：学科成绩、业余爱好活动的表现，可以作为了解自我职业偏好并进行职业选择的参考。

学科成绩优势与相应的职业包括：

① 数学优势者适合的职业有：工程师、化学家、建筑设计师、制图员、计算机及信息类职业、数理统计、会计、营业员、银行职员、出纳员、保险公司职员、数学教师、机械工程师、测量员、经济学家、哲学家以及其他与理学、工程相关的职业。

② 物理优势者适合的职业有：船舶制造、电机制造、机械制造、设计师、建筑工程师、电力工种、核工程、矿业工程、机械工、电工、安装维修、飞行员、制模工、领航员、（物理化学、原子物理学、地理物理学、气象学）研究人员、无线电修理工等。

③ 化学优势者适合的职业有：牙科医生、药剂师、化学工程、化学研究、石油化工工艺、兽医、原子科学家、冶金工业、实验室技术员、化学制药工艺、护士、临床检验员、农技员、美容师、画家、地质学家、皮肤科医生，以及生物化学、营养学、植物学、动物学研究人员等。

④ 生物优势者适合的职业有：人类学、动物学、营养学、植物学、遗传学、免疫学等学科研究人员，博物馆管理员，实验室技术员，内外科医生，农场工人，园林工人等。

⑤ 语文优势者适合的职业有：编辑、作家、评论家、记者、教师、演员、图书管理员、办公室职员、翻译、秘书、法官、律师、作曲家等。

⑥ 美术优势者适合的职业有：舞蹈家、画家、广告设计、服装设计、城市规划、园林设计、舞台设计、建筑师、艺术教师、裁缝、理发师、摄影师、形象设计师、制图员等。

⑦ 外语优势者适合的职业有：演员、作曲家、外交官、导游、律师、外事工作人员、图书管理、翻译、教师、宾馆服务员等。

⑧ 体育优势者适合的职业有：运动员、体育教师、军人、船员、导游、救生员、体育理论研究、体育编辑、侦探、公安人员、警卫员、教练、裁判等。

⑨ 音乐优势者适合的职业有：音乐家、歌唱家、演员、教师、精神病医生、诗人、剧作家、演奏员、音乐评论家、作曲家等。

三、加强塑造职业兴趣

（一）塑造职业兴趣

有计划地规划自己的职业生涯，可以有意识地塑造自己的兴趣。从职业兴趣的产生和发展来看，通常要经历从有趣到乐趣最终到志趣的过程。如何在这个过程中塑造自己的职业兴趣，可以遵循以下几点：

1. 就业前扩展职业视野

你在就业前，了解的职业种类越多，对职业的性质理解得越深入，你的职业兴趣就会越广泛。职业兴趣越广泛，你的择业动机就越强，择业范围也会相对扩大。

2. 必要的社会责任感

当就业环境和自身条件迫使你必须从事自己不喜欢的工作时，你应该展现出对社会负责的态度，培养自己的职业兴趣，即所谓的"干一行，爱一行"。实际上，在就业时，大多数人并不总是能够选择到自己理想的职业。当你还不能选择到满意的职业时，就必须尽快调整职业期望值，适应就业环境，在不理想的职位上，培养职业兴趣，成就一番事业。"把没有意思的工作做得有意思"，美国钢铁大王卡耐基就曾这样提醒人们。

3. 先就业，再择业

多数人的就业经历表明，获得职位的方式多种多样，有的是别人安排的，有的是自己找到的。除去自己找到的职业外，一些就业方式都是被动的。被动得到的职业，你也会逐渐对其产生兴趣，方法是先就业，再择业。对于许多职业，你最初从事时可能毫无兴趣，但是随着时间的推移和职业技能的提升，加上对职业生涯意义的全面理解，特别是当你能够在这些职位上取得一定成就时，你的职业兴趣就会显著增加。只要你专心致志、深入地从事某种职业，你就会发现它有一种吸引你的魅力。

4. 量身定制

陶行知先生曾经说过一段引人深思的话："我认为中学生面临的一个大问题，就是择业问题。我认为在选择职业时，应该根据个人的才能和兴趣，做事要有乐趣，因此我们要根据个人的兴趣来选择职业。"但是要想成功，就必须具备一定的才能。才能，通常指的是你最擅长的某些知识或技能。在一般情况下，才能与兴趣有着相互促进的作用，即兴趣催生才能，才能增强兴趣，同时才能也能催生兴趣，兴趣又会加强才能。然而，在初次选择职业时，应该以自己所拥有的才能，即擅长的知识和技能来选择职业。因为根据自己的才能适应职业状况来选择职业，往往更接近于人尽其才、才尽其用的最佳状态。在这种最佳状态下，你的工作会越来越有趣，才能也会逐渐增长，最终的结果可能会使你成为某一职业领域内的专家。

（二）职业兴趣塑造过程中需要注意的问题

通过对职业兴趣的自我检测和诊断，同学们也明确了自身的兴趣所在，并能通过对照职业代码找到与自身兴趣相符的职业类型。通过检测，我们可以发现，有的同学的自我测评结果与自我判断基本一致，但有些同学可能与检测前的判断有很大出入，这是为什么呢？实际上，这与同学们之前没有认真分析自身的职业兴趣、没有结合自身实际而设定理想有很大关系。这也提醒我们，要不断进行职业兴趣分析与探索活动，加深对自己职业兴趣的认识。同时，我们也应该认识到职业兴趣是可以塑造的，通过不断满足社会的职业需求，在一定的学习与教育条件下形成和发展起来，就可以塑造积极健康的职业兴趣。职业兴趣塑造中应注意以下几个问题：

1. 应塑造广泛的兴趣

广泛的兴趣不仅可以让生活更加丰富多彩，还可以为自身成长和成才提供动力。广泛的兴趣既可以让我们拓展知识、开阔视野，也可以开拓创新思维和提升想象能力。在专业学习和职业实践中，知识丰富、思维敏捷，在研究自己专业和职业领域的事务时才会有更多创意，也更容易取得成就。

2. 要有意识地明确职业兴趣

兴趣广泛是成功的基石，它们可以让我们保持一颗不断探索的心。但人的精力和时间都是有限的，如果没有既定的职业兴趣，那么我们在众多事物和众多方向的职业中就会迷失，三心二意、浅尝辄止、难以有所作为。没有明确自己的职业兴趣，就会走很多弯路。所以，要采取科学合理的检测方式，明确自身的职业兴趣，并有意识地塑造自己的职业兴趣。

3. 职业兴趣应与实际相符合

我们在确定和塑造职业兴趣时，必须结合个人、学校和社会的实际情况，不能一味追求高远和新颖。结合自己所学专业，认真分析社会的职业需求以确定和塑造自身职业兴趣，就会使自身的职业兴趣有良好的客观基础，经过自身努力后，人生目标就会更容易实现。所以，在职业生涯中，要注意寻找切实的职业兴趣。此外，兴趣有很多种，有的是业余爱好，有的是职业兴趣，在选择和决定时最好经过深入思考并进行科学评估，选择更有发展机会的选项。

4. 要注重职业兴趣的稳定性

兴趣的稳定性即兴趣持续时间的长短，也叫持久性。兴趣稳定而持久，才能推动人去深入研究问题，从而获得系统的科学知识，取得良好的工作成绩。有些人的兴趣缺乏稳定性，他们对任何事物都可能产生浓厚兴趣，甚至达到狂热和迷恋的程度，但这种兴趣又会很快被另一种兴趣所取代。这类人常常朝三暮四、缺乏恒心，不论是在生活中还是在实践领域中，都很难取得最有成效的成果。个体只有在某一方面有稳定持久的兴趣，才能有更多的精力深入研究，也就更容易获得成功。

"能力"这个词汇，通常被广泛地用来描述我们所掌握的技能，它是我们进行各种规划时不可或缺的关键因素。在本章中，我们深入探讨了能力与技能的定义、种类、探索技巧以及提升途径。我们通过编写成就故事、利用技能词汇表等策略，指导大学生如何从自己的过往经历中识别出自己的优势技能。同时，本章也深入分析了职业所需技能，并详细阐述了如何在简历和面试中恰当地展示个人技能，以实现自我展示和自我推销的目标。最终，本章还提供了了解职业技能需求的资源和方法，帮助大学生在校园期间明确自己应发展和培养哪些能力，以便能够胜任未来理想的工作。

第一节　能力概述

能力是完成特定活动所必需的心理特质，它与活动紧密相连，并直接作用于活动效率，在具体活动中得以体现。因此，认识自己的能力对于个人而言至关重要。

一、能力的定义

心理学中，能力是指那些能够促进活动顺利进行并影响活动效率的个性心理特质。拥有某种能力意味着个体具备掌握相关知识和技能的潜力，能力的高低反映了掌握和运用知识技能的顺畅程度。这些能力是通过学习、劳动、运动等多种活动获得的。

能力是个性心理特质的一部分，指的是人们在心理活动中经常和稳定展现的心理特征。例如，一些人性格开朗，而另一些人则沉默寡言；一些人注重细节，而另一些人则不拘小节；一些人自私，而另一些人则无私；一些人行动果断，而另一些人则犹豫不决。这些差异都源于个性心理特质的不同。

能力的形成和发展与人的先天条件有关，但更重要的是与人的社会活动紧密相连。在个性心理特质中，只有那些直接影响活动效率、确保活动顺利完成的因素，才能被称为能力。能力与完成特定任务紧密相关，因此，离开了具体活动，既无法展现人的能力，也无法促进能力的发展。尽管活泼开朗、沉默寡言等心理特征可能与活动的顺利进行有关，但它们通常不是直接影响活动的基本条件，因此不能被称作能力。而除此之外的，例如，节奏感和曲调感对于音乐活动至关重要，准确估计比例关系对于绘画活动不可或缺，观察的细致性、记忆的准确性、思维的敏捷性是完成许多活动的基础，缺乏这些心理特征将影响相关活动的效率，因此这些心理特征是确保活动顺利完成的关键，也就是我们所说的"能力"。

能力是衡量生命体对自然探索、认知、改造能力的尺度，例如，人类解决问题的能力、动植物的繁殖能力等。一个人的能力形成和发展受到多种因素的影响，包括先天因素和后天因素。先天因素通常由遗传决定，难以改变；而后天因素则可能受到环境、教育和实践的影响而不断变化。这里主要介绍后天因素：

1. 家庭环境

遗传并不能完全决定一个人的智慧，但人的成长往往受到环境的影响。一个人的发展方向很大程度上取决于家庭环境、生活方式和家庭成员的影响。例如，家庭成员的职业、文化修养、素质、兴趣和爱好等对个体的影响较大。在一个谦虚、礼貌、真诚、自信的家庭环境中成长，更有利于个体不断获得新能力，促进其正常发展。

2. 教育影响

教育时期是人生发展的关键阶段，在此期间，学校教育对个人能力的发展起着决定性作用。教育者通过安排预定的教育内容和方法，对受教育者进行系统性的正面培养。例如，在学校学习丰富的专业知识、改进学习方法，培养观察能力、记忆力、想象力、思考能力、向心力等，可以塑造具有优秀品格和潜力的个体。

3. 实践影响

人的智力和能力是在实践活动中逐步形成和发展的。实践是检验真理的唯一标准，通过实践可以验证知识和认识的正确性，并使个体的素质和潜力得到发挥。在掌握大量知识的基础上，通过实践反复运用，才能不断验证和学习，不断总结积累，不断进步，将知识转化为真正的技能。

二、能力的个体差异

人与人之间在能力上存在显著的个体差异，这些差异主要体现在以下三个方面：

① 能力水平的差异，即通常所说的能力大小之分。一些人可能较为愚笨，而大多数人属于中等水平。例如，在大学校园中，大多数学生之间的智力差异不大，只是特点各异。

② 能力表现早晚的差异，指的是人的能力发挥有早有晚。一些人在少年时期就展现出卓越的能力，这被称为"早熟人才"；而另一些人的能力则在晚年才充分发挥，这被称为"大器晚成"。

③ 能力结构类型的差异，指的是能力中各种成分的构成方式不同。例如，在智力方面，一些人观察能力和记忆能力强，而思维能力和想象能力弱；一些人模仿能力强，但缺乏创造力，而另一些人则同时具备模仿和创造力。更具体地说，在记忆方面，一些人主要通过形象记忆，一些人主要通过词语的抽象逻辑记忆，而另一些人则介于两者之间。以形象记忆为主的人对人物、图画、颜色、声音等信息的记忆效果较好，而以词语逻辑记忆为主的人则对概念、数字等信息的记忆效果较好。

三、影响能力发展的因素

1. 素质因素

素质是有机体天生具有的解剖生理特点，尤其是神经系统（主要是大脑）、感觉器官和运动器官的解剖生理特点。素质是能力形成和发展的自然基础，没有这个基础，能力的发展就无从谈起。例如，双目失明的人难以发展绘画能力，天生聋哑的人难以发展音乐能力。

素质本身并非能力，也不能直接决定一个人的能力，它仅提供能力发展的可能性。只有通过后天的教育和实践活动，这种可能性才能转化为现实。素质与能力并非一一对应，相同的素质基础上可以形成不同的能力，同一种能力也可以在不同的素质基础上形成，这完全取决于后天条件。即使在某些素质方面存在缺陷，也可以通过机能补偿作用，促进相关能力的发展。

2. 环境和教育因素

环境对人的能力的影响是指每个人一生中所处的具体环境对人施加的影响，包括家庭、学校和社会各方面的因素。研究表明，儿童时期的营养状况影响着儿童的智力发展。营养条件好的儿童，大脑发育较好，体质也较好。在环境的影响中，社会环境的因素更为重要。儿童出生后若有人照顾，经常与人交流，其语言表达能力就会快速发展；若置于照顾不周的孤儿院中，其能力发展则明显迟缓。环境对儿童的影响主要是通过教育来实现的。实验表明，受过教育的人比未受教育者能力形成得更快且更早，特别是早期教育对儿童能力的发挥有重要影响。

3. 实践因素

环境与教育的作用并非机械地、被动地被接受，外部条件对人的影响必须通过个人的实践来实现。历史上许多杰出人物、创新能手之所以表现出惊人的才能与成就，大多因为他们参与了社会历史变革的实践。儿童的知识能力、特殊才能也是通过积极活动、认真锻炼而逐渐发展起来的。人的能力还与他们所从事的职业活动紧密相关，不同的职业活动对人们提出不同的要求，从而发展了相应的能力。实践活动越多样，劳动分工越精细，人们能力的个别差异也就越明显。

4. 个性品质

优秀的个性品质对能力的形成和发展具有重要意义，例如勤奋、谦虚和毅力等都有助于能力的形成和发展。有些人虽然天资聪颖，但由于缺乏勤奋，最终事业无成；有些人虽然天生智力并不突出，但通过勤学苦练，也能取得事业的成功。

四、能力的分类

（一）能力分类概述

1. 能力依据获取途径（天生与后天培养），主要分为"能力倾向"与"技能"两大类

能力倾向（aptitude），指的是每个人天生具备的特殊才能，例如音乐和运动能力。尽管是与生俱来的，但如果未得到适当开发，这种潜能也可能被浪费。例如，在中国14多亿人口中，尽管并非人人都能像苏炳添那样跑得飞快，但肯定有人拥有与苏炳添相似的节奏感和身体协调能力，只是他们未曾有机会去挖掘和发展这些天赋。遗传、环境和文化等因素都可能影响天赋的发展。

技能（skill）则是指通过后天学习和练习所获得的能力，如阅读、人际交往和表达等能力。在成长过程中，从一个什么都不会做的婴儿成长为一个能够自理、看、听、说、行走、阅读和写字的成年人，我们每个人都已经学会了无数的技能。

在现实生活中，个人的能力水平通常是能力倾向和技能两者的结合。例如，刘翔在跨栏比赛中获得奥运冠军，这既得益于他先天良好的身体素质，也离不开他后天的刻苦训练。然而，我们应当区分这两者。有时人们会说"我这方面的能力不行"，这可能是因为缺乏天赋，也可能是缺乏培养和练习的机会。实际上，像人际交往和沟通等技能，主要依赖于后天的练习。许多人在这些方面技能不佳，往往是因为在青少年时期家庭教育的偏颇，只重视学业成绩而忽视了其他技能的培养。成年后，他们可以通过参加讲座、阅读书籍、向他人请教或寻求心理咨询等方式来提升这些技能。正如中国古语所说，"勤能补拙"，先天不足可以通过后天努力来弥补。例如邓亚萍，尽管作为乒乓球运动员的先天条件并不优越，但通过后天的刻苦训练，她还是取得了巨大的成功。每个人都有无限的学习和成长潜力，但许多人成年后便停止了前进。如果我们能像孩子一样勇敢、勤于学习，不畏失败和挫折，那么许多技能是可以通过练习获得的。正如《卖油翁》中所言："无他，但手熟尔。"

2. 能力按性质分为一般能力和特殊能力

一般能力是完成各种活动所必需的基础能力，如注意力、观察力、记忆力、想象力和思维能力等。这些在认识活动中表现出来的一般能力通常被称为智力，也称为智能或智慧。其中，思维能力是智力的核心。

智力的测量通常使用《斯坦福-比奈量表》。斯坦福大学心理学教授推孟提出了智商（IQ）的概念和计算公式，即智商＝（智龄/实龄）×100，也就是 IQ＝（MA/CA）×100。智龄是一个绝对数值，不便用于比较不同儿童的智力差异，而智商作为相对值，便于进行比较。推孟教授提出的智商计算公式得出的智商为比率智商。比率智商在成人中的使用具有局限性，因此《斯坦福-比奈量表》的后续修订版和其他量表多采用离差智商来表示一个人的智力水平在同龄人中的位置。例如，一个人的离差智商为 100，意味着在同龄人中，有 50％的人智力水平高于他，也有 50％的人智力水平低于他。又如，一个人的离差智商为 132，意味着在同龄人中，有 2％的人智力水平高于他，有 98％的人智力水平低于他。离差智商的计算公式为：$IQ=15(X-M)/S+100$，其中 X 为个人测得分数，M 为该人所在年龄组的平均分数，S 为该年龄组得分的标准差。

特殊能力是完成特定活动所必需的能力，它与职业活动紧密相连。

职业（career）是一个人在其整个工作生涯中选择从事的总的行为过程。职业既具有共性，也有其特殊性。职业能力既与一般能力相关，更与特殊能力密不可分。人们从事的职业活动都是具体的。因此，人的职业能力倾向主要指的是人的特殊能力，它是从业人员胜任职业要求所必需的能力。职业规划在人们的职业决策过程中是不可或缺的。它有助于人们发现自己的人生目标，平衡家庭与朋友、工作与个人爱好之间的需求，做出更好的职业选择。

一般能力和特殊能力是相互关联的。一方面，一般能力在特定活动领域得到特别发展时，可能成为特殊能力的重要组成部分。例如，一般听觉能力既存在于音乐能力中，也存在于言语能力中。没有一般听觉能力的发展，就不可能发展出音乐和言语能力。另一方面，在特殊能力发展的同时，一般能力也会得到发展。观察力属于一般能力，但在画家身上，由于绘画能力的特殊发展，对事物的观察力也会相应增强。在完成特定活动时，通常需要一般能力和特殊能力的共同作用。总之，一般能力的发展为特殊能力的发展提供了更好的内部条件，特殊能力的发展也会积极促进一般能力的发展。

在我国，对能力的评价，对个人而言主要是自我体验；由他人评价时，则主要是"听其言，观其行"。使用的能力因素指标主要是理论思维能力、逻辑推理能力、动手操作能力、创造能力、语言文字表达能力、社会交往能力、组织管理能力等更为直接的能力。近年来，通过引进国外测量理论和方法，并结合本国特色，开发出了适用于我国人群的测量工具，如《BEC 职业能力测验（Ⅰ）型》和《BEC 职业能力测验（Ⅱ）型》等。

在此，我们将能力分为能力倾向/天赋与技能，需要大学生区分以下两个概念：

① 能力倾向/天赋：每个人天生具备的特殊才能，但可能因未被开发而荒废（潜能）。

② 技能：通过学习和练习培养形成的能力。例如：阅读能力、人际交往能力、沟通能力等。

（二）能力倾向的分类

1. 多元智力理论

经过多年的实验研究，哈佛大学教授、发展心理学家加德纳提出了多元智力理论。他在 1983 年出版的《智力的结构》一书中阐述了这一理论，认为智力并非由一两种核心能力构成，而是由多种能力组成，这些能力各自独立，不以整合形式存在。加德纳的理论指出，人类至少拥有 7 种不同的智力：

① 言语-语言智力，涉及听、说、读、写的能力，能够有效利用语言描述事件、表达思想和进行交流。例如，丘吉尔从记者到演说家、作家和政治家的转变。

② 逻辑-数理智力，包括运算和推理的能力，对事物间关系如类比、对比、因果和逻辑等关系敏感，并能通过数理运算和逻辑推理进行思考。例如，爱因斯坦作为侦探、律师、工程师、科学家和数学家的代表。

③ 视觉-空间智力，指感受、辨别、记忆、改变物体空间关系的能力，以及通过平面图形和立体造型表达思想和情感的能力。例如，画家毕加索在视觉艺术领域的突出表现。

④ 音乐-节奏智力，涉及感受、辨别、记忆、改编和表达音乐的能力，对音乐的节奏、音调、音色和旋律敏感，并能通过作曲、演奏和歌唱等方式表达音乐。例如，莫扎特作为作曲家、指挥家、歌唱家、演奏家、乐器制造者和乐器调音师的典型。

⑤ 身体-动觉智力，指运用四肢和躯干的能力，能够控制身体、做出恰当的身体反应，并通过身体语言表达思想和情感。例如，篮球运动员迈克尔·乔丹在体育领域的卓越表现。

⑥ 交往-交流智力，指与人相处和交往的能力，能够察觉、体验他人情绪、情感和意图，并做出适宜反应。例如，马丁·路德·金作为教师、律师、推销员、公关人员、谈话节目主持人、管理者和政治家的代表。

⑦ 自知-自省智力，指认识洞察和反省自身的能力，能够正确意识和评价自身的情感、动机、欲望、个性、意志，并形成自尊、自律和自制的能力。例如，哲学家柏拉图在哲学领域的深刻见解。

这七种智力在个体的智力结构中都占据重要位置，每个人都有这七种相对独立的智力，它们的不同组合方式和发展程度使得每个人的智力独具特色。例如，爱因斯坦、贝多芬、达·芬奇、姚明、奥黛丽·赫本和特蕾莎修女等杰出人物，他们在各自领域展现了不同的聪明才智。加德纳的多元智力理论强调，不存在谁更聪明的问题，只有在哪些方面聪明和怎样聪明的问题。每个人都是独特的，同时每个人又都是出色的。教育的起点在于如何使个体变得聪明，在哪些方面变得聪明。加德纳教授认为，智力的核心在于解决实际问题和创造社会所需有效产品的能力。

2. 技能

无论是简历还是面试，目标都是向雇主证明自己具备胜任工作的能力。因此，面对"我为什么要雇你"这样的问题，简历和面试中的回答应以与工作相关的能力为主线。任何能证明能力的事情，都会增加获得工作的机会。为此，需要清楚认识自己的能力，并了解具体职业所需的技能。在简历和面试中，要以恰当的语言和事例充分表达与职业相关的技能。

对个人技能的认识建立在对技能分类的了解上。辛迪·梵和理查德·鲍尔斯将技能分为三种类型：专业知识技能、自我管理技能、可转移技能（或称通用技能）。人们往往容易想到自己所具有的专业知识技能，但实际上后两种技能更为重要。它们使我们有可能不局限于所学专业，可以在更广范围内选择职业；它们对于我们在竞争中胜出具有关键性的作用，并且使我们能够在工作中得以更长久地发展；雇主们对它们的重视程度，也往往超过了对单纯专业知识技能的重视。

（1）专业知识技能

专业知识技能是指通过教育或培训获得的特别知识或能力，如个人所学习的科目、所懂得的知识。例如：掌握外语、中国古代历史、电脑编程，或化学元素周期表等知识。专业知识技能一般用名词表示。

专业知识技能不可转移，它们是一些特殊的词汇、程序和学科内容，必须经过有意识的、专门的培训才能掌握。它们常常与我们的专业学习或工作内容直接相关。因此，许多大学生在找工作时面临两难：一方面，他们认为找工作必须"专业对口"，但不喜欢自己的专业，不想将之作为一生的职业；另一方面，如果"专业不对口"，则担心自己与专业出身的应聘者相比缺乏竞争力，甚至觉得难以跨越专业的鸿沟。在这种情况下，似乎唯一可行的方式就是通过考研来改换专业。

实际上，专业知识技能并非只有通过正式的专业教育才能获得。除了学校课程，课外培训、专业会议、讲座、研讨会、自学、资格认证考试等方式都可以帮助个人获得专业知识技能。此外，很多公司也为新员工提供相关的上岗培训。例如，某著名的会计师事务所在对新员工的培训中，第一年的主要内容即是针对非专业学生补充财会基础。由此可见，即使是一些专业要求较高的职业如会计师等，其专业知识技能也可以在就职后的培训中获得。实际上，越是大的公司，越是看重个人的综合素质（也就是"自我管理技能"与"可转移技能"），而不那么在意个人是否已经具备专业知识。不少外企在校园招聘时都已不再区分学生的专业背景。

因此，如果想从事本专业之外的工作而不愿或不能重新选修一个专业的话，仍然有许多途径可以帮助我们获得相关的专业知识技能。在招聘中，专业知识技能绝对不是用人机构所重视的唯一要素。当前的状况是专业知识技能的重要性被夸大，以至于许多学生在校内选修很多的课程、在校外参加各种培训班并考取一大堆认证。他们在简历上以大篇幅列举的学习成绩、获得的证书、拿到的一等奖学金等所有这一切，无非都只证明了个人的专业知识技能。殊不知一大堆互不相干的专业知识技能堆砌在简历上，只能给人以庞杂的感觉，不能让招聘人员明白它们与所要应聘的职位之间有多大关系。实际上，所有得到面试机会的人，应该说其简历上表述的专业知识技能都已基本达到了应聘职位的要求（当然，这一点还需要在面试中加以审核）；而进入最后一轮面试的人，实际上都是能够胜任该职位专业技能要求的人。而最终使人获得工作机会，并在工作中能够长久发展的，还是自我管理技能和可转移技能。

现实中，大学生就业难在一定程度上也与此有关。因为大学生在校时往往更重视专业知识的学习，而忽视自我管理技能和可转移技能的培养。事实上，作为接受过国家正规高等教育的合格大学生，就专业知识而言，都应该能够达到工作的要求。但为什么企事业单位普遍对刚毕业的大学生不满意呢？全球领先的人力资源服务商万宝盛华集团在《2018 全球人才短缺调查》中指出："中国人才短缺情况加剧，港台地区情势严峻。"此外，根据万宝盛华的研究发现，2018 年中国（含香港台湾地区）的人才短缺程度有所上升。大陆地区有 13％的雇主表示正面临着人才短缺的困扰，在填补职位空缺时存在难度。该数值在全球范围内呈现较为缓和的上升趋势，但相较于上次调查（2016 年）上升了 3 个百分点。其中，近一半的雇主表示缺乏有经验者是招聘员工面临的最显著障碍。从用人单位对大学生的反馈中，我们可以看出：大学生们通常不乏专业知识技能，但常常缺少敬业精神、沟通能力等自我管理技能和可转移技能。因此，大学生在校期间，一定要在学好专业知识的基础上，加强对自我管理技能和可转移技能的培养。

（2）自我管理技能

这种能力通常被视为个性特质，而非技能，因为它描述了人们所具备的特征。事实上，它也是一种技能，它关乎个体如何在不同情境下管理自己：是创新还是遵循常规、是认真还是敷衍、能否在压力下保持冷静、对工作是否充满热情、是否自信等。这些特征或自我管理技能有助于个人更好地适应环境。它们通常以形容词和副词的形式呈现。

优秀的自我管理技能有助于个体更好地适应环境、应对工作挑战，因此它也被称为"适应性能力"。一个人如何运用自己的专业知识、以何种态度工作，这比工作内容本身更为关键。正是这些品质和态度，使个人在众多拥有相似专业知识技能的竞争者中脱颖而出，获得工作机会，并在新环境中适应、取得成就，从而获得晋升和加薪的机会。因此，有人称它们为"成功所需的品质、个人最宝贵的资产"。

实际上，人们被解雇或离职的原因往往是因为缺乏自我管理技能，而非专业技能不足（例如，个性问题导致与他人冲突等）。在用人单位对新毕业生的反馈中，常提到"缺乏敬业精神、服务意识差、眼高手低、不认真踏实、缺乏主动进取精神"等，这些都与自我管理技能相关。许多大学生由于从小受到父母和老师的过度保护，缺乏这方面的意识，在处理工作问题和人际关系上显得不成熟、以自我为中心。他们未意识到企业需要的是成熟、能负责、能独立解决问题的成年人。因此，在大学生从校园走向社会之前，培养良好的自我管理技能，学会如何与人相处，是至关重要的。

自我管理技能无论是天生的还是后天培养的，都需要通过实践来锻炼。它们可以从非工作（生活）领域转移到工作领域。例如，耐心、负责、热情、敏捷等能力并非通过专门课程学习获得，而是在日常生活中逐步培养的。比如，一位大四学生在回顾自己的实习经历时提到："这次实习经历为我毕业后进入社会打下了坚实的基础。我明白了，除了良好的专业知识技能，良好的社交能力也是工作中营造和谐氛围的关键。工作中要积极主动，虚心向同事和前辈学习；面对困难不退缩，不为自己的失误找借口；平时要多与同事交流，保持良好的关系。"

（3）可转移技能

可转移技能指的是个人所具备的能力，如教学、组织、说服、设计、安装、帮助、计算、考察、分析、搜索、决策、维修等。这些技能通常用行为动词来描述。它们的特点是可以在生活中的各个领域，尤其是工作之外的环境中发展，并能应用于不同的工作之中。例如，在宿舍中处理公用物品使用冲突时，宿舍长可以组织室友开会讨论，协商公平使用物品的方法。在这个过程中，就运用了组织、协商、解决问题、管理等重要的可转移技能。几乎所有的工作都会在一定程度上用到这些技能。因此，可转移技能也被称为"用技能"。

基于此，可转移技能是个人最能持续运用和最可靠的技能。随着信息时代的到来和新技术的快速发展，知识更新的速度不断加快，这意味着个体需要不断学习新的知识技能以跟上时代的步伐。例如，二三十年前，我们对手机、电脑几乎一无所知，但现在它们在我们的生活中扮演着极其重要的角色，与之相关的行业知识也是近年来才出现并迅速发展的。当今时代越来越强调"终身学习"，"学习能力"（可转移技能）可能比获得某个专业的硕士学位（专业知识技能）更为重要。

与专业知识技能相比，可转移技能不会过时，无论个人需求和工作环境如何变化，它们都能得到应用。随着我们工作经验和生活阅历的增长，可转移技能也会不断进步，它们在许多工作中都不可或缺，其重要性不容忽视。索尼技术中心会计部经理曾表示："在招聘时，我最看重的是应聘者的人际沟通能力。这项能力至关重要，因为必须能够与人交流才能获取重要信息……我将80％的时间用于与其他部门沟通，我的员工也将大量时间花在与部门外的人交流上。"

实际上，专业知识技能的运用都是建立在可转移技能之上的。例如，你的专业知识技能可能是动物学，你将如何应用它呢？是"教授"动物学，还是作为宠物医生"治疗"宠物，或是"撰写"科普文章宣传野生动物保护，又或是在流浪动物协会"照顾"动物？这些加引号的词都是可转移技能。你可能没有正式担任过教师，但通过做家教、在课堂上汇报小组科研项目等经历，你已经具备了"教学"的技能。当你将"教学"技能与"动物学"知识相结合时，你就有资格申请相关职位了。

从这个意义上说，在求职时，即使你没有从事过某个职位，但只要你实际上具备了该职位所需的各种技能，你就可以证明自己有资格从事它。因此，即使你并非科班出身，你仍然有机会跨专业从事你向往的职业，尤其是那些对知识技能要求不高而认为可转移技能更为重要的职业。例如，你可能不是营销专业的学生，但凭借良好的人际交往技能，你曾担任某杂志的校园代理，并在地区销售评比中获得第二名。从可转移技能的角度看，这样的经历足以让你成功应聘公司的销售职位。

学习文学、历史、哲学等人文专业的学生常常感到困惑，因为他们所学的专业似乎不如计算机、建筑、机械等理工科专业实用。实际上，人文专业的学习除了让他们掌握一些专业知识外，还使他们获得了许多可转移技能，例如：沟通技能（在课堂上有效倾听、小组讨论、撰写论文）、问题解决技能（利用分析和抽象思维、找出问题的不同解决方案、说服他人采取既定方案）、人际关系技能（与同学合作完成任务、与室友和睦相处）、研究技能（搜索数据库或检索书面资料、发现和构建主题、收集和分析数据、调查问题）等。

总体而言，可转移技能具有可转移性、普遍性和实用性，可具体分为以下几种：

① 沟通表达能力：通过口头或书面形式，以及其他适当方式，准确清晰地表达意图，与他人进行双向或多向信息交流，以实现相互理解、沟通和影响。

② 数学运算能力：运用数字工具，获取、采集、理解和运算数字符号信息，以解决实际工作中的问题。

③ 创新能力：在前人的发现或发明基础上，通过自身努力，创造性地提

出新的发现、发明或改进方案。

④ 自我提升能力：在学习和工作中自我归纳、总结，识别自己的优势和劣势，扬长避短，不断进行自我调整改进。

⑤ 团队合作能力：与他人相互协调配合、互相帮助。包括正确认识自我、尊重和关心他人，对他人意见、观点、做法持正确态度。

⑥ 问题解决能力：在工作中将理想、方案、认识转化为操作或工作过程和行为，并最终解决实际问题、实现工作目标。

⑦ 组织策划能力：具备计划、决策、指挥、协调、交往的能力。

⑧ 信息处理能力：运用计算机处理各种形式的信息资源的能力。

⑨ 外语应用能力：在工作和交往中实际运用外语的能力。

⑩ 学习能力：善于发现并记录，坚持不懈克服困难、持续学习的能力。

⑪ 管理能力：包括管理自己、信息、他人和任务的能力。

这些可转移技能对大学生就业和自身发展具有重要作用，在校大学生应努力培养良好的可转移技能。在职业规划中，当需要描述个人最核心技能时，可转移技能是需要优先和详细阐述的。因为它们是你最能持续运用和最可靠的技能。实际上，专业知识技能的运用都是建立在可转移技能之上的，但我们往往过分强调了专业知识技能的重要性。

3. 自我效能感

自我效能感是一个与能力相关的核心概念，它深刻地描述了个人对自己能力的信心以及预期使用这些能力后可能产生的结果。

众多研究显示，在日常生活和职业活动中，影响个人行为的往往不是实际能力的大小，而是自我效能感的强弱。例如，一项关于性别薪酬差异的研究表明：性别间薪酬差异的部分原因在于女性在数学上的能力通常不如男性，而高薪职业往往要求较高的数学技能。女性在数学上的不足并非天生，而是因为她们相对于男性更缺乏信心，导致在数学学习上投入的时间较少。这种信心的缺乏，实际上反映了她们较低的自我效能感。

同样地，成年人学习人际交往或英语并不比儿童学习走路或说话更困难，区别可能仅在于我们从不怀疑孩子学不会走路或说话，却经常怀疑自己能否掌握人际交往或流利使用英语。在心理辅导中，我们也常见到一些人虽然能力出众且得到他人认可，却因自卑而限制了自己，行动犹豫不决，无法完全展现自己的才华。这些例子都强调了自我效能感对个人成长的重要性。

大学生可以通过亲身经历、观察他人经验或接受他人建议等方式增强自我效能感。自我效能感越高，越有可能实现目标。例如，学生不仅明白认真听课能带来好成绩，而且相信自己能够理解教师所讲内容时，才会真正投入听课。高校中自我效能感的提升有助于学生实现预期成果，自我效能感是预测个人行为的关键指标。一个相信自己能妥善处理各种事务的人，在生活中会更加积极主动，这种"能做什么"的信念体现了个体对环境的掌控感。自我效能感在表现上等同于自信，即个人自信心的水平。自我效能感强的人通常自信满满，更有信心应对各种挑战，最终获得良好的行为成果。

第二节　能力与职业选择

观察和研究日常生活及职业活动可以发现能力与人的职业活动和个人发展之间的紧密联系。人们的职场技能各有特色，有的擅长沟通交流，有的擅长动手操作，有的擅长理论分析，还有的擅长处理日常事务。每个人都有其独特的技能组合。多数职业岗位都需要特定的技能组合，只有具备了这些技能，才能在相应的职业岗位上表现出色。

一、生涯发展与能力的关系

心理学家罗圭斯特与戴维斯（Lofquist、Dawis，1984）经过多年的个体工作适应性研究，提出了明尼苏达工作适应理论（如图 5-1 所示）。他们提出：当工作环境满足个人需求时，个人会感到"内在满意"；而当个人满足工作要求时，则会达到"外在满意"（即让雇主和同事感到满意）。当个人同时达到内在和外在满意时，个人与环境之间的关系较为和谐，工作满意度较高，能在该领域持续发展。

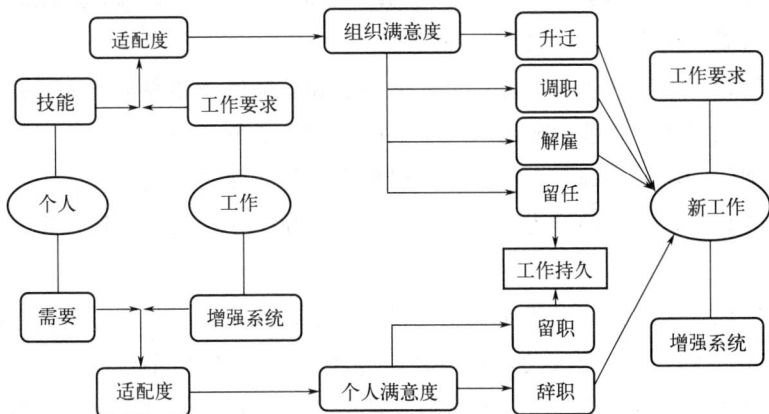

图 5-1　明尼苏达工作适应理论

在衡量"内在满意"和"外在满意"这两个指标时，能力扮演了关键角色。罗圭斯特与戴维斯指出："外在满意"可通过评估个人职业技能与工作技能需求的匹配程度来衡量；而"内在满意"则主要通过评估个人价值观与企业文化及奖惩制度的契合度来衡量。不难发现，从事自己擅长的工作、提升和发展个人能力、发挥潜能，通常是个人在选择职业时希望实现的需求，这些需求与能力相关。因此，能力与个人的职业满意度、工作适应性及职业稳定性存在直接的联系。

当个人能力与工作要求相匹配时，最易激发潜能并获得满足感。反之，若从事超出能力范围的工作，可能会感到焦虑和挫败。而当个人能力远超工作要求时，又可能感到工作缺乏挑战性，变得单调乏味。因此，在选择职业时，我们应寻求个人能力与职业技能要求的匹配。我们需要了解能力的分类，明确自己拥有哪些能力，以及职业需要哪些能力。

二、能力与职业的匹配

人们在能力上的差异是普遍存在的，每个工作因性质、环境和条件的差异，对个人的能力、知识积累、技能、性格特点、气质以及心理素质等方面都有其特定的要求。我们都知道，婚姻速配是基于对两个人性格的分析，并通过历史数据来验证他们是否合适的。

职业速配的逻辑与婚姻速配相似，即把个人的分析结果与潜在的职业目标进行匹配。通过多种工具进行深入的自我分析，综合所有分析结果，找出可能适合的职业目标。通过职业速配找到的潜在职业目标，并不意味着是职业生涯的最终目标。首先，个人的性格倾向会随着时间的推移和经历的积累而发生变化。更重要的是，所有评估工具提供的结果都是基于统计数据，速配的主要目的不是找到正确答案，而是避免犯错。

在选择职业时，不仅要考虑个人的兴趣和适应性，还要考虑是否有潜力和素质来胜任工作。这些素质通常与个人的性格和成长经历密切相关，很难通过短期培训和学习来提高。大学生可以根据自己的职业目标有意识地培养自己的能力，或者根据自己的能力水平选择合适的职业。无论采取哪种方式，都必须经历一段痛苦而漫长的磨炼。

可以说，大学生的一般能力，即智力水平，彼此之间差异不大，可以在广泛的职业范围内进行有效的职业劳动。如果一个人选择职业不仅仅是为了谋生，还想体现自身的特殊意义和价值，那么他在选择职业时的差异主要由个人的特殊能力决定。在这里，什么样的能力最适合什么样的职业，成为了至关重要的问题。根据职业所需的特殊能力类型，可以将特殊能力与职业进行如下分类：

① 擅长与物品互动。例如，制图、勘测、建筑、机械制造、会计、出纳等。

② 擅长与人交流。例如，记者、销售员、教师、服务员、行政管理人员、外交联络员等。

③ 擅长规律性工作。例如，图书档案管理员，习惯在预先设定的程序下工作。

④ 喜欢从事社会福利和助人工作。例如，律师、医生、护士、咨询师等。

⑤ 具有领导和组织能力。例如，行政人员、企业管理人员等。

⑥ 擅长研究人的行为。例如，心理学、政治学、人事管理、思想政治教育等。

⑦ 擅长科学技术研究。例如，对分析、推理活动感兴趣，喜欢通过实验发现新问题、独立解决问题等。

⑧ 擅长抽象、创造性工作。例如，经济分析，各类科研、化验、社会调查等。

⑨ 擅长操作机器的技术性工作。例如，机械制造员、驾驶员、飞行员等。

⑩ 喜欢具体的工作，愿意从事看得见、摸得着，能迅速看到自己劳动成果的工作。例如，手工、装饰、维修等。

……

著名数学家陈景润是一位天才数学家，成功证明了哥德巴赫猜想。但由于他性格内向，不擅长语言表达，完全不适合担任教师。他虽然才华横溢，但缺乏教育学生的能力。因此，只有正确分析自己的能力倾向，才能有所作为，才能确保能力水平与职业层次相匹配。

能力的不同会导致职业选择的差异，从能力差异的角度来看，在职业选择时应遵循以下原则：

1. 确保能力类型与职业相匹配

从能力差异的角度来看，人的能力类型存在差异，即人的能力发展方向不同。职业研究显示，职业可以根据工作的性质、内容和环境划分为不同的类型，并且对人的能力有不同的要求，因此应确保能力类型与职业类型相匹配。能力水平应与职业层次一致或基本一致。只有这样，才能使能力与职业的匹配具体化。

充分发挥优势能力的作用。对于职业选择和职业指导而言，应主要考虑其最佳能力，选择最能发挥其优势能力的职业。同样，在人事安排中，如果能注重一个人的优势能力并分配相应的工作，会更好地发挥一个人的作用。

2. 注意一般能力与职业相匹配

一般能力包括注意力、观察力、记忆力、思维能力和想象力等。不同的职业对人的这些一般能力有不同的要求。有些职业对从业者的智力水平有绝对的要求，如对律师、工程师、科研人员、大学教师等都要求有很高的智力，智力在很大程度上决定着其所从事的职业类型。

3. 注意特殊能力与职业相匹配

特殊能力是指从事某项专业活动的能力，也可称特长，如计算能力、音乐能力、动作协调能力、语言表达能力、管理事务能力、空间判断能力、形态知觉能力、手指灵活度与灵巧度等。要顺利完成某项工作，除了具有一般能力外，还要具有该项工作所要求的特殊能力，如从事教育工作需要有阅读能力和表达能力；从事数学研究需要具有计算能力、空间想象能力和逻辑思维能力。如法官应具有强大的逻辑推理能力，而不一定要有强大的动手能力；而建筑工应有一定的空间判断能力，却不一定需要良好的语言表达能力。

4. 能力与职业相适应

能力是指一个人顺利完成某种活动所必须具备的心理或生理特征。人与人之间存在着能力类型差异和水平差异。能力类型差异表现在个体能力发展方向的差异、能力发展早晚的差异。能力水平差异指能力有四级：能力低下、能力一般、才能、天才。

意大利诗人但丁说过：如果白松的种子落在英国的石头缝里，它只会成长为一棵矮小的树，但如果它被种在南方肥沃的土地上，它就能长成一棵大树。

不同的职业对能力有不同的要求，每个人都有自己的优势和劣势。首先应注意的是能力类型与职业相适应。例如，有的人擅长形象思维，有的人擅长逻辑思维，还有的人擅长具体行动思维。如果根据思维能力类型来选择职业，形象思维强的人更适合从事文学艺术方面的工作，逻辑思维强的人更适合从事哲学、数学等理论性强的工作，具体行动思维强的人更适合从事机械修理方面的工作。如果不考虑能力类型，而让其从事与能力不匹配的工作，效果就不会理想。

5. 能力水平与职业层次相适应或基本一致

对于一种职业或职业类型来说，由于所承担的责任不同，又可以分为不同的层次。不同层次对人的能力有不同的要求。因此，在根据能力类型确定了职业类型后，还应根据自身所达到或可能达到的能力水平确定相适应的职业层次，只有这样，才能使能力与职业的适应具体化。每个人都具有一个由多种能力构成的能力系统，在这个系统中各方面的能力发展是不平衡的，每个人都有优势能力，而其他能力则不太突出。随着生产力的不断提高，社会分工越来越细，各种职业都对人们提出了越来越高的要求。

例如，想成为一名营销策划师，必须具备以下能力：

① 主动性，有旺盛的求知欲和强烈的好奇心。

② 存疑性，对一切现存的事情不盲从，敢于怀疑。

③ 洞察力，富有直觉，对环境有敏锐的感受力，对信息有准确的判断力。

④ 变通性，思路通畅，善于举一反三，闻一知十，触类旁通。

⑤ 独立性，有较少的依赖性，不轻易附和他人，使自己的创意成功实施。

⑥ 独创性，不管有多少现成的好方法，策划人都必须有独到的见解，与众不同的方法，要勇于弃旧图新，别开生面，要永远相信答案总比问题多。

⑦ 自信心，深信自己所做的事情的价值，一往无前，不达目的誓不罢休。

⑧ 坚持力，创意的完成需要百折不挠，拥有锲而不舍的毅力和意志。确定目标后，就坚定地朝着它前进。

⑨ 兼容并包，策划人必须理解别人提出的创意，领会其创新之处，并加以借鉴，以激活自己的思维，开发出更新更有效的方案和构想。

⑩ 想象力，它有利于揭开创造的序幕，缺乏想象力的人是无法成为策划家的。

⑪ 严密性，需要严格的逻辑分析能力，才能使灵感的火花变成现实的财富。

三、雇主们最看重的技能

雇主们在寻找大学毕业生时，通常会考虑他们的教育背景、工作经验以及态度等综合素质，这些因素决定了毕业生是否具备担任特定职位的资格。虽然某些领域如医学、编程、化学等需要特定的知识或证书，但大多数职业更看重的是普遍适用的技能和素质（即可迁移技能和自我管理技能）。根据美国"全国大学与雇主协会"（National Association of Colleges and Employers）的调查，美国雇主们最看重的技能和个人品质依次为：

① 沟通能力。

② 积极主动性。

③ 团队合作精神。

④ 领导能力。

⑤ 学习成绩。

⑥ 人际交往能力。

⑦ 适应能力。

⑧ 专业技术。

⑨ 诚实正直。

⑩ 工作道德。

⑪ 分析和解决问题的能力。

观察可知，上述列表中的第 1、4、6、7、11 项属于可迁移技能，第 2、3、9、10 项属于自我管理技能，而专业知识技能则位于第 5 和第 8 项。

美国劳工部和美国生涯发展协会（National Career Development Association）对雇主的另一项调查也揭示了雇主们对员工自我管理技能和可迁移技能的高度重视。具体要求如下：

① 学习能力强。

② 具备良好的读写算能力。

③ 优秀的交际能力，包括倾听和表达。

④ 具备创造性思维和问题解决能力。

⑤ 自尊心强、积极向上、有明确目标。

⑥ 具有个人和职业发展的开拓能力。

⑦ 具备良好的交际、谈判技巧以及团队精神。

⑧ 拥有出色的组织和领导才能。

实际上，国内雇主们同样重视这些能力。企业在招聘时不仅关注求职者的学术成绩，更看重其他综合能力，例如优秀的沟通和表达技巧、强大的分析和组织能力以及领导能力，特别是团队合作精神。

第三节　能力探索的方法

我们重点介绍专业知识技能、自我管理技能和可迁移技能的探索方法及大学生能力培养的途径。

一、如何发现自己的成就及技能

1. 成就及技能的发现方式

你的成就可以通过以下方式来体现。

（1）可衡量的业绩

方法：回顾一下，在你过往的历史中，有些什么样的业绩是可以量化的？除了一些常见的如"期末考试全年级总评第三"或"连续三年获得一等奖学金"以外，还有没有一些其他的事情是可以用数字来说明你的成果的？如"作为校学生会文艺部长，成功组织了为数 300 人的大型表演活动""在兼职×化妆品牌销售期间，当月部门的销售额提高了 10％"等等。这样的一些数据可以非常具体翔实地说明你取得的成绩，能给人以更深刻的印象。当然，如果你要在简历或面试中提及这些例证，最好要证明在这些事例中你使用了什么样的技能来帮助你取得好的成绩。

我所取得过的可衡量的业绩：

_____

_____

（2）来自他人的认可与称赞

方法：这种认可可能以你所得到的奖励（如获得校演讲比赛二等奖）、升职（如被同学们选举为班长）的形式体现，也可能以他人对你直接的书面或口头表扬的形式出现（比如你的服务对象对你的好评）。不过，更多的时候，它也许只是一种微妙的认可，需要细心思考和回顾：

你是否曾经从数人中被选出来担当更多或更大的责任，比如被老师选出来专门负责某一项事务？而这是否意味着你在某个方面的能力比其他同学更加出色，或是更认真负责？

你的同学、朋友或上司是否总是依靠你来完成某件事情？他们认为你特别擅长做的事情是什么？

如果一个了解你的人（老师、领导、雇主、同学、服务对象、同事）要向别人推荐你，他/她可能会说些什么？

如果你离开了现在的位置（无论是你的宿舍还是你在学生社团或兼职实习的位置），你的同学或同事会因为你的离去而感到有什么样的不适或困难吗？

对所有这些问题的回答，有可能反映出你个人所擅长的、为人称道的能力和品质。如果你感到回答这些问题有困难，可以直接与周围的人谈谈，请他们帮助你。也可能，你觉得自己跟周围的人交往都太少，那么，是时候扩大你的人际交往范围了。别总是埋首于书本之中，应该行动起来，多参加一些实践活动。

我所得到过的来自他人对我能力的认可：

_____

_____

（3）撰写你的成就故事

方法：回忆一下自己取得的成就，也就是那些自己做过的/自认为比较成功或是感觉很不错的事情。这些事件不一定要是工作上的，或学业上的。它们可以是课外活动、家庭生活中发生的。成就也不一定都是惊天动地的大事，它也可能只是一次"悄无声息的胜利"。比如筹划了一次同学聚会、为家人出谋划策、修理好某个电器装置、及时地帮助他人等等。只要它们符合以下两条标准，它们就可以被视为"成就"：一是你喜欢做这件事时体验到的感受，二是你为完成它之后的结果感到自豪。如果同时你还获得了他人的认可和表扬那就更好了，不过这并不重要。

请写下生活中令你有成就感的具体事件然后对其进行分析，看看你在其中使用了哪些技能（尤其是可迁移技能）。理想的情况下，可以写 7 个故事，并在三人小组中逐一进行分析讨论。最后看一看在这些故事中是否有重复出现的技能，即你喜爱施展也擅长的技能。将这些技能按优先次序加以排列。

在撰写成就故事时，每一个故事都应当包含以下要素：

你想达到的目标，即需要完成的事情。

面临的障碍、限制、困难。

你的具体行动步骤：你是如何一步步克服障碍、达成目标的？

对结果的描述：你取得了什么成就？

对结果的量化评估：可以证明你成就的任何衡量方法或数量。

我所使用的技能：

_____

_____

（4）内省探索

要想了解自己有哪些技能，其实最好的办法就是你先进行自我反思，想一想你是个什么样的人，你有哪些长处，你有哪些短处，你的优势是什么，你的劣势是什么，你的价值在哪里，你能做什么事……想清楚这些问题的过程，其实就是一个完完全全的自省过程，认识了自我，自然也就知道自己的技能优势在哪里了。

方法：在 5 分钟内尽可能多地写下自己的优点、缺点，综合分析自己所拥有的能力。

我的优点、缺点：

_____

_____

（5）实践探索

你有哪些技能，不妨自己去运动一下吧，通过一些细微的动作，看看自己的优势技能有哪些。运动其实也是一种实践，都说实践出真知，任何的想法，要想看对不对，去实践地操作一下就可以看出来，不信你就去试试吧。

方法：对下面的经历进行分析，尽可能全面地列出你所掌握的知识技能，再从中分别挑出你自己感觉比较精通的和你在工作中应用或希望应用的知识技能，最后排列出对你来说最重要的五项专业知识技能。（可以根据自身实际情况，适当增加经历条目）

我在学校课程中学到的：

_____

_____

我从爱好、娱乐休闲、社团活动、家庭职责中学到的：

_____

_____

我从兼职或实习中学到的：

_____

_____

我从志愿者工作中学到的：

_____

_____

（6）交际探索

人是群居动物的一种，假如你想了解自己有哪些技能，那不妨就把自己大胆地融入集体中去吧，通过集体生活找到自己的价值和技能所在，也许别人不会的你却会，也许别人想不到的你能想到，这些都是你的过人之处哦，也是你引以为傲的特殊技能。

方法：通过他人对自己的反馈了解自己是一个很好的方式。向你身边的亲朋好友询问一下：如果让他们用三到五个词汇来形容一下你，他们会说什么？你可以通过面谈、打电话、发短信或电子邮件等多种方式来完成。

得到他人的反馈以后，看一看他们对你的描述中，有哪些是你知道的，有哪些是你以前没有想到过的。他们所说的符合你对自己的评价吗？

他人眼中的我：

_____

_____

_____

（7）通过 PAR 法来发现自己的成就

一是要知道你的工作单位存在什么问题（Problem）？二是要清楚你采取了什么行动（Action）来解决问题？三是你的行动取得了什么样的有益结果（Result）？

（8）使用技能问卷或技能分类卡

可以使用《EUREKA 技能问卷工作表》《工作相关能力问卷》及《GCDF 职业技能分类卡》。

（9）观察探索

都说生活中并不缺少美，只是缺少一双发现美的眼睛。假如你想探索自己有哪些技能，你也可以采用观察的方式，用自己的双眼去看到自己的长处，发现自己的价值，给自己的生活树立信心，让自己勇往直前地前行。

（10）语言探索

假如你想探索自己有哪些技能，你也还可以采用语言的方式去探索，特别是从别人的语言中去发现自己的技能。都说旁观者清，当局者迷，也许就是这个理。你是当事人，你不清楚自己很正常，你周围的那些人却把你看得清清楚楚，所以只要你有技能，周围的他们一定会给你最中肯的评价的。

（11）工作探索

假如你想探索自己的个人技能有哪些，你也可以让自己去认真地工作。人生三件大事为生活、情感和工作，所以通过工作，你既可以实现人生价值，也可以发挥自己的长处和技能，实现心灵和价值的双提升，让你活得开心、幸福。

2. 技能的结合与表达

当你将可迁移技能、专业知识技能和自我管理技能结合在一起时，你就能对自己所具有的技能提供非常具体的证明。特别是在简历撰写中，将三种技能结合起来表达时，可以向招聘者展示应聘人员的技能。

3. 对职业技能的辨识和了解

（1）以会计这一职业为例，进行小组讨论和举例讲解，列出你认为会计这一职业所需要的重要技能，在黑板上列出讨论结果并总结说明会计这一职业所要求的技能。

（2）参考职业网站，了解会计职业的相关信息。

（3）通过做生涯人物访谈向实际从事某一职业的人了解该职业的技能要求。

二、大学生能力的培育

1. 大学四年培育重点

一年级——探索期。初步探索职业世界，特别是自己未来意向从事的职业或与专业对口的职业，提升人际交流技巧。活动包括：与学长学姐尤其是大四毕业生进行交流，了解就业情况；利用课余时间参与学校活动，增进交流技巧；学习计算机知识，利用计算机和网络辅助学习。为可能的转专业、双学位、留学计划做好资料收集和课程准备，充分利用学生手册，掌握相关规定。

二年级——定向期。明确未来深造或就业方向，活动包括：参与学生会或社团等组织，锻炼各项能力，检验知识技能；尝试兼职、社会实践活动，培养责任感、主动性和抗压能力；提升英语口语和计算机应用能力，通过相关证书考试，有选择地辅修其他专业知识。

三年级——冲刺期。临近毕业，目标转向提升求职技能、搜集公司信息、决定是否考研等。撰写专业学术论文时，提出独到见解，锻炼解决问题和创新思维能力；参与专业相关的暑期工作，交流求职经验，学习撰写简历、求职信，了解搜集工作信息渠道，积极加入校友网络，了解往年求职情况；有意向出国留学的学生，接触留学顾问，参与留学活动，准备 TOEFL、GRE 考试，关注留学考试信息，索取教育部门简章参考。这样既提升了信息收集能力，也加强了人际交往能力。

四年级——分化期。确定工作申请或考研、留学目标，总结前三年的积累，检验职业目标明确性和准备充分性；积极参加招聘活动，实践检验积累和能力；利用学校资源，了解就业指导中心提供的公司资料信息，强化求职技巧，进行模拟面试训练，尽可能充分准备后进行演练。

2. 能力获取途径

（1）勤工俭学

学生可利用课余时间和周末，参与社会勤工俭学，锻炼自我、积累经验，增加收入，提升独立能力。高校通常提供勤工俭学机会，尤其是为家境困难学生提供岗位。内容多样，如家教锻炼耐心和表达，超市收银员培养细心和交往能力，网络维护锻炼计算机技能，办公室管理检验基本工作能力，专业相关工作如计算机专业网页制作、系统维护可以实践强化专业知识，实现"学以致用"。

校内勤工俭学方便、安全、可靠，校外勤工俭学更具专业性和挑战性，需付出更多精力和成本，但回报更丰厚。学生在勤工俭学中应平衡兼职与专业知识学习，注意保护自身权益。

（2）社团活动

社团是基于共同兴趣或目的而组织的校园业余团体，包括学术、体育、文艺等类型。学生可依兴趣和特长选择社团活动，丰富课余生活，培养兴趣特长，加深专业知识。通过参与和组织活动，锻炼人际交往和组织管理能力。用人单位通常青睐于社团骨干分子。

（3）社会实践

学生利用假期或周末参与社会实践，树立理想、拓宽视野、增长才干、服务社会。要求学生结合所学知识与社会问题，提出方法并解决问题。学校资助社会实践时，学生需准备和策划实践方案，通过评审和答辩获得资助。项目实施需接受监督，最终成果需上报展示。社会实践需投入额外的时间，因此暑期通常是高峰期。

优秀社会实践对职业生涯发展有益。准备时需有专业知识基础，与赞助和实践单位联系时需懂人情世故，团队领导时需具备组织协调能力，结题时需有表达和研究能力。

（4）各类竞赛

大学是青年才子展现才华的舞台，校园竞赛是展现自我、培养能力的好机会。如"挑战杯"创业计划大赛等，可以让学生将专业知识与社会实践结合，组成团队，提出有市场前景的技术、产品、服务，完成创业计划。企业为吸引人才，举办竞赛如"欧莱雅"商业策划大赛、"联合利华"商业夏令营等，提供真实企业环境体验，发掘潜能，佼佼者有机会进入企业工作。

（5）实践课程

实践课程是每位学生在步入社会前的必经之路，它为学生提供了一个了解社会和工作的窗口。因此，几乎所有高校都会在大三安排实践课程，并将其纳入课程体系和学分要求中。首先，我们必须认识到实践课程的价值和意义：实践课程不仅仅是撰写一份实践报告，也不仅仅是获得几个学分，我们不应仅仅满足于这些表面的成就。获得实践成绩并不困难，但对于那些有职业抱负、渴望真正学习和积累经验的人来说，实践课程是一个极佳的机会，可以接触社会、了解行业和职业，因此不应轻率对待，否则就是在浪费宝贵的时间。

对于不同职业规划的学生，实践课程具有不同的特殊意义。对于那些将来打算工作的学生，实践课程可以帮助他们认清自己的能力和特点，了解行业和职位的具体情况，有助于他们做出更好的选择。有时，一次优秀的实践经历甚至可以直接带来一份工作。对于那些打算继续深造、致力于研究的学生，实践课程可以帮助他们认识到现实与书本知识的差异，为他们未来的研究提供启发，甚至可能帮助他们发现真正感兴趣和想学习的领域，从而改变他们的人生道路。总之，实践课程可以全面提升一个人的人际交往能力、专业知识、组织协调能力和表达能力。

寻找实践课程的机会多种多样：可以通过就业指导中心发布的信息，浏览各大求职网站，接受师长、学长、亲友或同学的推荐，或者主动与公司联系等。在实践过程中，重要的是调整好自己的心态，不要畏惧困难和挫折，要虚心向他人学习，并注意维护自己的合法权益。通过实践，积累经验，丰富阅历，提升能力，为未来的职业生涯打下坚实的基础。

（6）担任学生领袖。在大学生活中，锻炼的机会无处不在，关键在于你是否愿意抓住机会。你可以通过自荐的方式担任学生领袖，无论是在学生会、团委，还是在班级、宿舍，任何职位都可以成为你展示才华、服务同学的舞台。

不要认为担任学生领袖是浪费时间，因为"一分耕耘，一分收获"，你投入多少努力，就能获得多少的回报。首先，担任学生领袖可以锻炼你的组织管理能力和决策能力。无论是组织班会、传达信息，还是统计资料，都需要你协调各方、组织人员参与，并做出决策和选择。这些能力在未来的工作中至关重要，往往是企业选拔人才的重要标准之一。其次，担任学生领袖需要与众多同学、老师交流，这有助于培养你的交际技巧，并为你建立良好的人际关系基础，扩大社交圈，结交众多朋友。这实际上是一笔宝贵的资源和财富。再者，担任学生领袖可以培养良好的品德，如服务他人的奉献精神、合作的态度、勤奋踏实的工作作风、迎难而上的斗志……这些都可以在学生工作中得到培养和锻炼。需要强调的是，担任学生领袖不应只看重头衔的光环，而应更加注重自我锻炼，即使没有担任领袖的机会，只要有一颗服务同学的心，善于观察、学习他人之长，也能提升这些能力。

3. 如何培养能力？

能力的范畴非常广泛，我们都希望拥有出色的能力。要想具备出色的能力，就需要保持正确的态度、开放的思维，不断学习新知识，并坚持学习，这样才能逐步提升综合能力。

（1）保持正确态度

事物的发展遵循积累的过程，只有经过积累，才能实现厚积薄发。能力的形成是一个漫长的过程，没有捷径可走。不要期望通过别人的描述了解事物的深浅，只有亲身体验才能真正了解。因此，不要试图快速掌握、寻找捷径，因为通过捷径获得的能力通常不会成为一个人的核心竞争力。只有保持正确的做事态度，正视能力的形成过程，清晰地认识到自己的不足，并有意识地去改善，才能从中获得真正的收获。

（2）善于学习

人不是生来就什么都知道的，都需要通过后天的学习和实践来不断获取知识和提升能力。在工作中，学习比经验更为重要。拥有良好的学习能力，掌握高效的学习方法，才能更快地获得更多有益的知识，使自己在职场中走得更快、更远，永远保持竞争力。多读书可以使人明理、开阔视野、发散思维，同时也有助于指导工作；多实践，将理论与实践相结合，反复验证所学知识；提高对知识的敏感度，快速查询及使用链式学习法将知识积累、沉淀并转变为能力。通过阅读书籍、网络等多种学习途径和方法，不断弥补自身短板，使自己变得更加强大。

（3）沟通请教

有效的沟通能够营造出愉快的工作氛围，提升工作效率，快速解决问题，更好地开展工作。新员工遇到问题时及时与老员工沟通请教，可以快速发现、定位问题的根源，在沟通中帮助新员工梳理思路，养成良好习惯；老员工遇到问题时，及时与同事或上级领导沟通请教，在此过程中可以进行头脑风暴，找到解决问题的最佳方法。无论是新员工还是老员工，通过沟通请教都可以快速解决问题，少走弯路，确保工作的高效性和完成度。

（4）总结思考

只学习而不思考就会迷茫，能力的形成也是如此。工作过程中遇到问题时，应及时记录并深入分析，长远考虑，找出问题的根源，采用合适的方法，制定合理的计划解决问题，然后思考整个过程并总结，以便在遇到类似问题时能够举一反三。对于失败的事情，要善于反思原因，找到问题所在，有针对性地使用正确的方法锻炼自身能力，将遇到、学到的知识和经验不断总结，转化为智慧，使其能够为自己所用。同时具备换位思考的能力，根据不同的处事场景调整自己的角色位置，这样可以思考得更全面、更透彻，达到最佳效果。

（5）持之以恒

能力的形成和提升不仅需要正确的学习方法，更重要的是能够持之以恒。再多的方法不去坚持也无法进步，人天生有惰性，惰性驱使下的人很容易半途而废、一事无成。优秀的人才之所以优秀，通常都离不开持续学习的习惯，在知识、技术不断更新的时代，坚持学习是非常必要的。坚持在不同阶段给自己设定不同的学习目标，将大目标分解为易于执行的小目标，逐一攻克，并学以致用，培养学习成就感，激发自我驱动意识，从而养成坚持学习的习惯，为能力的提升不断注入新鲜血液。

在当今社会竞争日益激烈的情况下，要在竞争中脱颖而出，除了要依靠企业提供的发展平台，更重要的是展现个人的能力。因此，认清自己的真实能力，了解自己的优点和不足，并有强烈的改变和提升意识，才更有利于能力的提升和成长。在此基础上，采用正确的提升方法，逐步落实，使自己逐渐转变成一个优秀的复合型人才。

第六章

职业探索

在当今这个全球化的浪潮和信息化快速发展的背景下，我国社会正经历着深刻的转型。这种背景下，职业领域正在发生着前所未有的变化，职业的种类变得越来越多样化，职业的流动性也显著增强。职业探索，作为职业选择和职业发展过程中不可或缺的一部分，现在更被看作一个可能伴随一生的持续过程。在这个过程中，个人需要不断地了解自己，了解职业世界，了解自己与职业世界之间的关系，以便更好地进行职业规划和职业发展。

在当前大学生的职业发展过程中，他们面临着许多问题，例如"慢就业""啃老族""三年之痒"以及频繁更换工作等现象。这些问题在很大程度上与缺乏有效和可信的职业探索，以及未能清晰认识自我和职业前景有关。职业探索的核心目的在于增进对自我和环境的认知与理解。在不断变化的职业世界中如何生存、发展并取得成功，是每位青年学生都应关注并深思的问题。因此，需要通过有效的职业探索，帮助学生更好地了解自己，了解职业世界，从而做出更明智的职业选择。

本章的目的是帮助同学们在校园内认识职业和职场，理解自己所学专业与未来可能从事职业之间的联系。通过一系列策略，让同学们在大学期间能够洞察职场的宏观环境、社会和职场的微观环境、不同用人单位的特性及其对员工的具体要求，同时对照个人的职业理想，为确立清晰的职业目标做好准备。在这个过程中，我们希望同学们能够通过实践和学习，提高自己的职业素养，增强自己的职业竞争力，为未来的职业生涯做好充分的准备。

第一节　职业概述

职业是随着人类社会进步而出现的社会现象，它标志着社会分工的深化和专业劳动岗位的形成。

一、职业的起源与演变

职业的起源和演变是社会劳动分工的自然结果，随着社会劳动分工的深入，职业也随之发展和变化。在人类社会早期，劳动分工主要基于性别和年龄，人们并不专注于特定工作，因此那时的职业概念尚未形成。随着生产力的提升，农业与畜牧业分离，标志着第一次社会大分工，从而催生了专门从事农业和畜牧业的职业。随后，手工业和商业也相继独立，完成了第二次和第三次社会大分工。劳动分工进一步细化，体力劳动和脑力劳动的分工出现，劳动者开始专门从事特定劳动活动，职业逐渐成为社会常态。随着生产力的提高和科技的进步，社会劳动分工更加精细，专业化程度加深，新的职业不断涌现，职业种类变得繁多。因此，职业是社会劳动分工演进的必然结果。

不同职业的产生，源于分工体系中每个环节或劳动种类具有不同的劳动目标、适用工具和活动方式，这决定了职业之间的差异。社会活动的增加和分工的细化导致职业种类的增多。社会分工是职业区分的基础和依据，在人类社会经济发展的历史中，职业在多种因素影响下持续演变。

二、职业的特性与要素

1. 职业的特性

① 统一性：同一职业类别中，劳动条件、工作对象、生产工具和操作内容相似或相同。这种环境的统一性促使人们形成一致的行为模式、语言习惯和道德规范，进而形成行业工会等组织。

② 多样性：不同职业之间存在显著差异，包括劳动条件、工作对象和工作性质等。随着社会进步和经济体制变革，新的职业不断出现，职业间的差异也在不断变化。

③ 等级性：尽管职业本身无高低贵贱之分，但现实中由于职业素质要求和公众评价的差异，职业形成了不同的层次，这些层次通常由工作责任、社会声望和权力地位等因素决定。

④ 时代性：职业具有时代特征，不同时期有不同的热门职业。从我国的"当兵热""从政热""高考热"到"考研热"，再到"出国热""外企热"和"公务员热"，这些都反映了特定时期人们对某些职业的偏好。

2. 职业的要素

① 职业名称：职业的标识特征，通常由社会通用的名称来定义。

② 职业主体：从事特定社会分工活动的劳动者，必须具备从事该职业所

需的资格和能力。

③ **职业客体**：职业活动涉及的工作对象、内容、劳动方式和工作场所等。

④ **职业报酬**：通过职业活动获得的各种形式的报酬。

⑤ **职业技术**：劳动者在职业活动中运用的自然技术、社会技术与思维技术的总和。

三、职业的含义

自 21 世纪初以来，世界经历了令人眼花缭乱的变革：新技术信息每两年翻倍，意味着大学生们在大一时学到的知识到大三时可能有一半已经过时；美国《纽约时报》一周内所包含的信息量，相当于 18 世纪人们一生所获取的信息总量。这些变化对职业产生了深远的影响。

互联网浪潮席卷全球，互联网技术及其应用逐渐影响和改变了人们的社会生活，尤其是消费习惯。此外，互联网思维加速改变了产业结构和企业经营模式。特别是自 2010 年以来，社会从 PC 互联网时代过渡到移动互联网时代，更多的人开始接触、使用互联网并对其服务形成依赖。这些变化令人应接不暇，冲击着人们对社会的认知，也改变着职业结构及人们对职业的看法。

职业是指人们在社会生活中所从事的、以获得物质报酬作为主要生活来源并能满足自己精神需求的、在社会分工中具有专门技能的工作。它是对特征相同或相似的一类工作的统称，以国家的职业分类大典为标准。

1958 年，联合国正式颁布了《国际标准职业分类》，将职业分为 9 个大类、83 个中类、284 个小类、1506 个细类。目前许多国家都根据该职业分类编制出符合本国国情的职业分类词典。

1999 年，我国劳动和社会保障部组织制定了《中华人民共和国职业分类大典》，区分了三大产业。2015 年 7 月 29 日，国家职业分类大典修订工作委员会审议并颁布了新版《中华人民共和国职业分类大典》。2022 年 9 月，人社部发布了《中华人民共和国职业分类大典》（2022 年版）。2022 年新版大典包括大类 8 个、中类 79 个、小类 449 个、细类（职业）1636 个。与 2015 年版大典相比，增加了法律事务及辅助人员等 4 个中类，数字技术工程技术人员等 15 个小类，碳汇计量评估师等 155 个职业（含 2015 年版大典颁布后发布的新职业）。新版大典适应我国经济社会发展和人力资源管理的新需要，在分类上更加科学规范，内容上更加准确完整，全面客观地反映了现阶段我国社会的职业构成、内涵、特点和发展规律，标志着我国职业分类管理工作进入了一个新的发展阶段。

对大多数成年人来说，职业通常意味着一种特定的生活方式，因为生活方式是由工作性质决定的。公司职员一般朝九晚五，收入水平处于社会中等偏上，但可能经常加班，节假日无法保证休息，工作稳定性较差；公务员工作时间固定、加班较少，收入水平中等，但工作稳定、福利待遇较好；中小学老师的工资虽然不高，但享有寒暑假、生活稳定，社会地位和生活质量也较高；新闻采编人员的工作时间难以界定，生活也自然受到影响，按时上下班通常是一种奢望；软件工程师只要有电脑就可以工作，上下班时间相对自由。选择了一种职业，也就选择了相应的生活方式。

人们的生活经历深刻影响着他们对职业的看法。在农村长大的孩子，目睹父母辛勤劳作却收获甚微，很早就将"农民"视为"不理想的职业"；许多孩童从小立志通过高考"逃离农村"，而城市里的孩子们则常被灌输"不好好学习，未来只能从事低薪工作"的观念，这让他们在童年就对某些职业产生了偏见。他们认为，只要考上大学，就能摆脱这些"不理想"的工作，因此对大学充满憧憬。

生活环境同样塑造了人们对职业的期望。由于幼儿园教师多为女性，男孩们很少将此作为未来职业选择，这反映了社会对职业性别角色的刻板印象。而那些父母是教师的孩子，往往立志成为教师。小区收废品的外来工人因衣着简陋、常受轻视，孩子们便不会将此作为自己的未来职业选择。这些现象都与职业的社会地位认知有关。

2008年金融危机前，外企是大学毕业生的首选，但危机过后，国有大中型企业及事业单位因提供较高的职业安全感和稳定的收入而受到年轻人的青睐，这显示了更为成熟或实际的职业选择。近年来，越来越多的大学生热衷于考公务员、出国留学等，这是基于对职业收入、社会认可、稳定性及未来发展潜力的综合考量。

上述例子中，学生们都是基于自己所见所闻对职业进行片面的理解，大多数判断都存在偏差。如果仅凭这些认识去选择工作，可能会产生心理落差，甚至极度不满。为了避免这种认知偏差导致的职业选择错误，大学生在选择职业时需要全面、系统地了解各种职业，尤其是自己感兴趣的领域，并根据自身情况分析是否适合从事该职业。

2009年5月5日，《北京青年报》报道了一则"世界上最好的工作"的新闻："在碧海中潜水喂鱼，居住在海景豪华别墅，领取丰厚月薪……自年初起，澳大利亚昆士兰旅游局向全球招募大堡礁看护员，这份被誉为'世界上最好的工作'吸引了3万人报名。经过激烈角逐，16名候选人进入面试。目前，包括两名中国选手在内的候选人已抵达大堡礁，他们将参与最终的比拼，期待成为 5 月 6 日的胜出者。"

然而，仅 40 天后，新华网报道了题为"世界最好工作——澳大利亚大堡礁岛主仍多怨言"的新闻："澳大利亚大堡礁守岛人、英国公民本·索撒尔在接受英国《太阳报》采访时透露，自己在大堡礁生活后，会怀念在英国的日子。他表示，尽管大堡礁位于热带，但白天时间短，晚上八点天就黑了。他还提到，大堡礁的炎热天气并不适合烧烤。一些英国媒体评论称，索撒尔变成了一个'不断抱怨的人'。"这种巨大反差值得我们深思。

对于何为好工作，每个人都有不同的答案。我们首先应该明确自己心中的好工作是什么。

随着科技的发展，特别是互联网技术的迅猛进步及其应用，职业形态正在经历巨大变革。美国哈佛大学教授弗兰克和理查德（Frank Levy、Richard Murnane）于 2010 年发表了题为"与机器人共舞"的研究报告，研究了近半个世纪美国社会中工作机会的变化，结果发现那些非弹性的工作消失得最快。

该报告将工作分为五大类：

① 信息处理：获取或解读信息，用于解决问题和决策。

② 解决弹性问题：例如，医生诊断病情、厨师设计菜谱。

③ 弹性手工：难以规范化的劳动工作，如卡车司机。

④ 非弹性手工：有一定规律可循的劳动工作，如生产线上的包装工作。

⑤ 非弹性认知：有一定规律可循的认知工作，如计算税收。

研究发现：过去半个世纪（1960—2009 年），前三类工作的需求不断增长，后两类则在快速减少。报告认为，人类心智的优势在于"弹性"——能够处理、整合不同信息并作出判断，无论是分析财报还是品尝味道，都是如此。计算机的优势则在于速度和准确性，而非弹性。

随着电脑的不断升级，在所有可标准化、流程化、逻辑化、规律化的领域，人力将逐渐被取代。与此同时，知识将变得越来越重要。

根据我国的相关政策，目前在读大学生的未来退休年龄将延长，职业生涯可能长达 40 年甚至更久。因此，上述趋势提醒同学们要关注职业变化，了解哪些职业领域的人才需求将会增加、哪些正在减少，以及这些领域与自己所学专业及未来职业的相关性。

在我们生活的时代，"成功"是一个耀眼的词汇。成功意味着许多美好的事物：名誉、地位、金钱、利益，还有人们追求的自我成就感。因此，同学们都渴望成功，没有人愿意过平庸的生活，也没有人愿意过缺乏价值感的生活，尤其是那些经过努力考上大学的同学们。

职业是我们大多数人自立于社会的方式，也是大多数人实现成功的重要途径。然而，每个人在选择职业时会受到社会环境、个人兴趣、家庭期望等多种因素的影响，在大学时期尽早了解职业的内涵，对同学们选择适合自己的职业非常有帮助。通过信息查询和课堂交流，许多同学发现了自己向往的职业存在不足之处，也有同学发现了所学专业对应工作的优点。

有人说，人一生都在寻找三样东西：一是"它"，你的事业或职业；二是"他"或"她"，你的伴侣；三是自己。从我们之前对职业生涯规划的介绍中可以得知：职业生涯规划能够引导我们进行自我认知和职业探索，即帮助我们找到人生最重要的三样东西中的两样。

四、大学专业与职业选择的关联

职业探索包含多个维度。大学生首先关心的通常是所学专业与未来职业的联系。高考结束后，考生们开始填报志愿时，高校招生部门常常接到众多家长的咨询电话，询问"哪个专业更佳"，他们通常会提及孩子的高考成绩，却很少提及孩子的兴趣和特长。现实中，高中毕业生通常首先根据分数选择顶尖大学，然后在可能被录取的大学中挑选最热门的专业。至于学好该专业需要满足哪些条件，似乎很少有人关心。因此，基于个人兴趣和爱好选择专业的学生并不多，其中一些人甚至并不真正了解自己选择的专业，进入大学后才发现选错了方向。

《中国教育报》在 2015 年 5 月发表的一篇文章《"学非所愿"的根源何在?》也探讨了这一现象：

《中国教育报》的一位记者曾经接到几位朋友的电话，希望就孩子如何选择专业提供建议。当记者询问孩子的爱好和兴趣时，有的家长回答："孩子没有特别的爱好，也没有什么兴趣。"这种回答在一定程度上具有代表性。在记者看来，比"学非所愿"更令人担忧的是"学无所爱"。如果学生不仅对所学专业不感兴趣，而且对其他专业也提不起兴趣，那么即使转专业也是无济于事，对这些学生来说，无论选择哪个专业都是"学非所愿"。

因此，记者认为，"学非所愿"的问题虽然在高等教育阶段显现得更为集中，但问题的根源主要在基础教育阶段。现在的一些中小学生，虽然知识掌握得更多，课程学习得更广，考试分数更高，但宝贵的爱好和兴趣却逐渐消失。

实际上，幼儿园的孩子们通常好奇心旺盛，兴趣广泛。但随着小学学业负担的加重，个人兴趣开始逐渐减少，许多学生到了中学几乎就没有什么兴趣了，因为他们几乎把所有精力都投入到了应试中。尽管随着年龄的增长，人的兴趣可能会衰减或转移，但优秀的教育应当能够维持并增强人内心的求知欲和好奇心。然而，如果我们的基础教育违背了人的成长规律，过分重视分数而忽视了人的发展，就可能会消磨学生的兴趣，透支学生的未来。

对于"为什么我们的教育总是培养不出杰出人才"这一著名的"钱学森之问"，许多人试图解答，但有些人的建议却令人惊讶。例如，有人主张孩子在幼儿阶段就应该学习奥数、做习题、背古诗，认为这是培养未来杰出人才的良策。然而，正是这种违背教育规律的学习方式耗尽了孩子的兴趣和好奇心，这种超前、过度的教育方式，恰恰是培养不出杰出人才的关键原因。

常言道："男怕入错行，女怕嫁错郎。"这句话反映的是旧社会女性无法进入职场的社会背景。在当今社会，无论男女，都害怕选择错误的行业。选择专业在某种程度上等同于选择行业和职业道路。如果一个人能够将兴趣和爱好与所学专业相结合，就能在积极的投入中充分发掘潜能，通常能在所从事的领域中表现出色。因此，那些喜欢自己专业的学生是非常幸运的，但仍需进一步探索自己真正的职业兴趣。

实际上，高校开设的专业并不对应单一的职业，而是一系列相关的职业，甚至是一个职业群体。例如，目前热门的计算机专业，毕业生既可以从事编程、网络维护等技术工作（职业兴趣为 RA 或 RI），也可以从事技术支持（职业兴趣为 RS）、网络编辑（职业兴趣为 RI）、互联网企业管理（职业兴趣为 RE）等职业。再比如，机械工程专业的学生，根据不同的职业兴趣倾向和能力结构，毕业后既适合担任机械工程方面的设计工程师（职业兴趣为 RA 或 RI）、技术支持工程师（职业兴趣为 RS 或 SR），也适合担任机械工程企业的销售人员（职业兴趣为 RE 或 ER）。具体从事哪种职业，一方面取决于学生的职业兴趣，另一方面取决于学生所具备的职业素质和能力。

因此，在明确了自己的职业兴趣后，学生还需要了解自己毕业后希望从事的职业，以及用人单位对新员工的素质能力要求。对于那些不太喜欢本专业的学生，最好根据希望从事的职业的任职要求来对照自己的差距，以此判断自己是否能在未来几年通过努力满足那些要求。

了解了自己所希望从事职业的发展轨迹后，学生可以明确自己未来的发展方向，能够清楚地认识到自己未来职业发展的各个阶段，既不会在刚入职时设定过高的期望，也不会因为暂时的停滞而感到沮丧或郁闷，而且可以在一定范围内调整自己的职业发展方向。

第二节　职业信息探索

我们生活在一个信息爆炸的时代，职业信息不断涌现。获取这些信息虽然需要投入时间和精力，但对大学生来说，它们对于职业选择的成功至关重要。正如一句名言所言："你的选择是否明智，取决于你所掌握的信息。"因此，挑选恰当的途径来了解职业信息显得尤为关键。在对职业进行初步探索后，还需搜集和分析关于不同职业前景的数据。职业信息的获取途径多种多样，从书籍到实际工作经验中，都可以获得丰富的职业信息。

对于刚踏入大学校门的新生来说，未来将如何选择职业呢？哪些职业能引起你的兴趣？哪些职业适合你？哪些职业能成为你的事业？这就需要同学们在做出选择前，对职业信息进行深入的了解，真正理解职业名称背后的含义，否则你可能只是在追逐一个想象中的概念。

一、职业信息的构成

1. 工作环境

工作环境指的是从事特定职业的人员在工作期间所处的场所，例如工厂操作工在车间工作，文职人员在办公室工作，建筑工人在工地工作等。工作环境还包括工作地点，比如是在城市还是乡村。

2. 企业文化

企业文化，又称为组织文化，是一个组织由其价值观、符号、行为方式等构成的独特文化形象。企业文化代表了企业成员共同认同的理念，适应和融入企业文化是职业成功的关键。

3. 岗位职责

岗位职责涉及一个岗位所需完成的工作内容以及应承担的责任范围。岗位是为完成特定任务而设立的，由工种、职务、职称和等级构成。职责则是职务与责任的结合，包括授权范围和相应的责任两部分。

4. 薪酬待遇

薪酬待遇是企业或公司给予员工的报酬以及对有贡献员工的奖励。薪酬待遇是每个员工都关心的问题，也是提高员工满意度的关键因素之一。薪酬主要包括工资、奖金、津贴、保险和福利，待遇则包括休假制度、培训制度等。

5. 晋升制度

晋升制度涵盖了职位和薪资的提升。员工晋升分为三种类型：

① 职位和薪资同时提升；

② 职位提升，薪资不变；

③ 职位不变，薪资提升。

6. 商业模式

商业模式是指企业通过何种方式或途径来盈利。例如，快递公司通过收发快递赚钱，网络公司通过点击率赚钱，通信公司通过收取话费赚钱等。

7. 职业声望

职业声望反映了人们对某种职业社会地位高低的看法，是社会舆论对一种职业的评价。广义的职业评价包括该职业的收入水平、晋升机会以及对社会的贡献等因素。职业地位是由不同职业所拥有的社会地位资源决定的，但通常通过职业声望来体现。没有职业地位，职业声望无从谈起；没有职业声望，职业地位也无法确定和显现。人们通过职业声望调查来判断职业地位的高低。

8. 职业信息可归纳为"6W1H"

"6W1H"即做什么（What）、为什么（Why）、用谁（Who）、何时（When）、在哪里（Where）、为谁（for Whom）及如何做（How）。这"6W1H"基本上涵盖了职业信息的核心内容。

① 做什么（What）指的是所从事的工作活动。主要包括：

任职者需要完成哪些工作活动？

任职者的工作活动会产生哪些结果或产品？

任职者的工作结果需要达到什么样的标准？

② 为什么（Why）表示任职者的工作目的，即这项工作在组织中的作用。主要包括：

进行这项工作的目的是什么？

这项工作与组织中的其他工作有何联系？对其他工作有何影响？

③ 用谁（Who）是对从事某项工作的人的要求。主要包括：

从事这项工作的人需要具备什么样的身体条件？

从事这项工作的人必须掌握哪些知识和技能？

从事这项工作的人至少需要接受哪些教育和培训？

从事这项工作的人至少应具备哪些经验？

从事这项工作的人在性格特征上应具备哪些特点？

从事这项工作的人在其他方面应具备哪些条件？

④ 何时（When）表示在何时进行各项工作活动。主要包括：

哪些工作活动有固定时间？在何时进行？

哪些工作活动是每日必须完成的？

哪些工作活动是每周必须完成的？

哪些工作活动是每月必须完成的？

⑤ 在哪里（Where）表示从事工作活动的场所。主要包括：

工作的自然环境，包括地点（室内与户外）、温度、光线、噪声、安全条件等。

工作的社会环境，包括工作所处的文化环境（如跨文化环境）、工作群体中的人数、完成工作所要求的人际交往的数量和程度、环境的稳定性等。

⑥ 为谁（for Whom）指的是在工作中与哪些人建立联系，建立何种联系。主要包括：

工作需要向谁汇报和请示？

向谁提供信息或工作结果？

可以指挥和监督哪些人？

需要指导哪些人？

⑦ 如何做（How）指的是任职者如何进行工作活动以达到预期结果。主要包括：

进行工作活动的一般流程是怎样的？

工作中需要使用哪些工具？操作哪些机器设备？

工作中涉及哪些文件和记录？

工作中应重点控制哪些环节？

二、职业信息的分类方式

职业信息繁多复杂，通过分类处理或筛选，可以初步构建大学生的职业信息库。这个信息库有助于大学生在求职时迅速做出决策，从而成功就业。因此，大学生需要掌握职业信息的分类和筛选技巧，以便高效利用这些信息来规划未来。大学生可以根据个人需求，采用多种方式对职业信息进行分类。分类方法多种多样，包括职能分类法、职业兴趣分类法、专业分类法（依据职业信息的专业匹配度分类）、工作地点分类法、时间分类法（依据时间顺序分类）等。以下介绍常用的两种分类方法。

1. 职能分类法

职业信息的职能分类法是依据职业的主要职能属性对信息进行归类。采用此法，首先需选定一个"职能分类表"，例如职业搜索引擎提供的11项大职能和29项小职能分类表。接着，将收集到的职业信息根据其主要职能归入"职能分类表"中相应的类别。对大学生而言，由于受到所学专业、兴趣爱好和个人技能的限制，通常不会选择整个职能分类表作为择业范围，而是从中挑选与个人情况最相符的几个职能。经过一段时间的信息搜集和更新，利用职能分类法构建的职业信息库就基本完成了。

2. 职业兴趣分类法

职业兴趣分类法是基于霍兰德职业兴趣理论和金树人等人的职业分类研究而发展起来的。大学生可以从自己的霍兰德兴趣类型出发，在人与事物、资料与概念两个维度上对职业信息进行分类。首先，我们建立一个六边形——四象限坐标图，然后根据具体职业在人与事物、资料与概念两个维度上的分布，将搜集到的职业信息归入 a、b、c、d 四个象限。最后，根据个人的职业兴趣分布，我们可以对四个象限进行相关性排序，从而得出职业信息的相关性序列。这种方法使大学生能够根据职业兴趣管理和更新职业信息，便于对感兴趣的职业信息进行深入挖掘和整理。

三、获取职业信息的途径

职业信息的获取途径，依据求职者参与程度的不同，可以分为四类：静态资料的接触、动态资料的接收、模拟情境的参与和真实情境的参与。

（一）静态资料的接触

1. 出版物

通过出版物获取职业信息的途径包括：文学作品、专业书籍、报纸（报道与招聘广告）、期刊、名人传记、行业协会的报告、社会调查报告、论文等。在你的成长历程中，是否有一本书给你留下了深刻的印象，甚至影响了你未来的职业选择？20 世纪 70 年代出生的人可能还记得三毛，她的作品在许多人的心中种下了旅游、自由职业的梦想。许多文学作品或人物传记都具有这样的魅力，你不仅可以从中了解一种职业是什么，还能看到相关从业者的特质和他们的从业历程。但不可否认的是，在文学作品和名人传记中，艺术色彩可能会对职业信息的客观性产生影响，例如警察或侦探故事通常强调危险和动作，而可能忽略了工作中的常规方面，如调查和书写报告等。此外，在文学作品中，专业性职业往往被过分强调，而技能性、半技能性、文书类和服务类行业则鲜少被提及。这些都是你在通过这种途径收集信息时需要留意的地方。

2. 视听资料

视听资料包括电影、录像以及各类相关的电视节目等。在媒体高度发达的时代，利用影视媒体来丰富自己对劳动力市场的了解，加强对各种技能的学习，并启发个人创业的思路，这是职业信息探索的重要途径。从电视节目方面来看，关注就业创业问题、职场发展问题的栏目越来越多，提供的角度和机会也越来越多。电影所反映的不仅仅是一种职业，更多的是主人公对职业的情感。在这种情感的引导下，你会对他的职业意义产生新的认识。

3. 行业展览会和人才交流会

在一些行业展览会和人才交流会上，你可以获取许多企业和工作的具体情况。每年都会举办许多的行业展览会，供企业向社会宣传自己生产的产品。通过这样的展览会，你可以了解相关行业的一些信息，同时也可以对同行业不同公司之间的状况进行比较。例如，公司规模的大小、具体的产品特点、人员状况、品牌文化等。

此外，每年也会举办许多的人才交流会。你可以直接从中获得用人单位的招聘信息，也可以通过这样的交流会来判断人才市场的状况。同时，你也可以通过这样的机会和各公司的招聘人员直接对话。因此，人才交流会不只是在求职时才光顾的地方，它也可以成为你了解人才市场需求的重要途径。

4. 网络

在大学期间，可以通过互联网搜索招聘广告，了解一些职位对任职者的要求。

各类招聘广告中都有较为简洁的职位说明及相应的任职资格要求。任职资格要求是根据组织特点、工作内容及职位说明书提炼出来的对各个岗位任职人员的素质、能力、经验等的要求，是用人单位在长期的人力资源管理实践中总结出来的。对于缺乏工作经验的大学生来说，了解各类职业的素质要求尤为重要，因为工作能力更多的是在工作中培养和锻炼的，而工作经验更是只能通过实践来积累。很多知名跨国公司在招聘应届大学毕业生时，重点考核的也是个人的素质。有些职业需要专门的资格证书才能上岗，这更需要大学生尽早了解，以便提前考证。

5. 机构

大学生可以了解一些提供职业信息的机构，如学校、政府和相关的公司等。高校都有自己的就业指导中心，为学生和社会各界提供就业服务，如提供招聘信息、宣传政策法规、给予就业辅导等。

近年来各地都会组织针对高校应届毕业生的招聘会，很多用人单位的招聘会就在大学校园中举办。这些招聘会大都是向所有在校生开放的，建议同学们在大三甚至大二期间参加招聘会体验一下，看看用人单位对职位有什么要求，如果能够趁招聘者不忙时聊几句，听听他们对应届毕业生的具体要求，收获会更大。此外，一些专门的职业咨询公司，例如北森，一般都会提供面对面的个人职业咨询服务，这是比较深度的职业信息获取方法。

（二）动态资料的接收

1. 专业俱乐部

提到俱乐部，我们通常首先想到的是各种体育竞技俱乐部，比如足球俱乐部、羽毛球俱乐部等。但是，随着经济的发展和信息交流开放形式的需要，各种非体育类的职业俱乐部也应运而生，如"行政秘书俱乐部"等。目前的职业、培训俱乐部所跨的行业非常广泛，有个人倡导的，也有某些机构发起的，如"环保工程师俱乐部""中国广告俱乐部"等。这些俱乐部可以提供专业技术和培训，扩展同行间的人际交流与合作，还可以开办相关讲座等。各种俱乐部都会有相应的行业最新信息和动态通报，也会有俱乐部自己的论坛。在搜索劳动力市场信息的过程中，如果可以根据自己的需要进行探询，相信会有不少收获。因此，在搜寻劳动力市场信息时，各种职业、培训俱乐部的信息是不可忽视的。

2. 专业协会/学会

专业协会与学会是由专业人员组成的、具有公益性和学术性的社会团体。专业学会可以从参与人数的多少、会员的来源及所包含的专业广度分为国际性专业学会、国家级专业学会和地区性专业学会。通常，在各专业学会之下，还有更具体的分会，如中国心理学会下属的发展心理学专业委员会、教育心理学专业委员会、心理测量专业委员会等。通过专业学会，不仅可以对不同行业的信息有比较专门化的了解，还可以获取一个学科或者行业的比较全面的信息。此外专业学会也是专业同行之间彼此沟通信息的桥梁。

3. 相关人物访谈

通常是找一位以上从事相关职业的资深人员或工作3年以上的工作者进行访谈。在进行职业探索时，与别人谈论他们的工作是一种很好的方法。这种获取工作信息的方式有很多好处：通过与从事相关行业的人员的交流，可以检验以前通过其他方式所获取的信息是否正确、及时，还能够了解到人们对于自己工作有什么样的感受，而这些信息是在其他职业信息文献里找不到的。如果是在人们工作的地方和他们进行交流，则能够直观地获取他们工作的信息和了解他们的工作环境，这也是其他方式所达不到的。并且，还可以和自己感兴趣的领域内的从业人员建立个人联系，而这样的联系在以后求职时有可能助你一臂之力。

另一方面，访谈对象的经历和感受在该行业中可能并不具有典型性或代表性，也可能过于主观，这样得来的信息有可能比通过别的渠道得到的信息更片面或偏激。你可以通过采访同一行业内的不同人员来弥补这一不足，还可以通过查询其他渠道的信息来进行验证。求职者在采用这一方法进行职业探索时应了解此方法的利弊。

求职者要克服在进行人物访谈时的紧张和畏难情绪，需要确认有哪些人是可以采访的，可以先从熟悉的人开始。

（三）参与模拟情境

参与模拟情境的主要方法是角色扮演。如果你想从事一份从未接触过的工作，虽然你收集了大量的相关信息，但还是不能确定这是一份什么样的工作、它将带给你何种感受，你可以尝试角色扮演。角色扮演可以带给我们比较真实的工作中的感受，从认知层面加深我们对工作的了解。

（四）参与真实情境

1. 直接观察

学生可以去工作场所直接观察他所感兴趣的工作。通常，接受参观的企业或机构会有一名联系人，向来访者介绍自己所从事的工作或所在的机构等。现场观察的时间有长有短，一般来说是几个小时至一天。它使个人有机会去熟悉、观察工作，亲眼看一下实际生活中的工作是什么样子的，并因此结识业内人士。

2. 直接工作经验

当然，最直接有效的方式就是亲自参与实践，实际了解具体行业和职业中的酸甜苦辣，但这不一定要通过正式工作才可以这样做，比如实习、兼职以及参加志愿活动都是很好的实践方法。通过这些活动，个人不仅能对实际工作有第一手的认识，并且还能增加工作经验、结识业内人士，为以后正式求职作好准备。

总之，对职业世界进行探索是职业生涯规划的关键步骤。大学期间，同学们可以通过多种方式了解自己感兴趣的各种职业的信息，对照各种职业对任职者的要求和自身的个性特征，确定适合自己的专业方向。希望同学们通过多元化的职业探索，全面了解自己感兴趣的职业的情况，以便及早确定自身职业目标，根据理想职业的要求提升自己的能力与素质。

第三节　职业环境探索

职业环境指的是某职业在社会大环境中的发展状况、技术含量、社会地位、未来发展趋势等方面。进行职业环境分析的目的是，通过分析了解职业环境对职业发展的需求、影响和作用，对各种影响因素进行衡量、评估并作出相应的反应。

我们每个人都是在一定的社会环境中生存和成长的，离开了社会环境，我们便无法生存和成长。人的职业发展必须以社会的发展和需求为前提。

大学生在进行职业生涯规划和职业选择时，必须充分认识到社会环境对职业生涯的影响。要分析社会环境的基本特点，了解社会环境的发展变化，认识在社会环境中，哪些是有利于自己未来职业发展的条件，哪些是不利的条件。

一、职业环境发展变化的新特点

在当今时代，全球化、知识化、信息化和多元化的发展趋势进一步加强，使我们每个人都面临着全新的挑战。技术的快速发展和扩散，使我们只能无奈地用"快变"和"不确定性"来形容我们所处的内外部环境。进行职业生涯规划时需要了解环境变化的特点和趋势，需要应对职业环境的复杂性和多变性。

1. 全球化

全球化是我们每个人面临的最鲜明的时代背景。"一个地球村"是当今世界流行的术语，全球化已经不再局限于经济全球化，而是渗透于我们生活中的各个方面。日本的地震与海啸使世界许多国家都感受到了核辐射的威胁，美国华尔街的金融危机使全世界爆发严重的经济危机。全球化是我们面临的最突出的时代背景，每个人的职业发展不可避免地要与国际社会经济发展变化相关联。因此，职业生涯规划要有全球化眼光，必须在这一鲜明时代背景条件下进行规划和发展。

2. 知识经济

以信息革命为代表的第三次科技革命推动世界经济由物质经济转向知识经济，经济发展动力由以资金、物质、人力为主转向以技术、信息、资金为主。技术进步在经济增长中的贡献由20世纪初的5%～20%上升到20世纪90年代的70%以上，已经在各种生产要素中上升到第一位，而且其稳定性大大提高，逐步实现了向"内部化"的转变。发达国家的经济比以往任何时候都更加依赖知识的生产、扩散和应用。此外，技术发明、创新及其转移和普及时间的缩短，加快了科技转化为生产力的速度，给全球经济发展和经济活动以及经济管理带来了革命性或非预测性的变化，也使得职业的更新变化速度越来越快。

3. 互联网时代

以互联网为核心的沟通技术给世界和我们的生活带来了革命性的变化，互联网改变了或正在改变我们的生活方式和工作方式，这又是职业生涯必须面对的时代特征。互联网几乎影响了所有人群、所有领域，不断改变人们的生活、工作、学习、娱乐方式，改变人们的思维方式。由于互联网跨地区、跨领域，超越了时间、空间的限制，打破了国家和地区有形和无形的壁垒，首次将人类引领到了全球性的资源共享社区和"自由贸易区"。互联网时代，人人都可以是媒体人，人人都可以在互联网自由发表意见，互联网信息传播的透明性、及时性以及高效的传播速度，使建立公开、透明、公平、公正的公民社会成为一种必然。电子商务更是通过促进买者和卖者直接发生交易，减少中间环节、缩短交易时间、降低经营成本、减少资源浪费、扩大经营范围，营造了面向全球的网上商贸环境，电子数据的交换已经开始取代传统的直接贸易方式。在网络时代，人们面对最大的资源——知识和人力资本，可谓唾手可得。我们必须清楚地认识到，人力资本将主导 21 世纪经济的舞台。地球未来的变革，就发生在你的眼前、你的身边。不管你现在的工作和收入与互联网有没有关系，你都必须意识到这场历史性变革。

4. 文化的多元化

随着经济全球化和通信及交通技术的进一步发展，当今世界不同地区、不同文化、不同种族、不同宗教信仰的人们交往日益频繁，多元文化的相互学习、相互融合与冲突并存，这是当今世界又一鲜明的时代特点。作为个人来说，我们的就业环境是复杂的，这就要求我们改变原来的思维方式，承认差异，同时不带任何歧视，学会与各种文化有效沟通、和睦相处。要在文化多元化的环境中生活、工作和发展，就必须学会适应文化多元化的工作环境。

5. 二元经济结构与经济转型

在当今世界的发展背景下，中国的职业人面临的时代背景不仅是多元化的，更是复杂的。中国目前还是一个发展中国家，具有典型的二元经济结构特征，一方面存在着以城市工业为代表的现代经济部门，另一方面存在着以手工劳动为特征的传统农业部门，还未实现完全的工业化和城市化。

从现阶段中国社会发展的实际来看，国家正在经历多方面的社会转型过程，其中最主要的，正是经济社会形态和技术社会形态这两个不同视角内的双重转型。一方面，从经济社会形态的视角看，中国正在经历社会主义社会的模式转换，即从原有的苏联计划经济模式的社会主义转换为中国特色的市场经济社会主义。另一方面，从技术社会形态的视角看，中国社会则正在经历另一种意义的社会转型，即由农业社会向工业社会的转型。通常所谓从"传统社会"向"现代社会"的转型，亦即社会现代化。从世界范围看，工业社会的前锋已经开始向信息社会过渡。从总体上看，中国社会所面临的任务首先仍是继续完成由农业社会向工业社会的转型。

两个不同视角内的社会转型，同时并存于当代中国社会发展的实践中。与这两种转型并存的是，目前存在着两种职业评价体系：一种是体制内的职业发展与评价体系，如行政事业单位、国有企业等，在注重个人业务能力的同时，更注重政治面貌、学历职称等；另一种是个体、民营、外企等体制外的职业发展与评价体系，更注重能力、实力和业绩的评价。由于二元经济结构和两种职业评价体系的存在，中国的职业人员必须具备在不同体制和机制条件下生存与发展的本领。

6. 绿色经济与低碳生活

发展低碳环保的绿色经济将代表中国经济形态未来发展的方向，包含循环经济、低碳经济和生态经济。其中循环经济主要是解决环境污染问题，低碳经济主要是针对能源结构和温室气体减排而言，生态经济主要是指向生态系统（如草原、森林、海洋、湿地等）的恢复、利用和发展（如发展生态农业等）。

毋庸置疑，调整经济结构、发展低碳经济，将对我们每个人的职业生涯产生深远和深刻的影响，将为大学生毕业提供更多的就业岗位，并对高校专业设置、人才培养方向产生深远影响。2010年以来，许多大学毕业生发现越来越多的"绿色岗位"摆在了面前，绿色建筑师、城市规划师、资源回收商、可持续发展智能软件开发者等绿色就业行业风生水起，使大学生的就业空间更广阔。因此，职业生涯规划要面向未来，适应绿色经济发展的要求，才能占得先机、拥有未来。

7. 和谐社会与和谐世界

和谐是当今社会发展的主旋律，和谐的发展观为社会、企业和个人的发展提供了一个崭新的思路。对企业来说，在市场竞争日益激烈的情况下，企业耗费很大的人力、物力、财力才有可能获得竞争的胜利，胜利的结果通常不是丰厚的利润，相反还有可能是巨额的亏损。在疲于应对外部竞争的同时，企业的领导者还不得不应对企业内部员工的竞争，平息员工的不满，消除怠工和懒惰。对个人来说，在事业上取得辉煌成就的成功者并不一定幸福快乐，职场人士频繁跳槽、收入增加却又心力交瘁的现象十分常见。对世界来说，经济增长了，社会发展了，但并没有摆脱贫困、战争和不公平。因此，构建和谐社会，推动世界和谐将是世界发展的新潮流，实现个人心理和谐、家庭和谐、组织内部和谐将是个人职业管理的一项重要内容。

8. 劳动者身份和角色正在由劳动成本向人力资产发展

传统的经济和管理理论都把劳动视为一种成本，必须加以控制，甚至由于劳动不能和其人性动机以及意识分离，必须加以激励，确保他们会为目标投入技能。此外，由于劳动者也把自己的利益和能力带入组织，组织必须防止他们借由组成维护自己权益的工会或其他组织来展现他们的力量。

而人力资本、知识导向的观点则认为，劳动者是创造组织价值的人力资产。员工一旦加入并留在这个组织，就如同对自身人力资本进行风险投资。借助持续学习与发展的机会，他们的人力资本会随之深化与扩张。由于员工有着工作之外的兴趣和义务——针对他们的职业、家庭、社区，他们自身不可能也不希望将全部精力都贡献给组织，因此，必须整合工作与个人生活。员工对工作也有很多期望，在他们看来，在很多重要的事情上拥有影响力和发言权是十分重要的。同时，雇主可以适度要求员工为公司长期的生存与绩效贡献力量，因此，组织必须采取同时满足组织和个人利益以及期望的方式雇用员工。我们每一个职场人士应该了解这一变化，准确定位自己的角色，发挥应有的建设性作用。

9. 工作模式正在向知识导向模式转变

现在的工作体系正由工业模式演变为知识导向模式，模糊了管理者与非管理者之间的工作界限。在知识导向的经济中，企业的经营充满弹性与创意，工作者必须开展合作，从事多元、以项目为导向的工作，唯有让工作者运用并深化他们的知识和技能，才能达到高水平的绩效。因此，企业强调分散的团队之间的横向合作关系（无论是内部或外部），以及团队、跨职能的任务小组、跨组织的联盟和网络的协调作用。因此，个人的职业发展必须建立在终身学习、不断提高自己知识水平的基础上，这样在职业发展过程中才更有竞争力，更能适应知识导向模式的要求。

二、社会——职业环境的根基

同学们可能常常听到这样一句话：大学毕业后就要离开校园、步入社会了，环境将不再那么单纯，这使得同学们对踏入社会既感到好奇又充满忧虑。

社会与校园相对，是一个综合而广泛的概念，可以理解为以职场为核心，向外扩散的各种社会关系，其复杂性是与校园环境相比而言的。

那么，社会是什么呢？实际上，同学们从幼年起就生活在社会之中，正是周围的社会帮助你认识这个世界。

父母和家庭其他成员、亲戚朋友构成了每个人最早接触的社会环境。父母的性格、教育背景及其职业、他们对子女的期望和对周围事物的看法等，让每个孩子对社会有了初步的理解。每个人从小接触的亲戚朋友、幼儿园的伙伴、中小学的同学，也构成了身边社会的重要部分。

社会是分层次的。一个人所在的国家，其文化传统、政治制度、经济发展状况、居民人文素养、法律环境、社会习俗等构成了基本的社会环境。

我国幅员辽阔、人口众多，各地在地理环境、气候状况、文化习俗及经济发展水平等方面都存在差异，这些差异影响着生活在其中的每个人。例如：尽管春节是全国性的传统节日，北方地区腊月二十三过小年，南方地区则是腊月二十四过小年；大年初一，北方地区全家人围坐一起包饺子，所谓"好吃不如饺子"，南方地区则必吃年糕，所谓"年年高升"。在深受"学而优则仕"观念影响的地区，人们眼中的成功人士是大学毕业后留在机关里，年纪轻轻就被提拔为处级干部；而在广州、温州等市场经济发达地区，成功的标准是拥有自己的产业、成为老板。

随着全球经济一体化的加速，我们需要用全球化的视角来看待和思考问题。一位英国心理学家编写的、在世界各国广泛使用的心理测试问卷中有一题："你出门时通常会带伞吗？"参考答案是：回答"会"的人被认为生活态度消极，经常担心天气不好；回答"不会"的人被认为生活态度积极，总是认为天气宜人。然而，这道题的背景是英国作为岛国四季多雨，而生活在气候干燥的北方地区的中国人可能会感到困惑："没事出门带伞干吗呢？"学习英语时，常常会读到人们谈论天气的段落，没有当地的生活经验，很难真正理解。

许多大学生认为社会与自己相距甚远，实际上，我们自身就是社会的一部分，因为"有人的地方就有社会"。社会环境是由经济发展水平、社会文化环境、社会价值观念、政治制度与氛围、家庭关系及个体对他人的了解与认识共同作用形成的，社会环境深刻地影响着职业的分类、变化及发展。因此，认识社会环境是我们了解职业的起点。大学时期是同学们开始系统地认识社会、了解自身所处的社会环境的关键时期。校园与职场虽然有很大不同，但也有许多相似之处，进入成年期的大学生应逐渐尝试更全面地了解社会。

大学时期是个人成长、价值观形成的关键阶段，大多数人离开从小生活的熟悉区域，进入新的社会环境中，并开始了相对独立的生活。大学生对社会的认识逐渐扩展、深化，开始将书本、小说中描绘的社会与身边的社会联系起来，形成了自己真正的"社会观"。这一切都在潜移默化中影响着人们对职业的理解。

社会的发展深刻地影响着人们对职业的认知与选择。新中国成立以来，经历了多个社会发展阶段，人们的观念也随之改变。例如，从"知识无用论"到"学好数理化，走遍天下都不怕"，反映了人们观念的变化。特别是改革开放以来，整个社会对职业的认知与评价发生了巨大的变化，甚至颠覆了很多影响中国几千年的传统观念。其中，最典型的例子是对商界人士的看法。封建社会形成的"士农工商"的传统排序，将从事商业经营活动视为最低等的职业，"商人重利轻别离""无奸不商"等表述代表了社会对商人的普遍道德评判。然而，随着改革开放的深入、市场经济的日益发展，"商界精英"已经成为社会对成功商业人士的一种尊称。

具体到人们对"热门职业"的认知，也经历了一系列变化：新中国成立初期"劳动最光荣"的工人，20 世纪 80 年代"科学技术是第一生产力"背景下的知识分子、全面改革开放后的商业精英及外企白领，国企改制后的公务员、互联网兴起后的 IT 工程师、2008 年金融危机后的国企及事业单位职员……近几年来，国家大力倡导创新、创业，自主创业又受到不少年轻人的追捧。进入"互联网＋"时代，人们关注的领域又有所变化。

然而，正如本书介绍的职业生涯发展理论所强调的：任何职业都有自己的匹配度要求，如果不考虑自身的特质，盲目追求热门职业，那些素质能力与职业不匹配的人就会处于尴尬的境地。

因此，作为即将成为社会经济发展主力军的大学生，非常重要的一点是独立思考，以客观、辩证、发展的视角看待社会对个人职业选择的影响及周围人的评价。职业的"好坏"因人而异，社会对职业的评判有时会受到一些偶然因素的影响。本书提供的一些思路与方法可以帮助同学们正确地认识社会、职业与职场的关系。同学们在考虑职业选择时，往往正在准备进入职场。职场所处的宏观环境就是前文所述的社会，职场的微观环境是指每个人的就业环境。在一定的（宏观）社会环境下，个人将要进入的组织（用人单位）所提供的（微观）职业环境千差万别。

对于大多数人而言，职业生涯是与其工作或服务的某个组织相联系的，因此，大学生必须了解各种组织类型及组织形态的变化。有效的职业生涯发展要求个人需要与组织需要之间相互配合。整个职业生涯中，个人和组织双方共处于一个不断变化的环境中，二者的相互匹配过程也是动态的。如果匹配过程能够有效地推进，组织与个人都能受益：组织将合理运用与开发人力资源、提高绩效和改善人际关系；个人将能较好地管理自己的职业生涯，使职业与家庭较好结合，个人才干得到有效发挥，态度与价值观得到较好实现，个人也得到较好的发展。

因此，大学生在进行职业生涯规划时，要根据自己的性格、价值观、兴趣、特长等因素，结合将要加入的组织的具体情况，了解组织类型和特点、组织文化、组织结构、该组织对全体员工及某个工作岗位上的员工所提出的工作要求，来确定能否在该企业中找到适合自己发挥才能的平台。

三、组织类型及其特征

个人在选择职业时，除了考虑社会与经济环境，还应深入了解潜在组织的内部环境。这包括以下五个方面：

1. 组织类型

组织类型通常分为五类：第一是营利性组织，它们是现代社会经济活动的核心，涵盖各种规模的工商业企业；第二是非营利组织，如红十字会、基金会等，以及近年来在我国兴起的自然之友、北京地球村环境文化中心等非政府组织；第三是政府组织，包括我国所有政府机构；第四是准政府组织，例如通常所说的财政拨款事业单位；最后是各类协会。尽管这些分类并非固定不变，但这种分类有助于快速理解工作单位的基本类型和组织文化的特征。

2. 组织实力与经营战略

需掌握组织所在行业、发展战略、战略措施、竞争实力和发展态势等信息。通常，实力强大的组织能为员工提供更广阔的职业发展空间，其发展战略与员工职业发展紧密相关。组织的发展态势——稳定或衰退，将直接影响员工职业生涯的发展速度。

3. 组织特点与人力资源评估

了解组织规模、文化、气氛、阶层结构、大学生构成、人力资源需求、规划、升迁、流动、培训政策等。这些因素对个人职业方向、路径及实现生涯目标的时间有重大影响。

4. 组织领导人分析

了解领导人的管理理念和个人能力。组织主要领导人的愿景和能力是推动组织发展的关键因素之一。对于营利性组织，企业家不仅要找到顾客群，更要创造顾客群，满足并激发顾客潜在需求。对于非营利组织，领导人的社会影响力和成就至关重要。在我国，华为、海尔、联想等公司的创始人的管理理念、个人能力和价值观对各自公司产生了深远影响。近年来，阿里巴巴、腾讯、京东商城、顺丰快递、海底捞等企业的经营特点和组织文化也与创始人的个性特征密切相关。此外，领导人是否真正关心员工个人职业发展，也是评价组织的重要因素。

5. 人力资源管理制度与工作/岗位分析

了解人事管理方案、薪酬福利、员工关系、发展政策以及工作/岗位的基本能力和要求、工作绩效评估标准等。这些信息决定了新员工是否能胜任岗位、工作是否顺利，以及员工是否能得到相应的回报和实现个人生涯规划目标。

四、组织文化

组织文化是员工职业生涯发展的文化背景，个人的成长与组织文化密切相关。组织文化是组织所倡导并由全体员工实践的价值观和行为准则，它赋予组织独特性，使其与其他组织区分开来。组织文化的核心特征包括七个方面：

① 创新与冒险：组织鼓励员工创新和冒险的程度。

② 注意细节：组织期望员工做事细致、善于分析、关注细节的程度。

③ 结果导向：组织管理人员关注结果而非实现结果的手段和过程的程度。

④ 人际导向：管理决策考虑对组织成员影响的程度。

⑤ 团队定向：组织以团队还是个人为工作单位的程度。

⑥ 进取心：员工的进取心和竞争力。

⑦ 稳定性：组织活动重视维持现状还是重视成长的程度。

组织文化起源于创建者的经营发展理念，这反过来影响员工的选拔标准。现任高级管理人员的行为为员工设定了行为标准，明确了可接受与不可接受的行为。自20世纪90年代以来，组织文化对员工行为的影响日益重要。现代组织结构趋于扁平化，引入工作团队、降低正规化程度、赋予员工更多权力，这些都需要一种强有力的组织文化。

然而，组织文化难以量化，因为它应渗透到每个员工的日常工作中，而非仅停留在标语、口号或领导讲话中。真正的组织文化体现在组织的每个角落，如楼道、电梯、食堂甚至洗手间，员工的私语或笑话才是组织文化的真实反映。应思考：你即将加入的组织文化究竟是什么？其核心价值观是什么？组织文化是组织发展和管理的关键，选择进入一个组织前，必须对其有所了解。如果组织文化与个人价值观相冲突，你可能会感到处处受限，自己的成就也得不到认可。

对大学生的建议是，在考察组织文化时，应将该组织是否为学习型组织作为重要考量。学习型组织是时代的产物。《财富》杂志报道，20 世纪 70 年代全球 500 强企业中，到 80 年代已有 1/3 消失。自 80 年代起，每年都有约 30 家企业退出 500 强。进入 21 世纪，由于科技和互联网行业的快速发展，500 强企业的排名变化更加迅速。值得注意的是，随着中国经济崛起，世界 500 强名单上中国企业的数量不断增加。2017 年，上榜《财富》500 强的中国企业达到 115 家。近年来，越来越多的应届毕业生选择加入本土企业，这不难理解。

数据显示，现代企业的平均寿命仅为 40 年，远低于人类寿命。为何如此？分析表明，一个汇集了优秀人才的组织并不一定最具竞争力，所有成员的高学历也不能保证企业成功。有研究显示，在一些组织中，尽管所有成员智商都在 120 以上，但组织的整体智商却只有 62。组织智商可能阻碍个人成长，因此，现代组织不仅需要提高员工个人素质，还需提升组织素质，使人才能在组织中充分发挥能力。这就要求组织不断学习，成为学习型组织。

组织文化的执行者是全体员工，尤其是高层管理者和各级管理人员。对于刚步入职场的大学毕业生而言，直接影响最大的是其直接上级即主管。主管对下属的鼓励和指导能促进新人快速成长和进步；而仅仅下任务和严厉批评则可能导致员工士气低落，甚至丧失对职业和工作的热情。主管的管理风格和工作中的言行也会影响其领导的工作团队。因此，大学生在确定接受第一份工作时，应充分了解未来的领导和同事。

总之，职业生涯的发展具有阶段性，不同阶段的侧重点不同。学习型组织的文化和环境对年轻人适应工作环境、提高职业技能、为职业发展打下坚实基础非常有利。

工作单位的领导，特别是直接主管，在很大程度上影响员工的职业发展。因此，在选择工作时，应充分考虑这个组织是否有利于个人的学习和提升。

五、组织架构

组织架构关乎如何将工作任务进行分组与协调合作。各类组织拥有其独特的架构，而这些架构对员工的态度与行为产生深远影响。

在构建组织时，管理者需考虑六大核心要素：工作分工（将任务细分至何种程度）、独立工作的细化程度、部门划分（基于何种标准对工作进行分组）、指挥链（员工与团队应向谁汇报）、管理幅度（管理者能有效指导多少员工），以及集权与分权（决策权应置于何层级），还有规范化（规章制度在多大程度上指导员工与管理者）。传统组织设计的常见形式包括简单结构、官僚结构和矩阵结构。自 20 世纪 80 年代起，为提升竞争力，一些组织的高层开始设计新型组织架构，其中团队结构被广泛采纳。团队结构的核心在于消除部门界限，将决策权下放至团队成员，要求员工既是通才也是专才，极大地促进了员工能力的提升。在大型组织中，团队结构作为官僚结构的补充；而在小型企业中，团队结构可作为整体组织架构。在投资银行、咨询公司等领域，团队结构几乎成为业务运作的主要架构。

组织架构是管理人员实现组织目标的工具，组织战略、规模、采用的技术以及所处环境是影响架构的关键因素。组织内部结构能解释和预测员工行为：除了个体和群体因素，员工所属组织的结构关系对其态度和行为有显著影响。因此，入职前了解组织架构至关重要。随着新经济时代的到来，包括营利性企业、金融机构、非营利组织、政府机构、各类协会等在内的众多组织，在形式和结构上都经历了变革。其中，最显著的变化是组织架构从三角形向菱形的转变，趋向于扁平化。在三角形组织架构中，高层管理者、执行者、办公人员和部门主管等仅占总员工的 15％，大部分员工的职业生涯集中在较低层次。而在菱形组织架构中，除 5％～10％的高层执行者和管理者外，50％～80％的员工成为组织核心。这种从三角形到菱形的转变，将对个人职业生涯产生深远影响。

因此，现代社会成功的组织特征之一是维持扁平化的管理架构，从管理导向转向团队导向，每个团队成员都具备足够的专业知识，团队由服务提供者和其他自我管理、独立对利润负责的成员构成。在此趋势下，与团队技能、终身学习、领导力和自我指导的职业生涯决策相关技术得到发展。

总结而言，大学生在进行职业规划时，首要任务是了解所处的社会环境，这是人们认识社会的具体内容，也是认识职业的基础。

第七章

职业生涯决策与目标

正如 Ａ·Ｊ·雅各布斯所言，尊重未来的自己是做出有益决策的关键。在职场生涯中，我们经常站在决策的十字路口，例如："我应该留下还是离开？""现在攻读硕士学位还是直接投入工作？""临近毕业，哪种工作最适合我？"……。这些决策无论大小，都可能引起一定程度的迷茫，有时甚至让人难以抉择。老子曾说："九层之台，起于累土；千里之行，始于足下。"只有先明确自己的职业方向，我们才能进一步规划出行动方案，朝着目标前进。职业生涯规划实际上是一种选择的过程，一个充实、精彩、成功的人生是由无数正确选择累积而成的。如果将职业生涯比作一场旅行，那么出发前必须明确目的地，选择合适的路线，制定详细的旅行计划，以确保旅程的安全和顺畅。这样，我们既不会错过那些梦寐以求的景点，也不会在辛苦之后到达那些并不向往的地方。本章旨在通过科学的决策方法，帮助大家确定职业目标、管理职业目标、规划职业生涯路径、执行行动计划，并定期评估和调整自己的职业生涯规划。在这一过程中，我们还需要学会如何平衡个人兴趣与市场需求，如何在追求个人职业发展的同时，也能够为社会作出贡献。同时，我们也要意识到，职业生涯规划并非一成不变，它需要我们根据个人成长、行业变化以及外部环境的变动进行适时的调整。因此，保持灵活性和适应性，对于在不断变化的职场中保持竞争力至关重要。通过这样的规划和调整，我们能够更好地把握自己的职业发展轨迹，实现个人价值，最终达到职业生涯的高峰。

第一节　职业决策

在广袤的坦桑尼亚草原上，一只饥饿的鬣狗正在四处寻找食物。它沿着灌木丛中的小径奔跑，最终来到了一个分岔路口。在两条分叉路的尽头，各有一只山羊被灌木绊倒，挣扎着。鬣狗的口水不禁流了出来，它想要选择一条路，却又担心另一条路上的山羊会被其他动物夺走。最终，它决定用左脚走左边的路，右脚走右边的路。然而，两条路越走越远，相隔越来越宽，最终鬣狗将自己撕裂成了两半。这个古老的非洲谚语"鬣狗难过岔路口"广为流传，说明了在面对选择时，往往无法同时拥有两全其美的结果，必须学会取舍和决策。良好的决策能力对个人至关重要，自主决策和正确决策是确立职业目标的首要步骤。

一、职业选择概述

职业选择是决定和挑选生涯事件的过程。对于一个生涯事件的选择和决定，绝非轻率之举，必须基于系统的决策思考。在职业生涯中，我们会遇到许多选择点和十字路口，例如："我应该留下还是离开？""现在是否应该攻读工商管理硕士或其他研究生学位？""我是否应该重新开始我的职业生涯，尝试完全不同的领域？"……每个人都为了做出正确的决定而费尽心思。许多人在职业生涯的决策上往往过于草率和短视。如果只是简单地对比两份工作的优劣，例如薪资多少、头衔是否吸引人、假期是否多、医疗福利是否好，这是非常容易的。但你需要在更广阔的背景下权衡自己的选择。在职业生涯中，我们一直在寻找自己的甜蜜区，即我们擅长的、热爱的和世界所需的事物之间的交汇点。我们不可能一蹴而就，就像试图将直升机降落在海面的航空母舰上时，大海波涛汹涌，风声呼啸，船甲板摇摆不定，但我们必须设法安全降落到正确的位置。我们在职业生涯中的选择将帮助我们探索、定义和接近这个甜蜜区。

（一）选择与职业选择

1. 选择的含义

关于选择的概念，不同的理论著作并没有给出统一的定义，综合几本著名著作的解释，我们认为，选择就是对未来实践方向、目标及实现这些方向、目标的原则和方法所作的分析与挑选。广义上讲，选择是人们为了实现一定目标所进行的行为设计及其挑选。狭义上讲，选择就是决定政策和策略，是人们为实现某个目标，制定行动方案并进行优化挑选的过程。选择的目的是把握方向、明确目标，通过选择，可以避免混乱的局面，充分整合资源以进行积极行动，使方向始终坚定、目标有序进行。

2. 职业选择的含义

职业选择是选择者结合自身的性格、职业兴趣、价值能力，在对职业环境充分认识的基础上，仔细考虑各种可供选择的职业前景而进行的职业目标决定，以及为实现目标而制定的最佳个人行动方案。职业选择不仅仅是制定一个阶段性的目标，而应是一系列的、可贯穿整个职业发展生涯的长远展望。如果职业选择目标缺乏远见，没有后续的职业选择支撑点，容易使人失去奋斗的意志，不利于个人的长远发展。因此，要求职业目标是阶段性的，并可持续发展。职业选择不是结果，而是一个复杂的认知过程。职业生涯选择是综合个人对自我认知、环境认知、职业认知等因素的判断，在面临职业选择情境时所做出的各种反应，如职业目标的确立、职业发展通道的规划与设计、行动策略的制定。每个人的职业发展都是独一无二的，没有完全相同的职业发展路径。进行职业生涯选择，有助于大学生把握自己的职业发展方向，明确自身的职业发展目标，从而确保自己沿着目标不断前进。

（二）职业选择的原则与常见模式

职业选择是对生涯事件进行决定和挑选的过程。对一项生涯事件的选择和决定，绝非轻率之举，必须基于系统的思考。

1. 职业选择的原则

（1）个人特质与职业环境相匹配的原则

根据美国波士顿大学教授帕森斯的关于人的个性特征与职业性质一致性的"特质因素论"，一个人在选择职业的过程中，要考虑三个主要的因素：对自己爱好和能力的认识、对工作性质和环境的了解，以及它们两者之间的协调与匹配。例如，当前有不少高校毕业生找不到他们理想的工作岗位，而同时也有大量的工作岗位找不到理想的胜任者。出现这一奇怪的现象其实就是因为有的高校培养的"人才"与社会需求不匹配，特别是现在有的大学生对自己的职业定位与企业对求职者的岗位定位也有不匹配的现象。有的大学生对自己的职业定位非常模糊，他们往往会说：只要给我一个机会，我能改变世界；而企业对求职者的定位则非常具体，一个萝卜一个坑。因此，对这一部分高校毕业生的职业困境的解决途径有如下几点：

① 认识自己：面对一个全新的职业领域，我拥有什么？我还缺少什么？

② 认识职业：企业需要具有什么素质、能力、价值观的人才？

③ 实现匹配：如何找到自己的特点与企业需求之间的结合点？如何弥补自己的不足？

（2）脚踏实地与着眼未来相结合的原则

我们在进行生涯规划时，往往会有一个美好的愿景，雄心勃勃地计划着要在将来实现自己的人生目标。切记，由于人生具有发展阶段和职业生涯周期发展的任务，职业生涯规划与管理的内容就必须分解为若干个阶段，并划分到不同的时间段内完成。每一个阶段又有"起点"和"终点"，即"开始执行"和"完成目标"两个时间坐标。因此，在决策时既要脚踏实地立足现在，又要着眼未来规划长远。当把两者结合以后，才会使职业生涯规划避免陷入空谈和失败。

例如，现在有不少大学生在进行职业选择时，因为就业形势严峻，在毕业时草率地选择了与自己人生目标相悖的单位，他们认为在当前就业形势下，先落实单位，有一个栖身之所，然后再去"骑驴找马"。但随着时间的推移，他们往往会无奈地发现，在持续严峻的就业形势下，自己梦中的"千里马"总是不会来到，而在职场中自己却已蹉跎了很久。这些人其实就是在职业选择时没有贯彻好脚踏实地与着眼未来相结合的原则，从而使得自己在单位中待得越久，越不开心，也越无法抽身。

（3）实现自我价值与服务社会相结合的原则

每个个体都是在一定的组织环境与社会环境中学习发展的，因此，个体必须认可组织和社会的目的和价值观，只有处理好个人发展和组织发展的关系，寻找到个人发展与组织发展的结合点，才能有长期稳定的发展。当一个人原来的职业意愿暂时不能得到满足时，要根据社会需要做出新的选择：

① 根据社会需要做出新的选择，走另一条职业道路。

② 选择一种与自己的"理想职业"相接近的职业，继续接受教育培训，积累就业条件。

③ 先到社会上容易就业的职业岗位上去工作，再根据自己在这一职业的工作情况决定是否进行职业流动。

2. 职业决策的普遍模式

面对决策风险，许多人选择听天由命、追随兴趣、随波逐流，或是让父母或其他人来决定，以此逃避对决策结果的责任。丁克里奇指出，人们在决策时通常会采取以下几种方式：

（1）挣扎型

一些人会投入大量时间和精力搜集信息，了解所有可能的选择，向专家咨询，反复权衡，却难以做出最终决定。他们常挂在嘴边的一句话是"我就是无法决定"。在这种情况下，无论收集多少信息进行分析比较，都可能无济于事。关键是要弄清楚是什么情绪和非理性信念在困扰他们，例如害怕做出错误选择、追求完美等。

（2）冲动型

与挣扎型相反，有些人一旦遇到第一个选择就立刻抓住不放，不再考虑其他选项或进一步搜集信息。他们的想法是"先决定再说"。例如，大学生在选择职业时不考虑长远，随便找一份工作就业。冲动型决策可能源于对困难的回避，不愿意投入时间和精力去探索。这种方式的风险很大，因为一旦遇到更好的选择，可能会后悔莫及。

（3）直觉型

有些人依赖直觉来做出决策，他们通常说不出具体理由，只是觉得"这个就是对的"。直觉在信息不充分时可能比较有效，但它有时与事实不符，可能会因为先入为主的偏见而产生较大误差。因此，我们不能仅凭直觉来决策。

（4）拖延型

有些人习惯将问题的思考和行动推迟。"过两天再说"是他们的口头禅。大学生常见的"我还没准备好工作，所以打算先考研"就是拖延型的体现。拖延型的人内心可能希望问题能自动解决。然而，问题并不会自行解决，有时拖延只会让问题变得更糟。如果你现在不知道如何找工作，读完研究生后有可能仍然迷茫。

（5）宿命型

有些人不愿承担责任，而是将命运交给外部环境的变化。他们常说"顺其自然吧"，或者"我这个人永远也不会走运"。当一个人将生活的主导权交给外界时，很容易感到无力和无助。这样的人容易成为环境的"受害者"，抱怨命运，却没意识到自己的困境是由于放弃了对生活的"自主权"。

（6）顺从型

这样的人倾向于听从他人建议而不是独立做决定。他们常说"只要大家觉得好，我就觉得好"。例如，许多大学生盲目追求出国、进外企、考研、参加各种培训班，只因为"大家都这么做"。虽然追随群体能带来一种安全感，但他们忽略了自身的独特性，导致他们的选择往往并不适合自己。

（7）瘫痪型

有时，个体虽然在理性上明白应该自己做决定，却无法开始决策过程。他们知道自己应该行动了，但内心深处总是笼罩着"一想到这事就害怕"的阴影。实际上，他们真正害怕的是为决策后果承担责任。

（三）职业决策类型

在众多决策活动中，有的决策相对简单，有的则较为复杂。尽管决策各不相同，但根据掌握信息的完备程度，可以将决策分为确定性决策、风险性决策和不确定性决策。

1. 确定性决策

确定性决策指的是决策所需信息完全明确、状态完全确定、决策准则和后果都明确的决策。例如，一幢教学楼有两个楼梯，教室位于大楼右侧，那么走右边楼梯上课无疑是更好的选择。确定性决策的每个方案都有一个确定的结果，便于评估和选择，是一种相对容易的决策。

2. 风险性决策

风险性决策是指面对多种选择时，每种选择的后果虽然不确定，但能在一定程度上预知各种选择可能带来的结果。例如，一个高考考生知道自己的分数、各批次录取分数线，以及目标院校及专业的历年录取分数线和当年招生人数，但不清楚有多少人和自己选择相同的院校和专业，因此无论选择哪所院校都存在一定的风险。

3. 不确定性决策

不确定性决策是指决策所需的各种信息都无法具体测定，对于可能的选择和各种选择的结果几乎完全不清楚，因此最终的决策结果也是不确定的。例如，你想投资股票，但对股票一无所知，对股市行情无法判断，结果很可能会被"套牢"。

从决策类型可以看出，决策者通常无法拥有全部信息。也就是说，大多数决策都包含预测成分，都有不确定性和风险。为了做出正确的决策，达到既定目标，决策者必须尽可能多地掌握信息，将不确定性决策转变为风险性决策，甚至是确定性决策，以降低风险。具体到职业规划这类重要决策，我们应运用各种方法评估个人的价值观、性格、能力等，评估外部的社会经济环境与职业、行业乃至岗位因素，充分掌握信息，进行理性的职业选择。根据生涯决策的基本原则，我们认为生涯决策应基于系统思考，重点考察：①价值观，②个性倾向、能力等，③个人资源、支持，④社会环境与机会，从而进行信息整合，选择可能和可行的策略。

二、决策的方法

（一）SWOT 分析法

SWOT 分析法，即分析个人或组织的优势（Strength）、劣势（Weakness）、机会（Opportunitiy）和威胁（Threat），由哈佛商学院的安德鲁斯教授于 1971 年提出。安德鲁斯教授将企业所处环境分为内部和外部，内部环境涉及优势和劣势分析，外部环境则包含机会和威胁分析。SWOT 分析法通过综合评估内外环境，为企业的中长期战略规划提供指导。

1. 个体生涯决策中的 SWOT 应用

SWOT 分析法，作为一种企业战略分析工具，通过分析企业内在条件，识别优势、劣势及核心竞争力。其中，优势和劣势是内部因素，机会和威胁则是外部因素。战略应是企业内部条件与外部环境的有机结合。在个体生涯决策中，SWOT 分析法帮助个人识别与职业选择相关的内部优势和劣势，并通过综合分析，找到利用或改善的方法。

SWOT 分析法是职业规划中极有价值的工具。通过细致的 SWOT 分析，个人能迅速了解自身的优势和劣势，并评估不同职业道路的机会与威胁（表 7-1）。

表 7-1　SWOT 分析法

内部因素	Strength 优势	Weakness 弱势
外部因素	Opportunity 机会	Threat 威胁

进行 SWOT 分析时，通常遵循以下四个步骤：

（1）优势分析

我有哪些杰出品质？

我学习了哪些内容？

我有哪些经历？

我最成功的事情是什么？

主要分析个人的突出之处，特别是与竞争对手相比的优势。

首先分析"经历"，包括人生经历和体验，如在学生组织中的角色、参与或组织的活动、获得的奖项等。这些经历能侧面反映个人素质。在自我分析时，应利用过往经验，帮助推断和选择未来工作方向。

其次分析"学习"，包括通过专业课程、职业技能培训、自学等获取的知识与技能，以及个人专长。即使大学所学专业知识未来未必能直接应用，但专业思想和技能常是职业选择的关键。

最后分析"成功"，回顾个人经历中哪些是成功的，为何成功，是偶然还是必然。通过分析，可以发现自我性格上的优势。

（2）弱势分析

我的性格弱点是什么？

我在经验经历上有哪些不足？

我最不擅长什么？

我最失败的经历是什么？

弱势指的是与竞争对手相比处于不利的方面。

性格弱点可能表现为不善交际、感情用事等。独立性强的人可能忽略合作，而优柔寡断的人难以担当决策者。卡内基曾言，人性弱点并不可怕，关键在于正确认识并寻找弥补和克服的方法，使自我更趋完善。

在经历或经验上的不足，可表现为多次失败仍找不到成功方法，或需处理自己从未接触过的事情等。

（3）机会分析

机会分析包括对社会大环境的认识与分析、对自己选择的外部环境分析、人际关系分析，机会是指有利于职业选择和职业发展的机遇。首先是对社会大环境的认识和分析，考虑政治、经济、科技、文化发展趋势是否有利于所选职业的发展。其次是对自己所选组织或单位的外部环境进行分析，包括组织在行业中的地位和发展趋势、市场状况、职位空缺、所需条件等。最后是人际关系分析，分析哪些人可能对职业发展有帮助、作用大小、持续时间、如何保持联络等。

（4）威胁分析

威胁分析主要是对潜在危险进行分析，如单位效益、领导层变化、同事竞争等可能对自己造成的不利影响或威胁。

诚然，进行个人SWOT分析需要投入不少时间，并且需要认真对待。然而，详尽的SWOT分析对个人发展至关重要。完成详尽的个人SWOT分析后，将获得一个连贯且实际可行的个人生涯策略。在竞争激烈的市场经济社会中，拥有一份既有挑战性又有趣味性，且薪酬丰厚的职业是许多人的梦想。但并非每个人都能实现这一梦想。因此，花时间分析个人优势和劣势，并确保有效执行，职业成功的梦想就不再是遥不可及的了。

例如，小敏，女，某师范大学中文专业研究生，希望毕业后在企业从事人力资源工作，但因非人力资源专业学生而犹豫不决。通过SWOT分析法评估，得出分析表，见表7-2。

表 7-2　小敏的 SWOT 分析

优势 Strength	弱势 Weakness
1. 硕士学位,成绩优异 2. 担任研究生会副主席,有丰富的学生干部经验 3. 有大型公司人事部门实习经验(6 个月) 4. 辅修心理学课程,能利用心理学知识进行人才培训 5. 师范生,有授课经验,可以开展员工培训 6. 性格外向,善于沟通	1. 专业不对口 2. 工作经验不够丰富 3. 缺乏人力资源管理类知识 4. 容易冲动,性格急躁
机会 Opportunity	威胁 Threat
1. 人力资源管理部门逐渐受到企业重视 2. 入世后,外企进入导致人力资源管理人才需求量大增 3. 心理学在人力资源管理中的重要性日益凸显	1. 人力资源管理在我国属于起步阶段,许多企业运作不规范 2. 与人力资源专业的毕业生相比缺乏专业优势 3. 相对于学历,企业更看重经验

SWOT 分析表明,小敏同学毕业后在企业从事人力资源管理工作的优势较大,但需在校期间继续强化优势、弥补不足,如通过自学或参加培训、考取人力资源管理师职业资格证书、利用假期到企业人事部门实习等。

2. SWOT 分析法的局限性及应对策略

(1) SWOT 分析法的静态局限性及其解决办法

职业生涯的选择是一个连续的、动态的过程,涉及选择、执行和调整的多个阶段。决策并非终结,决策者可能在后续阶段重新审视前面的决策。因此,生涯决策过程具有动态性、连续性和发展性。从职业生涯的纵向发展来看,不同阶段的决策内容各异。例如,在职业起步阶段,重点是选择合适的职业;在职业稳定阶段,则是提升职业素养;在职业维持阶段,关键在于保持地位和学习新技能;而在职业衰退阶段,则需规划退休生活。随着决策内容的变化,个人对自身和环境的评估重点也会相应调整。工作经历、职业体验以及年龄增长带来的价值观和需求变化,都会促使个人重新认识自我,修正职业目标。

然而,SWOT 分析法作为一种静态分析工具,无法综合考虑过去、现在和未来的发展趋势。在实际应用中,个体往往基于当前的自我认知和观点进行分析,很少考虑未来环境变化可能带来的机遇和风险,这可能导致忽视新的可能性。为了弥补 SWOT 分析法的静态局限,个体在使用时应重视信息的及时反馈,增强自我觉察能力,从未来雇主的角度审视自身的优势和改进点;同时,要密切关注市场动态,通过网络、报刊等渠道追踪就业趋势,根据环境变化及时调整 SWOT 矩阵,以做出更准确的职业决策。

（2）SWOT 分析法的主观局限性及其解决办法

SWOT 分析法的主观局限性及其个人评估策略是该方法的核心，但评价过程的主观性问题也会降低分析的准确性。心理学研究表明，人们倾向于高估自己的优点，忽视缺点。因此，在 SWOT 分析中，个体可能会进行不准确的自我评估，导致职业决策失误。人格特征也会对分析结果产生影响，例如，悲观者在机遇中看到危机，而乐观者则在危机中看到机遇。不同人格特质的评价者面对相同的职业环境，可能得出截然不同的分析结果。此外，在 SWOT 定量分析中，权重分配也会因个体差异而异，影响分析的准确性，进而影响生涯决策的成功。因此，在使用 SWOT 分析法进行生涯决策时，个体应超越自我，清晰认识到 SWOT 评估的重要性。在评估过程中，应避免过度谦虚或理想化自我，勇于面对不足，为职业规划打下良好基础。首先，在分析优势和劣势时，个体可以列举具体词汇描述自己，高频词汇反映真实优缺点。其次，个体可借助外部资源，如职业测评工具和个人特质诊断工具，或向他人求助，包括以往的绩效评估、同事和上级的反馈，甚至求助于职业辅导专家。最后，在构建 SWOT 矩阵时，应参考行业长期经验和职业规划专家的意见，而非仅凭主观印象。

在运用 SWOT 分析时，个体需确保分析内容的准确性和创新性。深入分析数据和资料是 SWOT 分析成功的关键。同时，SWOT 分析仅为生涯决策中的一项技术，要实现决策最优化，还需结合其他方法，并对市场和竞争环境保持清醒认识。

（二）CASVE 循环（计划型决策）

为了降低决策风险，我们应当全面考虑众多因素，计划型决策是一种有效的决策工具。它由五个步骤构成：沟通（Communication）、分析（Analysis）、综合（Synthesis）、评估（Evaluation）和执行（Execution），缩写为 CASVE 循环。CASVE 循环能够为整个生涯问题解决和决策制定过程提供指导。

1. 沟通

沟通涉及内部和外部信息的交流，通过这种交流，个体能够认识到理想与现实之间的差距。内部信息交流指的是个体自身的心理和生理状态，例如在求职时可能经历的焦虑、抑郁等情绪反应，以及身体上的疲倦、头疼等。这些都提示你需要进行自我反思。外部信息交流指的是来自外界的影响信息，如同学准备简历时，你意识到自己也应开始求职；或者求职过程中来自父母、老师和朋友的建议。通过内外部沟通，你将意识到需要解决的问题，这对于生涯选择的开始至关重要。沟通阶段的基本问题是：我目前考虑和感觉的职业选择是什么？

沟通是识别差距的过程，是"我需要做出选择"的阶段。你意识到自己对职业前景的困惑，并决定采取措施解决。在需要改变现状时，我们通常会发现沟通的必要性。沟通是获取外界信息的途径。例如，西班牙语专业的范茜茜同学，一年级时发现自己对语言学习兴趣不大，但在家人和老师的鼓励下继续学习。到了二年级，她感到更加无趣和吃力，开始考虑辅修其他专业，于是她开始关注其他高校和本校的第二专业信息。

2. 分析

分析是通过思考、观察和研究，对个人的兴趣、能力、价值观和人格等自我认知，以及环境认知进行深入分析，以更好地理解现实与理想之间的差距。通过与外界沟通，大学生可以结合自身情况，分析所搜集的信息，考虑各种可能性，并确定潜在的选择。例如，范茜茜同学了解了校内外各种辅修专业的学习内容、上课时间和就业方向等信息，结合自己的职业兴趣和性格特点，以及希望从事与人交流的职业方向，她确定了几个选项：本校的播音主持专业、社会工作专业、对外汉语专业，以及西南政法大学的法学专业和西南大学的应用心理学专业。分析阶段是大量信息的搜集和准备阶段，是"了解我自己和我的各种选择"的阶段。

① 自我了解：你需要进行彻底的自我分析。如果你尚未完成，那么首先应该制作个人分析文件。它将帮助你全面了解自己的技能、性格和价值观。

② 环境了解：了解你所处的社会、经济、政治和地理环境，评估可能影响你职业选择的环境因素。

③ 职业了解，信息收集：收集并研究有关你职业前景的信息。

④ 潜在职业选择识别：你需要全面研究可供选择的职业选项，筛选出适合自己的目标。

3. 综合

综合是指基于分析阶段的信息，先扩展选择范围，然后逐步缩小，最终确定3~5个最可能的选项。这个先扩大后缩小的过程至关重要，通过分析阶段，我们对自我有了深入了解，每个方面都对应着许多职业，将这些职业列出来，得到一个广泛的选择列表，然后找出交集，得出缩小的职业选择范围。最后，将最可能的职业限定在3~5个。然后可以问自己："如果我有这3~5个选择，能否解决问题，消除现实与理想状态的差距？"如果可以，就进入评估阶段，选出最合适的选择；如果仍然无法解决问题，就需要回到分析阶段，获取更多信息。例如，范茜茜同学考虑到精力限制，最终在本校的 3 个专业中做出选择：播音主持专业、社会工作专业和对外汉语专业。

4. 评估

评估是对选项进行排序，并做出最终选择。通过科学的评估方法，对所有选项进行排序，做出最终选择。这个选择就是我们努力实现的目标。在这个阶段，决策平衡单可以为决策提供有力支持。评估阶段是对综合阶段得出的 3～5 个职业进行具体评价，评估获得这些职业的可能性，并从中选择最有可能的 1～3 个。它是"选择一个职业、工作并做出决定"的阶段。

根据你对自己特点和职业前景的判断，选择并确定一个职业目标，考虑这个选择对个人及他人可能产生的影响，并将影响进行排序。例如，可以问："对我个人而言什么是最好的？""对我生活中的重要他人而言什么是最好的？""总体而言，对我所处的环境而言什么是最好的？"

5. 执行

执行是采取行动，落实选择。任何目标的实现都离不开实际的行动。不行动，梦想只是空想。因此，最终我们需要落实到行动上。值得注意的是，CASVE 循环不仅指向一个结果，它本身是动态平衡的。也就是说，在行动中我们可以评估设定的目标是否合理，是否符合当前自身实际情况，如果不是，我们需要进入新一轮的决策过程。执行是 CASVE 循环的最后一步，前面的步骤只是确定了最适合的职业，但还不能保证职业选择的成功，需要在执行阶段制定计划，进行尝试和具体行动。如果问题未解决，可以再次回到沟通阶段，重新开始一次 CASVE 循环，直到职业生涯问题得到解决。例如，范茜茜同学最终选择辅修新闻专业，她认为新闻专业可能与西班牙语相契合，但经过两周的课程后，她发现这个专业与她预期的不同，因此决定改为辅修对外汉语专业。

三、影响职业选择的因素

职业选择受多种因素影响，既包括个人内在因素，也涵盖外部环境因素，主要分为专业、职业、社会和家庭因素四大类。

（一）专业因素

在职业选择过程中，大学生往往将所学专业视为关键因素，这通常意味着要寻找与专业相关的工作。职业群的概念在此背景下显得尤为重要。职业群指的是一个专业所能涵盖的众多职业领域。以法律专业为例，其职业群包括公务员、律师、教师、法律研究人员、企业法律顾问、法律专栏作家、媒体记者和公司法务人员等。在选择职业目标时，学生通常会在与所学专业相关的职业群中做出选择。职业群可分为狭义和广义两种：狭义职业群通常指与专业对口的职业，而广义职业群则指职业与专业相关但不一定对口，甚至可能毫无关联。例如，中文专业毕业生选择成为律师，两者间存在一定的联系；而日语专业毕业生选择成为电脑系统工程师，则联系较小，通常被视为专业不对口。

专业因素在大学生职业选择中占据着举足轻重的地位，所学专业在很大程度上决定了未来的职业道路。因此，选择专业和学习专业时必须格外谨慎。

（二）职业因素

大学生普遍缺乏对职业的了解，这是不争的事实。在我国高校教育现状下，大学生需要自行解决对社会和职业认识不足的问题。在信息泛滥的时代，如何从众多职业信息中筛选、评估并获取有价值的信息呢？

积极与外界互动，构建个人的信息网络，主动搜集并分析相关信息至关重要。你必须考虑人才市场对意向职业的需求状况，以及可能的竞争程度。有些学生可能会疑惑如何获取这些信息，但事实上，只要你想知道，总有办法获取。例如，若你希望在外企工作，可以通过各种途径联系负责招聘的人事经理，他们能提供真实的信息，如每年招聘的大学生数量、你感兴趣的岗位招聘人数、有多少大学生申请该职位，以及招聘标准等。

（三）社会因素

社会因素涵盖范围较广，包括国家政治、经济和社会发展状况，学校的教育水平和地位，社会对不同职业的评价，以及周围人对职业的看法等。这些因素都会对大学生的职业选择产生重大影响。

（四）家庭因素

家庭因素对大学生的职业决策具有显著影响。家庭因素与个人成长紧密相关，父母的教育水平、职业背景、家庭经济状况等都是家庭因素的重要组成部分。一个人出生时就带有家庭赋予的社会地位，早期在家庭中获得的经验和无形的影响，往往会在工作或职业表现中体现出来。职业选择存在风险，因此学生在做出选择前应深思熟虑，选择一个自己向往的职业目标。如果自己的想法与父母意见相悖，应向父母表达自己的想法，并在沟通前做好充分准备，分析自己的选择，争取父母的理解和支持。

第二节 职业目标

在唐太宗贞观年间，长安城西的一家磨坊里，马和驴子是好朋友。马负责拉东西，驴子则在磨坊内推磨。贞观三年，马被玄奘大师选中，踏上了前往印度取经的西域之旅。17年后，马满载佛经返回长安，它回到磨坊与驴子重逢。马向驴子讲述了它所经历的沙漠、高山、冰雪和热海等奇景，驴子听后惊叹不已。驴子说："你见多识广啊！我连想都不敢想那么远的路。"马回答："我们走过的距离其实差不多，但不同的是，我有一个明确的目标，始终朝着一个方向前进，因此我见识了广阔的世界。而你，虽然也在不停地走，却因为没有目标，始终走不出这个小天地。"杰出与平庸的区别，并不在于天赋或机遇，而在于是否有人生目标。就像马和驴子，马始终朝着目标前进，而驴子只是原地打转。

职业发展亦是如此。没有目标的人，岁月流逝只意味着年龄增长，他们日复一日重复着自己的生活。目标是人们在一定时期内要实现的目的，它指引着我们的行动和预期结果。目标包括指标、定额和时限等，是职业生涯规划中的方向和未来期望。如果你想成为百万富翁、杰出商人或成功艺术家，那就将这些作为你职业生涯的核心目标，让它成为你人生的"北斗星"。有人说，无论年龄多大，真正的人生之旅都是从设定目标的那天开始的，之前的日子只是在绕圈子。

一、目标的重要性

（一）目标对人生具有导向作用

在非洲撒哈拉沙漠深处，有一个美丽的绿洲，那里的土著居民几千年都没能走进去。一位英国冒险家仅用三天就走进了绿洲，他发现土著人因为迷失方向，无法找到绿洲。他建议土著人晚上朝着北斗星前进，结果三天后土著人也走进了绿洲。

曾有人做过实验，组织三组人步行至十公里外的村庄。第一组不知道村庄名字和路程，第二组知道名字和路程但无里程碑，第三组则有明确的里程碑。结果，第三组的人情绪高涨，很快就到达了目的地。这说明，明确的目标能维持和增强行动动机，帮助人们克服困难、达成目标。目标是奋斗的方向，是实施的设想。没有目标，就像没有方向的车，无法驶向成功。而错误的目标，可能导致南辕北辙。成功者大多有坚定、明确的目标，他们以目标为导向，射向成功的靶心。目标对于成功者来说，就像空气对生命一样重要。设定明确的目标，是所有成就的起点。98％的人之所以失败，是因为他们从未设定明确的目标，也从未迈出第一步。目标能激发成功的力量。

成功者必定目标意识强，成功始于选择目标，目标决定成就和人生。失败者并非缺乏知识和才能，而是因为他们没有目标，不知道为何而努力。

（二）目标助推坚定信念的形成

目标有助于发挥潜能，安排工作的轻重缓急，尽早获得成就。有了目标，内心深处的勤勉和勇敢才会显现，会促使我们努力实践。目标是内心信念的外在表现，信念是目标的内在动力。目标就像移动的靶子，没有坚定的信念，我们就会与它失之交臂。有了目标，我们才能在有限的时空中最大限度地释放能量，成功者必是目标意识强者。目标源于内心的信念，是外在的、具体的、实际的表现，而信念则是内在的、抽象的、潜沉的。目标是内心的向心力和凝聚力，它能激发我们对目标的激情，去追寻、实现和发展它。这种激情是对自身价值的认可，是信念在社会中的体现。如果我们对人生充满信心和激情，就会在心中树立坚定的信念，朝着目标努力。这种信念是内心力量的体现，是信念与行动激情的结合。

目标给我们成功的力量，研究成功者的轨迹，会发现他们都有明确的目标。晨曦在《一年致富——拿破仑·希尔52周黄金法则》中引用美国作家拿破仑·希尔的话说："一切成就的起点是渴望，一个人追求的目标越高，他的才能发展就越快。"他认为，所有成功都必须先确立一个明确的目标，当对目标的追求变成一种执着时，所有的行动都会带领我们朝着这个目标迈进。

（三）目标引导发挥巨大潜能

每个人都有目标，目标没有对错之分，取决于个人价值观。价值观是评价行为、事物和选择目标的准则，是世界观的核心，是驱使行为的内部动力。现实社会的复杂多变，使得人们难以形成固定的价值观。言行和性格的"游离"通常是因为目标和价值观不一致。"价值观决定一切"，如果价值观不明确，就很难知道什么对自己最重要，不明白健康、事业、家庭或朋友哪个最重要。

目标引导我们发挥潜能，有了目标，人的生命才能在有限的时空中最大限度地释放能量。要发挥潜能，就要全神贯注于自己的优势方向，以获得最快的高回报或高成果。目标最能吸引我们集中精力，最大限度地开发潜能。当人们不停地在其优势方面拼搏时，其潜能就会进一步发挥。

二、确立职业目标

罗斯福总统的夫人在本宁顿学院求学期间，想要寻求一份兼职工作。她的父亲安排了她与美国无线电公司董事长萨尔洛夫将军的会面。将军询问她期望从事何种工作，她像许多青年一样回答："随便。"将军严肃地提醒她："不存在所谓的'随便'工作。"他强调："成功之路是由明确的目标铺就的。"职业生涯是一个不可逆的进程，每个人的生命都是有限的，职业目标的设定与个人年龄紧密相关。因此，大学生应尽早确定适合自己的职业目标，这对未来的职业发展极为有益，避免走弯路。有句西方谚语说："一天的深思胜过一周的盲目努力。"因此，大学生在设定目标时，应反复思考、论证，考虑个人经历、素质和所处的社会环境等因素，将目标设定视为人生大事，确保每天都有所付出和收获。

（一）目标设定的原则

目标是人生的指南针，只有设定了目标，我们才能朝着它不断前进，持之以恒。确定目标是目标管理的首要步骤，也是关键所在，因为目标的正确性直接关系到事业的成败。每个人都有制定目标的经验，但设定一个合适且具有激励作用的目标并不容易，必须遵循 SMART 原则。

S 代表具体明确，目标不能抽象模糊。例如，许多毕业生的目标是毕业后直接就业，但这过于抽象，难以实现。具体的目标可能是在银行系统工作、在厦门地区就业，或申请某公司的职位。在职业规划时，更应注意细节的具体化，确保既有方向，也有实际的行动步骤。因此，首先应确定具体的职业方向、阶段性目标和总体目标。由于大多数大学生在不太了解自己的情况下设定职业目标，这些目标通常较为宽泛，因此，建议将目标设定得更细致。

M 代表可量化，目标应尽可能用数字来衡量，避免使用模糊或抽象的表达方式。例如，如果你从事销售工作，尽管你非常忙碌，但如果没有具体的销售数字，就无法证明你的努力。因此，目标应尽可能用数据来表达。

A 代表可实现且具挑战性，目标必须是在个人能力和特点范围内，通过努力可以实现的。目标应既可实现，又具有一定的挑战性。例如，将目标设定为篮球运动员对于武大郎来说显然不现实。目标过高会导致挫败感，过低则缺乏成就感。职业规划的可实现性包括目标的现实性、计划的可行性和效果的可检查性。目标的现实性是指目标应基于个人实际情况，是对个人资源的真实评估和科学预期；计划的可行性是指计划应具体可行，基于个人现有能力；效果的可检查性意味着目标的实现和计划的执行情况应以客观事物为标准，可以度量和检查。

R 代表相关性，目标必须与其他目标相关联。例如，从事前台工作需要学习英语以便更好地与他人交流，而学习管理学则偏离了主题。再如，从事国际贸易工作需要了解海关知识，而学习行政管理则偏离了主题。

T 代表有时间限制，所有目标都应在特定时间内实现才有意义。例如，"我要年薪达到 50 万元"没有时间限制，而"我要在两年后的今天年薪达到 50 万元"则是一个有明确时间限制的目标。为了提高沟通能力，可以设定这样的目标：在未来 10 天内，每天至少与 3 个陌生人进行 2 分钟以上的交流。

（二）目标的分解

没有量化的职业目标难以估算所需的努力，也难以评估目标完成情况。最简单的量化方法是用具体数字描述目标，使目标数字化。例如，一个大一学生希望改变英语学习落后的状况，他设定了这样的学习目标："我一定要在英语四级考试中取得好成绩"，但这个目标不够具体。如果改为"我要在大学二年级第一学期的英语四级考试中取得 610 分"，这个"610 分"就非常具体。有时，为了准确描述职业目标，需要结合一系列数字和具体文字来描述。例如，一个计算机软件开发专业的大学生的职业目标是成为软件业的领军人才，年收入超过 100 万元。其阶段性目标是：毕业后 5 年成为专业工程师，10 年后成为高级人才，15 年后成为有影响力的领军人才。

大学生在设定职业生涯总目标后，常因目标遥远或难度大而放弃。他们并非因失败而放弃，而是不懂得分解目标，一步一个脚印地前进。目标分解是将目标清晰化、具体化的过程，是将目标量化为可操作实施方案的有效手段。职业目标分解是根据观念、知识、能力差距，将职业生涯总体目标按时间、性质等标准分解为具体易操作的小目标。

1. 按时间分解

首先，确定长期目标。在对职业环境等主客观因素进行大量分析后确定最终目标，并终身朝这个目标努力前进。

其次，将最终目标分解为若干长期（5～10 年）目标。这些目标应易于分解操作，每个阶段都应有一个具体目标，这些目标应高度符合个人价值观，顺应社会发展需求，具有一定的挑战性和创造性，在一定时期内可行，一经实现会带来较大的成就感。

再次，将长期目标分解为若干中期（3～5年）目标。这些目标应与长期目标一致，基本符合个人价值观，是自我与组织环境相结合的产物，具有创造性、灵活性的特点。

最后，将中期目标分解为短期（1～2年）目标。与长期目标和中期目标相比，短期目标要求有更高的操作性和灵活性。它必须与最终目标、长期目标一致，能够适应组织环境需求，未必与价值观相符但可以接受，灵活简单，可操作性强，切合实际，比较容易实现。

2. 按性质分解

美国职业心理学家沙因教授最早将职业生涯分为外职业生涯和内职业生涯。相应地，我们也可以将职业目标分解为外职业生涯目标和内职业生涯目标。

（1）外职业生涯目标

① 职务目标。职务目标应具体明确，清晰的职务目标应是"专业职务"。例如，"我在两年内成为公司技术主管"是可行的，但"在两年内成为公司的经理"则较为模糊。我们必须明确是哪一类专业职务。例如，某大学生10年职业生涯规划的职务目标是"采购经理"。要成为采购经理，需要有仓储管理、材料管理、物流规划、物流采购等方面的工作经验。为了获得这些经验，这位大学生必须从基层做起。因此，根据时间远近，采购经理这个职务目标可以分解为采购专员和采购工程师。

② 工作内容目标。在现实生活中，能够达到高层职位的人毕竟是少数。而且，晋升在很大程度上并不取决于我们自己。因此，建议大学生将外职业生涯规划目标的重点放在工作内容目标上，详细列出计划完成的工作内容。工作内容目标对于从事技术工作的人来说尤其重要，因为这些人的发展能够体现在专业技术领域取得的成就及相应职称晋升上。

③ 经济收入目标。获得经济收入是工作的目的之一，毕竟每个人都需要物质基础。在职业生涯规划中列出收入期望是合理的，但应根据自己的能力和实际情况，大胆规划出一个具体的数字，这个数字将成为你的重要激励源，不要含糊不清或不敢写。

④ 工作地点目标和工作环境目标。如果对工作地点或工作环境有特殊要求，应在规划中列出这两项内容。总之，尽可能根据个人喜好来规划，但切记不要过于琐碎，以免选择面过窄。

只追求外职业生涯目标可能会让人遭遇强烈的挫折感、怀疑上级不公、抱怨工作太远太累、辛苦半天没拿多少钱、评优晋级没有份等等，越想越难受，越想越没干劲，导致每天都生活在抑郁之中。其实，我们还有一笔重要的财富不容忽视，那就是丰富的知识经验积累，观念、能力的提升以及由此带来的快乐感、成就感。内职业生涯修炼成熟了，就不会再为没有工作机会而发愁了。

（2）内职业生涯目标

① 职业技能目标。职业技能涵盖了处理职业任务所需的各种技能，包括领导力和策划、管理、创新研究、人际沟通以及与同事合作的能力等。一些大学生将职业发展简单理解为职位和职称的提升以及收入的增长，这种理解过于狭隘。职业发展并非直线式上升，仅将职业发展定义为职位和职称的提升，可能会导致焦虑情绪。衡量职业成功不应只看金钱和职位，而应看是否完成了有意义的工作成果。职业发展往往是横向扩展的过程，可能是工作内容的扩展，也可能是专业领域的深化，这都需要我们不断提高个人技能，否则职业发展将停滞不前。

从另一个角度看，必要的技能积累是达到职位和收入目标的基础。因此，在制定个人职业规划时，应优先考虑技能目标。职位的提升很大程度上不取决于我们自己，但在工作中增长知识、提升技能、提高效率却是我们可以控制的。一些组织的管理者已将技能提升作为改善员工待遇的重要指标。技能目标应切合实际，具有挑战性，并与相应阶段的职位目标所需条件相匹配。

② 工作成果目标。工作成果是绩效评估的关键指标，优秀的工作成果不仅带来荣誉和成就感，也为晋升铺平道路。大学生在设定职业目标时，应设定阶段性成果目标，以激励自己。例如，可以设定在本学期通过大学英语六级考试，进一步提升英语水平。

③ 心理素质目标。在职业生涯中，只有心理素质过硬的人才能正视现实，克服困难，追求卓越。心理素质差的人只会抱怨和放弃。为了实现职业规划，需要不断提升心理素质。提高心理素质包括抗挫折、包容他人，以及在成功面前保持冷静，做到能屈能伸、荣辱不惊等。

④价值观目标。价值观是对待人和事的态度、价值观念。当今社会强调价值观的重要性，各种新观念层出不穷，你是否跟上了？是否认同？许多跨国大企业甚至形成了自己的价值观。这些价值观影响我们的行为，也影响组织、领导、同事、客户对我们的看法。不断更新自己的价值观，让自己始终处于前沿，也是规划个人职业生涯的重要步骤。

（三）目标的整合

目标整合是处理不同目标间关系的有效方法，如果只看到目标间的排斥性，就只能在不同目标间做出选择；而如果能看到目标间的因果关系和互补性，就能积极地进行目标的整合。目标整合有时间整合、功能整合和全面整合三种方式。

1. 按时间整合

职业目标在时间上的整合可以分为并行和连续两种情况。

（1）并行

所谓职业目标的并行，是指同时着手实现两个平行的工作目标或建立和实现与当前工作内容不相关的预备职业目标。有时外部环境为我们提供了许多机会，使我们面临多个选择，从而出现两个或多个不同方向的职业目标。只要处理得当，在一定时期内，可以实现多个目标，当然，前提是具备足够的精力和能力。对于普通年轻人来说，在一段时间内只确定一个主要目标较为合适。这里所说的"同时着手实现两个平行的工作目标"，指的是短期内进行不同性质的工作，通常发生在中、高级管理层"双肩挑"的情况中。而建立和实现与当前工作内容不相关的预备职业目标，多发生在中、青年人身上，意在居安思危、未雨绸缪。例如：学校团支部书记为了未来更大的发展空间，在完成本职工作的同时，进修 MBA 课程。

（2）连续

连续是指利用时间作为连接，将各个目标前后串联起来，实现一个目标后再进行下一个。通常，较短期的目标是实现长期目标的基础。目标的期限是相对的，随着时间的推移，长期目标可能变为中期目标，中期目标变为短期目标，短期目标变为近期目标。只有完成好每一个近期目标和短期目标，最终目标才有可能实现。职业目标分为最终目标和阶段性目标（长期目标、中期目标、短期目标、近期目标），各个阶段性目标的设定应与最终目标保持一致并相互关联。这里应该明确，阶段性目标是在一段特定时间内要达到的结果。如果将职业阶段性目标转变为职业的最终目标，只需将各个阶段性目标串联起来，加上一个时间表，再加上一个评估目标达成结果的方式。

2. 按功能整合

许多生涯目标在功能上可能存在因果关系或互补关系。

（1）因果关系

有些目标之间存在明显的因果关系，如前述的工作能力目标与职位目标和收入目标，前者是因，后者是果，表现为：工作能力提高——职位提升——收入增加。通常情况下，内职业生涯目标是因，外职业生涯目标是果。

（2）互补关系

一个管理人员希望成为优秀的进口部经理的同时获得 MBA 证书，这两个目标之间存在直接的互补作用：实际管理工作为 MBA 学习提供实践经验，而 MBA 学习又为实际工作提供理论支持和方法指导。同样，高校教师通常肩负教学和科研两项任务，教学为科研工作提供理论基础和方法指导，科研实践又促进了教学内容的更新和质量提升。

3. 全面整合

全面整合超越了职业的范畴，涵盖了人生的全部活动，指的是职业生涯、家庭和个人事务的均衡发展、相互促进。事业并非生活的全部，任何人都不能脱离家庭和休闲娱乐，完美的职业规划不应排除生活中的其他内容。目标整合可以超越狭隘的职业生涯范围，将全部人生活动协调起来。

三、大学生学业目标的达成

仅有目标而无计划，等同于空想。拟定计划与行动步骤是完成任务、达成目标的核心要素。计划可包括年计划、月计划、周计划，甚至是日计划。在大学四年的不同阶段，个人的培养目标各异，因此，个人制定的计划和采取的行动也应各有侧重。这意味着需要有明确的职业发展路径，它指出了可能的发展方向和发展机遇，是个人在确定职业方向后，选择实现途径的蓝图。缺乏职业发展路径，将导致走许多弯路、错路、回头路，造成资源、时间和精力的浪费。若未选择一条捷径，就会在路上耽搁，因此，每个人在职业定位后，必须规划一条职业发展路径，使未来的学习和工作沿着既定路线前进。在大学生向职业人过渡的过程中，大学阶段的学习至关重要。能否顺利地完成由中学生到大学生的转变，能否顺利完成大学期间的各阶段任务，能否顺利找到既喜欢又能胜任的工作，取决于大学生对大学生活的合理规划和积极行动。大学生在校期间的职业生涯规划大致可以分为以下十个阶段：

（一）第一阶段：大学生入学第一学期前半期

本阶段的主要任务是正确认识大学、认识自我，进行生涯剖析，制定职业目标。初步了解职业，特别是自己未来想从事的职业或与自己所学专业对口的职业，提高人际沟通能力。多与高年级同学交流，尤其是大四毕业生，了解就业情况；多参加学校活动，提高交流技巧、沟通能力；利用学生手册、学校网站、讲座等了解学校各项规章制度。大学生虽然在角色上已经是大学生，但在心理上仍处于高中后期、大学前阶段，他们刚刚经历高考的洗礼，正在享受高考的胜利，许多学生踌躇满志，对大学生活充满憧憬与幻想，几乎每个人都为自己设定了远大的目标，制定了宏伟的实现目标计划。然而，这时的大学生对大学生活还不够完全了解，对大学的认知只是停留在道听途说的层面，学生本人对于自我和环境的探索不够。

该阶段职业生涯目标的特点是：职业生涯目标的确立多受成长经历及外界影响，目标虽高远，但显得空洞。该阶段的大学生职业生涯规划任务是：适应大学生活；积极进行自我探索，分析高中时期建立起来的职业生涯目标，发现问题并修正目标；了解社会职业、职位设置；制定切实可行的大学阶段成长计划；参加校园文化活动和社会实践活动；进行专业的心理咨询和职业咨询。

（二）第二阶段：大学生入学后第一学期后半学期

大学生在校园已有两个多月的生活和学习经验，对大学生活有了一定的了解，并且对自我有了一定的认识，制定了大学生涯规划。随着对所学专业的进一步了解及大学生活的深入，每一位学生的具体目标逐渐显现。

该阶段职业生涯目标的特点是：目标逐渐与所学专业结合。该阶段大学生的职业生涯规划任务是：进一步进行自我探索，发现自身的优势、劣势、兴趣、爱好、性格、能力，发现自己希望提高的地方；了解社会职位素质要求；根据发现确定阶段性具体目标；制定实现目标的计划并积极行动；进行相应的素质测评；参加校园文化活动和社会实践活动；参加能力提升训练。

（三）第三阶段：大学一年级下学期

大学生已经基本适应大学生活，经过大学生活的亲身体验和专业课程的学习，各方面能力有了一定的提高，对自我的探索逐渐深入，并开始探索职业发展方向。

该阶段的职业生涯目标特点是：目标开始与自我性格、爱好、能力等相结合。该阶段大学生的职业生涯规划任务是：继续进行自我和环境的探索，了解自己的职业发展方向，了解社会相关的职业资讯；对大学生涯进行合理规划；制定大学期间的阶段性目标；采取积极行动以实现阶段目标；参加校园文化活动和社会实践活动；参加成长训练。

（四）第四阶段：大学二年级上学期

开始考虑毕业后是升学、就业还是自主创业，本阶段主要任务是提高自身基础素质。通过参加学生社团组织，锻炼各种能力，同时检验自己的知识技能。尝试兼职，最好能在课余活动（长时间）从事与未来职业或本专业相关的工作，提高自己的责任感、主动性和抗挫折能力。增强英语口语能力、计算机应用能力，通过英语、计算机等级考试，有选择地辅修其他专业的知识来充实自己。大学生经过一年大学生活的适应，已经掌握了大学生活规律，建立了一定的人际关系，新环境的适应压力逐渐消退，这时的大学生开始真正从现实角度关注自己的成长，并积极参加各种活动，主动进行能力提升训练。与此同时，大学生对于自己的性格、能力、优势、劣势、职业兴趣以及将来的职业方向、社会对各种人才的需求、社会经济政治的发展、社会各种职业发展的趋势等状况的探索更加积极，他们已经意识到探索的重要性，并积极行动，希望自己能快速成长。但是，受经历、经验、阅历的影响，这一阶段的大学生需要有效的帮助，借助外力的支持会大大地加快大学生成长的速度。

该阶段职业生涯目标的特点是：目标的确立开始考虑社会需要与个人需要的结合。该阶段大学生的职业生涯规划任务是：进一步进行自我探索；了解将来的就业环境和职业方向；了解社会政治、经济、文化发展状况和职业、职位状况；制定自己的职业生涯规划。

（五）第五阶段：第二学年第二学期前半学期（含暑假）

大学生对于自我的认知和社会的认知达到了一定的水平，职业生涯发展方向进一步明确，这时的职业生涯规划避免了刚刚进入大学时的盲目性，更加切合实际，更具有可操作性。

该阶段的职业生涯目标的特点是：在长远规划的基础上更加具体和现实，但由于个体的差异，有些学生仍会因为寻找职业生涯发展目标和个人价值而处于迷茫状态。该阶段大学生的职业生涯规划任务是：学习并掌握职业生涯规划中的目标建立方法和抉择方法；建立合理的价值体系和认知结构；围绕职业生涯规划制定相应的成长计划；参加专项行为训练，提升实现目标的行动力。

（六）第六阶段：第二学年第二学期后半学期

大学生通过自我及环境的探索，逐渐找到了自我价值与社会价值的结合方法，积极探求实现自我价值的有效途径；通过学习职业生涯规划目标的确立及决策方法，大大提高了自我掌控以及自我设计的能力；通过参加各种实践和成长训练，综合能力快速提升，为即将到来的职业实践奠定了良好的基础。这时的大学生职业生涯发展道路开始出现不同；有的学生希望大学本科毕业后找到一份称心的工作，开始自己的职业生涯；有的学生则希望继续在某一领域进行深造。个人的选择是基于前两年的探索决定的。

该阶段的职业生涯目标的特点是：目标的确立直接反映了大学生的个人价值观，并与社会现实相结合。该阶段大学生职业生涯规划的任务是：了解自己的职业兴趣，确定职业发展方向；掌握与就业相关的信息；掌握与就业相关的法律、政策、就业程序；树立正确的职业道德观念；完善并落实成长计划；参加社会实践活动；参加专项行为训练。

（七）第七阶段：大学三年级上学期

提升个人综合素质，发展职业目标所需技能，增强求职能力，关注就业动态，做出升学、就业或自主择业的决定。撰写学术论文时，勇于表达个人见解，培养独立解决问题的能力和创新思维，参与与专业相关的实践，与同学分享求职经验，学习撰写简历和求职信，积极尝试求职。大学生因志向不同，职业发展路径各异，深造者准备研究生考试，求职者积极参加活动，部分学生则选择实习。

此阶段职业生涯目标特征为：长远目标逐渐清晰坚定，近期目标更具体化。任务：明确职业方向；识别并提升职业竞争力。

（八）第八阶段：大学三年级下学期

通过职业实习，大学生认识到自身能力与职位要求的差距，发现理想职业与社会职位的差异，开始全面反思，建立符合社会实际的工作理念和自我认识。参与活动更具目的性。

此阶段职业生涯目标特征：与社会紧密接触，目标得到有效调整，反映个人理想与社会现实的结合。任务：合理规划职业生涯；确定职业发展方向和各阶段目标；寻找职业发展有效途径；掌握评估和修正方法；评估职业规划的相关问题，发现不足。

（九）第九阶段：大学四年级上学期

重点在于择业、就业或创业。总结前三年的积累，检验职业目标合理性、准备充分性。开始求职申请，积极参加招聘活动。了解用人单位信息，加强求职技巧，进行模拟面试。通过专业学习和训练，提升专业技能，增强人际交往、思维、创新和团队精神。经过全面探索和实习，找到合适工作，有意识地结合理想职业规划剩余大学生活。

此阶段职业生涯目标特征：目标现实且可操作。任务：结合职业实践和理想，发现现实与理想职业的差距；参加提升训练；了解社会及职位变化；掌握就业政策和程序。

（十）第十阶段：大学四年级下学期

大学生即将毕业，步入社会，开始职业生涯。如何适应工作及环境、快速成功，是每位即将踏入社会的大学生关注的问题。希望通过最后的大学生活实现自我完善。

此阶段职业生涯规划目标特征：目标具体，注重职业素质培养。任务：了解就业及创业信息；参加提升训练；建立稳定关系。

职业生涯规划在许多机构和专家看来，似乎必须依赖他们。但有基本人文素养的人，可以使用简单方法，如五步法，自主进行职业生涯规划。五步法通过五个问题进行归零思考，成功应用于许多人。五步法问题包括：我是谁？我想做什么？我会做什么？我做某职业还缺什么？我的职业规划是什么？回答这些问题，找到共同点，确定职业生涯目标。成功回答最后一个问题，你就有了最终答案。

第八章

职业生涯规划的行动计划与调整

在当今这个充满不确定性和快速变化的时代，规划和经营自己的职业生涯显得尤为重要。职业发展的道路往往充满了各种变数和挑战，我们无法准确预测未来将会遇到哪些情况。因此，在我们着手进行职业生涯规划的时候，必须具备前瞻性，考虑到未来可能出现的各种意外情况，并且制定出相应的应对策略和备选方案。只有这样，我们才能在面对不可预见的挑战时，保持冷静和应变能力，确保职业发展的连续性和稳定性。

在执行生涯规划的过程中，我们还需要定期审视和修正职业规划。这是因为随着时间的推移，我们对自己的认识会不断加深，同时外部环境也在不断地发生变化。这些变化可能会导致我们的人生目标、价值观和兴趣发生转变，从而影响我们的职业目标。因此，定期审视和调整职业规划是确保我们能够沿着正确的职业道路前进的关键。

此外，在进行生涯规划的过程中，我们还应该考虑多种因素的变化，这些因素包括但不限于年龄、健康状况、家庭状况、工作与家庭的平衡、地理位置以及机会成本等。这些因素都可能在不同阶段对我们的职业规划产生重大影响。例如，随着年龄的增长，我们可能会更加重视工作与生活的平衡，或者在健康状况发生变化时，需要调整工作强度和类型；家庭状况的改变，如结婚、生子等，也可能要求我们重新考虑职业选择和工作地点；地理位置的变化可能会影响我们获取工作机会的可能性和成本；而机会成本的考量则涉及我们为追求某一职业目标而放弃的其他机会的价值。

因此，我们需要及时并恰当地调整我们的职业规划，以确保其适应性和准确性。这不仅需要我们具备自我反省的能力，还需要我们具备灵活应变的智慧和勇气。通过不断地学习和适应，我们可以确保自己的职业生涯规划始终与个人发展和外部环境保持同步，从而实现个人职业目标和生活目标的和谐统一。

第一节　职业生涯规划的行动计划

在阳光灿烂的古老原始森林中，寒号鸟以其华丽的羽毛和动听的歌声引人注目。它总是炫耀自己的美丽，对其他鸟儿的辛勤工作嗤之以鼻。有位好心的鸟儿劝告它："赶紧筑巢吧！冬天来了怎么办？"寒号鸟不屑一顾地回答："冬天还远着呢，现在应该尽情玩耍！"日复一日，冬天迅速降临。其他鸟儿在温暖的巢中安睡，而寒号鸟却在寒风中颤抖，用歌声表达对过去的悔恨和对未来的恐惧："寒风冻死我，明天我就筑巢。"第二天，阳光普照，万物复苏，寒号鸟又得意地歌唱，忘记了前夜的痛苦。当其他鸟儿再次劝它筑巢时，它却嘲笑它们不懂享受。夜晚再次降临，寒号鸟重复着前夜的故事。经过几个夜晚，大雪突降，寒号鸟的歌声戛然而止。太阳升起时，大家发现寒号鸟已被冻僵。

这个故事来自小学课文《寒号鸟》，它告诉我们：没有行动，一切目标都是空谈。在确定了职业生涯目标之后，行动变得至关重要。

一、行动计划在职业规划中的重要性

行动计划是行动步骤的决策过程和技术支撑。在职业生涯规划中，行动计划对于个人发展和目标实现起着至关重要的作用。有些学生虽然目标明确，比如大一时就计划去某公司实习，但几个学期过去了，却因各种事务无法开始实习或求职。仅有目标而无行动，目标就毫无意义。如何确保目标的实现，并在实现过程中制定有效的行动计划，这是在确定了职业方向和目标后，生涯规划中的又一关键内容。

二、制定行动计划

（一）目标实施中的计划制定

根据目标制定相应的工作计划至关重要，因为没有计划的目标几乎等同于空谈，没有计划的方向是不稳定的，没有计划的行动是混乱的，没有计划的团队是无序的，没有计划的成果也是不可控的。因此，在实现目标的过程中，制定切实可行的计划是首要任务。

管理过程学派的代表人物亨利·法约尔（Henri Fayol）对"计划"有其独到的理论。法约尔认为，计划是管理活动的五大因素之一，包括预测未来和制定行动计划。预测未来是对未来的预判和准备，而制定行动计划则是明确行动路径、阶段、手段、目标和结果。

根据制定时间的长短，行动计划可分为日计划、周计划、月计划和年度计划；根据生涯阶段，可分为大学期间计划、职场适应计划和长期发展计划。一份良好的计划应具备以下特点：

① 统一性，即每一项活动的专门计划或每一部门的专门计划，都应与整体计划紧密相连。

② 连续性，即短期计划与长期计划相互配合，前后计划相互衔接，确保计划的持续指导作用。

③ 灵活性，计划必须能够根据环境变化做出适当调整。

④ 精确性，计划应在影响企业的未知因素允许范围内力求准确。

⑤ 实用性，行动计划应紧密围绕生涯目标，为实现目标提供直接有效的支持。

⑥ 可行性，行动计划应基于现实基础和条件，不可脱离实际。

（二）制定日计划的具体步骤

1. 记录任务

将一天中需要完成的所有事项列出。这样做有助于：首先，书面记录比仅在脑中思考更易记忆；其次，书写过程中能清晰地识别重要事项，形成清晰的思路；最后，书面计划比脑中的模糊概念更具约束力，能更好地促使人们将想法付诸实践。

尽可能在前一晚睡觉前完成这项工作。根据心理学理论，人们通常会在睡前"预演"次日的事务，确保为新一天做好准备，创造心理上的安全感，从而提高睡眠质量。

2. 估算所需时间

制定理想的日计划不仅需要列出活动内容，还需根据个人情况估算每项任务所需时间。初次估算时，可能会高估自己的效率，导致计划无法顺利执行，因此应适当放宽时间限制。

3. 预留弹性空间

根据以往经验，突发事件的发生概率很高，因此在计划时应预留足够的弹性空间。可以遵循"50-50原则"：将已知活动安排在50%的时间内，剩余50%时间用于应对突发事件。

4. 果断做出选择

制定有意义的日计划还需学会选择与取舍。只有真正重要的事情才值得投入时间和精力。在排列任务顺序时，注意轻重缓急，用特殊符号标记重要事项，划掉不必亲自处理的事项。

每天找出最重要的一至两件事，无论多忙，只要完成这些任务，就能保持心情舒畅。因为你知道自己已经解决了最重要的问题。

5. 检验实施效果

再好的计划也只有在实施后才能体现价值。工作结束后，回顾当天的日计划，检查完成情况，并将未完成的工作顺延至次日。这样能逐渐意识到拖延的坏处，并改掉拖拉的习惯。

我们不仅应发现未完成的任务，还应对计划的制定和实施过程进行深入分析，找出未能顺利完成计划的原因：是否任务过多？是否某项任务耗时超出预期？是否在不重要的事情上浪费时间？是否受到外界干扰，导致计划无法顺利执行？

三、实施行动计划

（一）步骤执行

行动阶段模型如图 8-1 所示。

兴奋期：做事热情很高，态度积极，但方向性差，方法较随意，目标设定缺乏经验。

疲劳期：工作激情开始降低，遇到困难容易产生惰性，易转换目标或降低原来的目标标准，亟需学习时间管理与情绪管理。

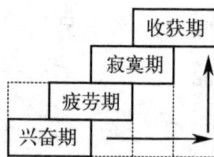

图 8-1　行动阶段模型

寂寞期：只有少数持之以恒的人可以达到这个境界，获取阶段性成功。

了解、掌握了行动过程规律之后，就应该更加坚定信心，认准了目标就不要轻易放弃。

（二）心态调整

1. FIRST 方法

介绍易于实践的 FIRST 方法。

专注（Focus）：明确主要目标，专注是成功的首要条件。为保持专注，须学会放弃。有时"舍"才能"得"。行动中，保持专注以避免被干扰。

执行（Implement）：按短期计划，每天进步，熟练后提升难度，不断挑战舒适区。

反思（Reflect）：常思考行动过程，提炼经验，提高效率。

反馈（Seek feedback）：寻求他人反馈，避免个人盲点。多交流，借助他人视角发现深层问题。

延续（Transfer）：将经验不断转移到下一步，成功在于坚持。当正确行动成为习惯，成功自然接踵而至。

2. 改变阻碍行动的习惯

专家实验显示，蜜蜂与苍蝇在瓶中表现不同。蜜蜂坚持寻找出口直至力竭，而苍蝇迅速找到出口逃脱。蜜蜂遵循逻辑，却未意识到出口可能不在预期之处；苍蝇随机行动，反而找到出口。这个实验揭示了习惯性思维和行动对成功的阻碍。

行动并非总如预期，无法预见所有问题，若墨守成规，可能陷入僵局。因此，需积极改变束缚自己的坏习惯或不适应当前局面的旧习惯。95%的行为是习惯，影响巨大，潜移默化中影响品德、本性、成功。习惯可改变，关键在于意愿。

好习惯影响学习、工作和生活。成功源于正确行动，好习惯也由行动建立。行动促进知识、技能增长，形成良性循环，有利于建立新习惯模式。

形成新习惯的四个阶段如图 8-2 所示。

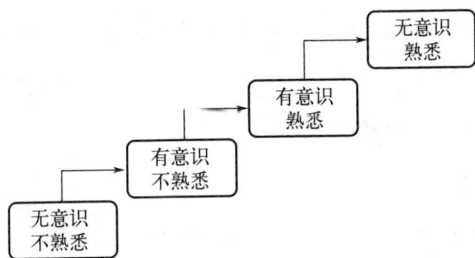

图 8-2　形成新习惯的四个阶段

3. 行动度量——TAR 度量法

时间（Time）：设定行动计划和度量的时间段。

行动（Action）：按计划执行，完成则标记确认。

结果（Result）：行动后，评估结果满意与否，可用具体结果或数字表示。

建议每日赞扬自己完成的事，每月赞扬月目标完成情况，每年回顾目标，指出各阶段的优点，并感谢自己的坚持与努力。赞扬和感谢要具体，可奖励自己，如礼物或美食。

具体案例如下：

姓名：穆小川

目标：通过 12 月英语四级考试（目标细节略）

时间：2019 年 11 月，共 30 天

标准：具体事情的赞扬

签名：穆小川（亲笔）

行动结果：11 月有 23 天完成，满意 17 天，不满意 6 天

自我鼓励与奖励：

穆小川的行动度量如图 8-3 所示。其中各符号含义如下：

＊＋空格：未完成。

★＋满：完成且满意。

☆＋不：完成但不满意。

日		一		二		三		四		五		六	
★	满	★	满	☆	不	★	满	＊		★	满	☆	不
★	满	★	满	★	满	★	满	☆	不	＊		＊	
★	满	★	满	＊		★	满	★	满	☆	不	★	满
★	满	★	满	＊		☆	不	★	满	★	满	＊	
＊		☆	不										

图 8-3　行动度量图

道路并非他人所赐，而是自己选择的结果。选择决定人生。克雷洛夫说，现实是此岸，理想是彼岸，行动是连接两岸的桥梁。唯有行动，方能成功。

（三）执行计划时的管理与监督

1. 执行计划时的自我管理

实践是检验真理的唯一标准，一份完美的生涯规划需要有良好的执行力来完成。在执行行动计划的过程中，对时间的管理至关重要。时间是事物变化的过程，没有变化就没有时间。时间是特殊的资本，其特殊性在于时间无法创造、更新或存储。对于人类的生产和存在而言，时间是无限的。由于人类自身的局限，时间的存在在感觉上是无始无终、延绵不绝的。时间的有限性和无限性的结合，要求我们以严肃的态度对待时间，确保有限的生命不被浪费。

时间管理有两种不同的理解，一种是将其视为管理技巧，目的是提高时间的利用率和有效性，通过合理计划和控制、有效安排与运用时间来完成预定目标并克服时间浪费。另一种是将其视为一种能力，称为时间管理倾向，是个体在运用时间方式上所表现出的心理和行为特征，具有多维度、多层次的心理结构，由时间价值感、时间监控感和时间效能感构成。

对于目标明确、计划完备的个体而言，时间管理的大敌是拖延。拖延行为已成为当前大学生不能完成学业任务、无法达到预定目标的主要障碍。斯蒂尔对拖延的概念和性质进行了系统的梳理，将其定义为："自愿推迟开始或完成计划好的某一行动，尽管预见到该行动会因推迟而变糟。"拖延是一个复杂的心理行为问题，既有拖延的客观行为，也有明知会有消极后果而难以遵循最初意愿的非理性认知，同时还往往伴有焦虑、抑郁等消极的情绪体验。

拖延可以分为特质拖延和情境拖延。特质拖延认为拖延是一种稳定的人格特质，具有跨时间和情境的稳定性。情境拖延是指人们只有在特定的环境中才会拖延，强调情境对人的影响。对于大学生来说，学业拖延就是一种典型的情境拖延，在写论文、备考和完成每周的阅读任务时最普遍。

特质拖延者可以分为三类：等到最后一刻才进行冲刺的唤醒型；害怕失败，甚至害怕成功的回避者，他们宁愿被人看作是缺乏努力而不是缺乏能力的人；无法做出决定的拖延者。

有效的时间管理可以帮助大学生战胜拖延，顺利进行生涯规划行动。时间管理方法的研究经历了四个不同的时代：

① 利用便条与备忘录，在忙碌中调配时间与精力。

② 强调行事日历与日程表，反映出时间管理已注意到规划未来的重要性。

③ 目前正流行、讲求优先顺序的观念。也就是依据轻重缓急设定短、中、长期目标，再逐日制定实现目标的计划，将有限的时间、精力加以分配，争取最高的效率。

④ 与以往有截然不同之处，它根本否定"时间管理"这个名词，主张关键不在于时间管理，而在于个人管理。与其着重于时间与事务的安排，不如把重心放在维持产出与产能的平衡上。

每个时代的理念和方法都具有一定的应用性，比如对于日常的琐事，利用便条和备忘录可以起到提醒作用；对于较短期时间内的生涯行动工作安排，日程表可以做到一目了然；而第三代时间管理的方法，对于管理长期目标、协调短期目标与长期目标之间的关系具有不可替代的作用；第四代理论则更侧重从生活的协调角度来考虑时间的管理，是一个更为广阔的看待人生和时间的理念。第四代时间管理的理论将生活中的时间按照紧急程度和重要程度进行划分，即将工作划分到不同的四个象限中。

2. 执行计划时的自我监督

为了更好地执行行动计划，达成职业目标，加强以后在职业中的稳定性，必须要有完备的自我监督。监督的过程实际上是在不断评估的过程。在行动计划执行中，首先，要确定评估的时间。一般情况下，应进行阶段性校核，定期（半年或一年）评估规划，核对短期计划的任务的实施情况，做出下一步行动计划的详细部署，当出现特殊情况时，随时评估并进行相应的调整。其次，就是要进行内容评估，自我监督的内容评估主要有四方面：实施策略评估、职业路径评估、职业目标评估及其他因素评估。

（1）实施策略评估（是否需要改变行动策略？）

例如，①本来计划在外租房子住，进行考研复习，但是如果学校有相关规定学生必须居住学生公寓，不允许学生私自在外居住，那么我就每天到学校的图书馆进行学习。②之前的职业规划目标是成为一名人民教师，如果现在我觉得我不适合当老师，我会选择其他的工作或者创业。如果短期内工作过于劳累或者压力偏大，那么我会选择请假，等调整情绪后继续工作。如果长时间处于劳累和压力大的情况时，我会选择其他学校或换一份工作。如果觉得所有学校都没有发展前景，我会选择跳槽。

（2）职业路径评估（是否需要调整发展方向？）

例如，①我制定的评估时间是 2 年半，那么在 2 年半之后，我这个阶段的规划（考研）没有实现，那么就调整为备用目标（直接签订合同就业）。如果顺利达成目标，那我就将不懈努力。②之前的职业规划目标是成为一名人民教师，在毕业前，如果我发现我不适合当老师，那我会选择去企业发展，并重新制定职业生涯规划。在工作初期，如果我发现自己无法胜任教师工作，那么我会选择考研或者重新选择新的工作，去谋求新的发展方向。在工作中期，如果我发现自己无法担任班主任的职务，那么我会向其他老师讨教经验，并询问学生对我的看法和意见，努力改善自己的教学方法。在工作后期，如果我发现我并不适合在这所学校担任班主任工作，那么我会考虑提前退休或者创业，或者到新的学校去就职。

（3）职业目标评估（是否需要重新选择职业？）

例如，我在实施计划的过程中，难免会有很多被忽视的小因素成为继续实施计划的阻力，如公司领导层的岗位 10 年之内一直不会有所变动或空缺，职业晋升受阻，为了实现我的晋升目标，那么我将选择到另外有晋升机会的公司发展，但是我应该有 90% 的信心坚持自己的发展方向。

（4）其他因素评估

其他因素评估主要是指对身体、家庭、经济状况以及机遇、意外情况的及时评估。例如，因为身体突发意外或有重大疾病，不适合之前职业生涯规划中的具有高强度的工作岗位时，会选择辞职，等调理好身体后，再选择就业；如果家里发生重大变故，需要大量资金时，会酌情选择工资较高的单位就职；因为父母或配偶的原因不能去异地中意已久的公司就职可能会就近选择次中意的公司或职位。

人只有在实践中才能更清楚、更透彻地进行自我认知和定位，才能了解自己真正适合什么职业。因此，一开始的职业规划可能是模糊的，在经历了一段时间的实践之后，有意识地回顾自身的言行得失，就执行计划的成果与不足做一个自我认知和自我批判，通过反馈与修正，可以总结经验教训，修正自我定位和职业目标方向，确保职业生涯规划的正确性和可行性。

第二节　职业生涯规划的调整

在人生的成长过程中，由于社会环境的剧烈变动和众多不确定因素的影响，原先设定的职业生涯目标和规划可能与现实情况出现偏差。因此，必须对职业生涯目标和规划进行重新评估和修正，并调整自己的步伐，以更好地适应个人发展和社会发展的需求。这个过程被称为反馈评估。它是个人不断自我认识的过程，也是对社会不断认识的过程，是提高职业生涯规划有效性的关键手段。

只有当个人正确地认识自己、客观地分析环境、科学地规划、选择适合自己的职业和职业发展路径时，才能确保事业的持续成功。

一、评估与反馈

（一）生涯目标分析与评估的方法

1. 问题分析法

（1）问题分析法的提问方式

问题分析法是一种通过回答与目标实现相关的一系列问题来评估和分析目标的方法。通常，这些问题包括：

① 这个目标是否与我的价值观和信念相符？它是否与我在个人生活中追求的信念一致呢？

② 这个目标能在多大程度上满足我的兴趣爱好？在实现这个目标的过程中，我能否感到身心愉悦？

③ 这个目标是我内心的真实愿望吗？还是他人或社会强加给我的？

④ 我是否拥有足够的动力去实现这个目标？我能否保持足够的热情坚持

下去？

⑤ 这个目标是否具有可行性？我能否通过学习和努力达到目标的要求？

⑥ 我是否具备实现这个目标的潜在能力？我能否掌握实现目标所需的技能？

⑦ 外部社会与环境在多大程度上支持我的目标实现？我能否克服环境中的障碍？

⑧ 这个目标是否具有明确性？是否足够具体，以便我能够立即开始行动？

围绕目标回答上述问题，当大多数答案为肯定时，表明该目标具有一定的可行性。

（2）问题分析法的应用

以下是一位学生针对自己的目标进行的分析。

我是一名即将读研的学生，我的职业目标是毕业后进入设计院工作。以下是我的分析：

① 这个目标是否与我的价值观和信念相符？它是否与我在个人生活中追求的信念一致呢？

答：基本相符，当初选择工科是因为我认为自己适合解决实际问题，如技术性和实用性问题。设计院或勘察院的工作可以让我充分发挥所学，并创造出有价值的东西。在施工单位，工作内容偏向管理，我不确定自己能否在短时间内掌握那些被认为有效的方法，或者说能否获得工作的成就感。

设计院的工作与我生活中的信念较为吻合，但仍有差异。设计院的工作是所做即所得，这与我坚信的一分耕耘一分收获相一致。但同时，这里的工作会随着外部项目的变化而变化，因此也能满足我对工作内容变化的需求。

② 这个目标能在多大程度上满足我的兴趣爱好？在实现这个目标的过程中，我能否感到身心愉悦？

答：在很大程度上都能满足，至少满足了自己所学能有所用，能创造价值。但同时，工作身不由己，经常会有机械地重复作业，这是我不愿看到的，因此需要进行自我调整。在实现目标的过程中，出成果的过程会让我感到身心愉悦。

③ 这个目标是我内心的真实愿望吗？还是他人或社会强加给我的？

答：大部分是内心的真实愿望，但同时权威人士或老师的讲解也会影响我的判断。

④ 我是否拥有足够的动力去实现这个目标？我能否保持足够的热情坚持下去？

答：目前我感到自己有足够的动力去实现目标。但是因为现在接触实践的机会较少，导致理论与实践脱节，从而缺乏足够的热情去进行理论学习。因此，我将在未来的学习中增加实践，以保持学习的热情。

⑤ 这个目标是否具有可行性？我能否通过学习和努力达到目标的要求？

答：目标比较现实，因为周围有许多可供借鉴的成功案例。但不清楚学习和努力应该达到的状态和应该做的准备，目前我能想到的就是先把研一的必修课学好。

⑥ 我是否具备实现这个目标的潜在能力？我能否掌握实现目标所需的技能？

答：我相信自己有实现目标的潜力，因为大学课程的学习让我看到了自己的学习能力。目前对于进入设计院所需的具体技能了解不够，导致学习有所拖延。下一步我需要进行具体的研究，尽可能详尽地了解技能需求。

⑦ 外部社会与环境在多大程度上支持我的目标实现？我能否克服环境中的障碍？

答：就我目前所处的学校和家庭环境来说，是足够支持实现目标的。主要障碍可能来自未来几年国家经济发展的减缓，基础设计建设减少，可能会减少设计院的用人需求。这个困难不是我个人力量能克服的，但我可以使自己变得更强大，优于同专业的同辈，从而脱颖而出。

⑧ 这个目标是否具有明确性？是否足够具体，以便我能够立即开始行动？

答：目标具有一定的明确性，但并不具体，而且未考虑其他各方面的因素。这让我感到虽有大致的方向，但要做的事情很多。因此，我现在需要梳理实现目标所需的重点工作，以便进行合理的取舍。

2. SWOT 分析法

SWOT 分析法是一种强大的分析工具，用于审视个人技能、能力、职业倾向、喜好以及职业机遇。通过这种方法，可以轻松识别个人的优势和劣势，并仔细评估不同职业路径中的机遇与挑战，进而根据分析结果调整职业规划。

① 优势。个人在某些方面表现出色，尤其与竞争者相比具有明显优势，例如沟通技巧、组织能力、亲和力和同情心等。

② 劣势。个人不擅长或不喜欢的事情，以及可能对职业选择产生负面影响的不足之处，如社交能力不强、缺乏创新思维、团队协作能力不如竞争对手等。

③ 机遇。有利于职业选择和发展的新机遇，例如专业对口的行业得到国家的大力支持，人才需求增加，或者心仪的企业开始招聘新员工等。

④ 威胁。潜在的危险因素，如所在行业衰退、出现强劲的新竞争者、公司业绩持续下滑等。

通过 SWOT 分析，可以清晰地描绘出职业生涯的美好前景。

3. 五"W"法

五"W"法是一种从零开始的思考方式，通过回答五个包含"W"的问题来探索个人职业生涯的发展和职业目标的可行性。

（1）五"W"法的提问方式

① Who are you? 你是谁? 要求学生全面审视自身情况。

② What do you want? 你想要什么? 审视职业发展和生活需求，确保当前职业目标与之相符。

③ What can you do? 你能做什么? 总结自身能力和技能，评估与既定目标的匹配度。

④ What can support you? 环境支持你做什么? 审视所处环境，包括经济、政策、制度、人际关系等。

⑤ What you can be in the end? 你的最终职业目标是什么? 从期望的职业目标出发，评估现状与目标的一致性。

（2）五"W"法的应用

以下是一个大学生运用五"W"法进行目标分析的实例。

孙晓燕，计算机专业女大学生。面临毕业，尽管有多个工作选择，但对最终职业方向犹豫不决。计算机专业比较热门，找到满意工作不难，但她的专业水平和潜力一般，且对教师职业有浓厚兴趣。现在我们用五"W"法对她进行深入分析。

① Who are you?

重点高校计算机专业毕业生; 优秀学生干部，学业成绩优异，英语六级; 辅修心理学、管理学课程; 参加演讲比赛获奖; 家庭条件一般，父母健康稳定; 身体健康; 性格内向但不孤僻，喜欢安静。

② What do you want?

首先，渴望成为教师，这是儿时梦想，也喜欢这个职业; 其次，可成为公司技术人员; 再次，出国读管理硕士，回国后成为企业管理人员也愿意。

③ What can you do?

做过家教，虽非本专业，但与孩子交流有优势，通过家教期间学生进步获得成就感; 担任学生干部，组织过大型活动; 实习时参与开发，虽无大成就，但感觉良好。

④ What can support you?

亲戚推荐去公司做技术开发；GRE 成绩尚可，已申请国外高校，但奖学金和签证情况未定；曾有学校招聘技术维护人员，若做教师可能需去普通中学；同学开公司，希望加盟，但需放弃专业。

⑤ What can you be in the end?

可能的最终去向包括：

第一，成为学校教师，有此兴趣和理想，知识和能力不缺，专业优势明显，有信心成为学生理想中的好老师；不足是缺乏教师基本训练和技巧，但可逐步提升。

第二，成为公司技术人员，收入较高，但行业波动大，需不断更新知识，压力较大，兴趣和信心不足。

第三，加入同学公司从基层做起，风险较大，与希望稳定的心理不符。

第四，如获奖学金出国读书，回国后做企业管理人员，但不确定因素多，始终被动。

综合分析，第一种选择符合她的兴趣、能力、性格，且实际就业中做教师是可行的。

因此，选择第一种去向是明智的。

4. 360 度评估法

360 度评估法起源于 20 世纪 80 年代，由美国学者在企业绩效评估研究中发展而来。由于其具备全面性，包括了组织满意度调查、全员质量管理、发展回馈、绩效评估和多元评估系统等，迅速在美国及全球组织绩效管理领域流行起来。

在个人生涯规划领域，360 度评估法被证明非常有效。

（1）360 度法的评估方式

① 确定评估议题。针对具体目标，首先确定评估的具体问题，如是否转专业、深造方向选择、与性格合适的工作等。

② 确定评估人。尽可能多地找到相关人员，听取意见。评估人包括家人、朋友、同学、老师、专家、生涯规划辅导人员及被评估人本人等。

③ 设计具体问题。细化议题，提出针对性问题，便于评估人回答。例如关于转专业，可问：原专业就业方向、要求、期望转向的专业方向及要求等。

④ 进行评估，采集数据。将问题发给评估人，请他们详细回答，并科学记录。

⑤ 汇总意见和想法，确定生涯目标是否合适。

⑥ 制定行动计划并采取行动。

（2）360 度评估法的应用原则

① 全员参与。尽可能全面地确定评估人，同一类评估人可选择多名，确保评估有效性。例如，评估人应包括长辈和平辈，平辈中既有熟人也有敢说真话的朋友。

② 客观公正。确保评估意见和想法具有客观性，通过评估人意见的互相印证来评估客观公正性。例如，关于是否考研，可对比专业老师和辅导员老师的意见。

③ 信息畅通。保持评估中信息畅通，评估人需要反馈时，确保传达真实信息，保证评估人全面了解情况。

（二）生涯规划的评估与反馈

1. 评估反馈的重要性

每一次经历和职业体验，都会促使个人重新审视自我、调整职业抱负。大学生应主动总结经验教训，调整自我认知和职业目标。研究显示，许多人需经过一段时间的尝试和探索，才能明确适合自己的工作领域，若缺乏反馈和修正，这一过程可能长达数十年。随着技能和需求随时间变化，人们应不断反思职业选择，并在适当时候作出调整。

即便自我定位和目标设定准确，反馈和修正也能纠正职业目标与阶段性目标的偏差，确保职业规划的有效性，并增强实现目标的信心。

2. 评估反馈的关键点

评估应参照短期和中期目标与实际成果进行对比。通常，评估被归结为判断自我素质和行为对现实环境的适应性，需要分析现状，特别是针对环境变化，找出偏差并进行修正。

（1）聚焦关键目标

猎人若同时瞄准多只兔子将一无所获，与之相似，评估过程中也不必面面俱到，而是应专注于一两个关键目标和主要策略的追踪。在大学阶段，总有一个核心目标，其他目标都应服务于这一核心，通过优先排序，重点评估那些能有效达成核心目标的主要策略。

（2）识别最新需求

面对变化的内外环境，要善于发现最新趋势和影响。要跟上形势，对于新变化和需求，找出最有效且创新的策略。

（3）确定突破方向

在某一点上的突破性进展可能会带来意想不到的改变。思考先前规划中的策略方案：哪一条对目标达成有突破性影响？是否已实现？未实现的原因是什么？如何寻求新的突破点？

（4）关注自身弱点

木桶理论指出，木桶的容量取决于最短的木板。在反馈评估中，除了肯定成绩和长处外，更重要的是发现自身素质和策略的"短板"，然后进行修正或替换，以提升职业生涯这只"桶"的容量。

回顾制定策略前通过 SWOT 分析发现的弱点，是否在现阶段有所改善，若无，原因何在？差距何在？通常，短板可能表现在以下方面：观念差异、知识差异、能力差异和心理素质差异。职业生涯的发展首先是心理素质的成长。

（三）评估反馈的方法

1. 全面性评估反馈

全面性评估反馈将家人、朋友、教师、同学、邻居、社团伙伴等与你紧密联系的人的评估，与大学生自我评估相结合，进行全面评价。这种模式又称为多源评估或多评价者评估。大学生在进行职业评估时，可采用此模式，即在评估反馈过程中，广泛征求他人意见。这些人可能是学校的教师、同学或亲朋好友。特别是教师和同学的意见至关重要，因为他们与你相处时间最长，联系紧密，能及时发现你的变化和失误。及时有效的沟通和全面的信息交流对大学生职业发展至关重要。

2. SWOT 分析

SWOT 分析不仅适用于生涯目标评估，也适用于整个生涯规划的评估与反馈。运用 SWOT 分析进行评估反馈时，须穷尽所有选择，评估各种职业发展机会，全面分析，选择最优职业机会，及时调整职业目标与行动计划，以迈向成功的职业生涯。

二、调整与修正职业生涯规划

职业生涯规划具有明显的阶段性，因此在各个发展阶段都需要进行相应的调整，甚至改变。但职业发展的核心目标始终不变，即通过职业机会展现个人价值，为社会作出贡献。拥有长远和宏观的视角，我们能够根据自身状况和外部环境的变化做出适当的调整。外部条件的变化既可能给职业目标的实现带来挑战，也可能为职业发展带来新的机遇。每个从业者都必须正视现实，勇敢面对挑战。调整职业生涯规划的必要性体现在：一是应对外部条件变化的需求；二是适应个人素质变化的需求。职业规划并非目标越高越好，而是要实际可行，有计划地逐步实现。

（一）影响职业生涯规划调整的因素

几乎每个大学生在解决生涯问题或制定生涯规划时，都旨在追求"成功生涯"的愿景。实际上，我们都是自己生涯的先知，有能力构建关乎自己所追求和梦想的愿景。

生涯不应被视为一种拥有或占有的物品。更恰当的看法是将生涯视为一段旅程、一个过程或一条道路，而非目的地或战利品。如果我们用"生活"这个词来替代"生涯"，可能会更准确地表达生涯的意义。因此，生涯是我们追求和探索的，而非我们所拥有或占有的。这种对生涯元认知的重构，是对传统"成功生涯"观念的重要转变。

不断变化的世界也影响着我们的职业生涯规划。某位生涯专家曾指出，"健康的心理状态并不能保证成功"，他这句话的含义是什么？

专家认为，仅了解个人兴趣和目标或拥有自尊是不够的。社会、政治和经济因素构成了变化中的"机会结构"，这些因素在全球范围内对人们的"生涯规划"调整产生越来越大的影响。制定生涯规划的人需要了解这些变化中的机会结构，了解它们在 21 世纪是如何影响职业生涯规划的。我们必须关注世界的变化，并据此调整我们的生涯规划。影响生涯规划调整的因素分为内部和外部两种。

1. 内部因素

内部因素包括认知层面的偏差和不足，涉及对自我和职业目标的认知。当对自身兴趣、性格、能力、价值观的认知不准确或有偏差时，会影响职业生涯规划的持续性。认知能力会随着知识和实践经验的积累而增强和完善，因此，对自我和职业目标的认知也需要逐步校正，这就需要我们对职业生涯规划进行有效的调整和修正。另一方面，随着生理和心理的成熟，生活阅历、知识的增长和社会实践的积累，人的兴趣、性格、能力、价值观也会发生变化，这时原有的职业生涯规划可能已不再适应当前的知识层级和架构，因此需要及时调整和修正。

2. 外部因素

（1）科技进步

许多变化正在发生，并深刻影响着我们的工作方式。以下是一些最近的发展状况，甚至可能影响职业生涯咨询员的工作。

科技进步改变了众多公司的运营方式。例如，在银行业，电脑能够在预设条件下自动进行提款或存款操作。这样的操作一天 24 小时在全球各地的交易所中进行。当你休息时，你的资金可能就在世界各地的交易所中流动，寻找最高的利息。电信领域的最新发展，如微信、QQ，使得个人和公司能够以低成本进行即时通信。当代经济中科技变化的步伐前所未有，且将以指数速度增长。在 21 世纪，科技对国家、公司和个人工作者带来的"创造性破坏"将比以往更大。实际上，科技对职业生涯规划调整的影响也不容小觑。

（2）工作机构变革

工作机构，包括商业、政府机构、学校和社区中心，正在改变他们的职能方式。他们以新的方式组织，内外沟通，对待雇员以及他们的客户和产品。这些机构的变化对我们寻找职业的方式产生了重大影响。

工作机构变革的一个例子是大规模裁员后，公司从其他公司购进相同的服务，这通常被称为外包。例如，A 公司是一家药物供应机构，决定撤销人事部，同时与提供人事服务的 B 公司签订合同，由 B 公司为 A 公司提供人事服务（例如，保存职员离职记录，发布空缺职位广告，筛选简历，保存薪酬记录）。A 公司通过裁员节省了开支，人事工作由 B 公司完成。

就业指导教师的职业也受到这种新的组织形式的影响。例如，一些咨询机构实施了外包。这意味着就业指导教师不是直接被大学雇佣，而是与咨询机构签订合同或通过咨询机构与另一个公司签订合同。这对就业指导教师意味着什么？首先，这意味着在时间上和工作责任方面有更大的压力，需要不断地调整自己的工作。其次，没有福利和失业保险意味着失去了工作和个人生活稳定性。这些新的机构变化，将导致职员被视为是临时的、可以取代的人力资源。当这些变化发生时，我们必须改变以往的对"有一份工作"的理解，因为陈旧的观点会错误地引导我们，使我们以为就业环境很糟糕。

（3）新的工作方式

许多人的观念是专业工作需要一周工作 40 小时，这似乎是理所当然的。尽管医生、护士、水管工人、警察等不按常规时间表工作，但我们大多数人都是正常班。在职业和工作领域，没有什么比我们工作的"方式"变化更大。新的工作模式包括弹性工作制、兼职、工作共享、临时工、家庭共组、网络远程工作模式。

工作共享是指一份工作由两人分担。每个人每周独自工作 20 小时，尽管他们每周也需要共处两三个小时以便于主管督导和其他职员接头。这种安排非常适合需要照顾孩子和老人的人，因为对他们来说，每周工作 40 小时是难以实现的。另外，正在修教育学位的人可能发现难以同时全职工作和完成所有课程，而有休闲或娱乐嗜好的人会觉得全职工作很困难，因为他们仍然想追求业余爱好。

当你考虑职业生涯时，要注意不同的工作安排可能为你提供不同的选择，你可以在考虑何时工作以及如何工作的同时，兼顾其他重要生活活动的安排。

（4）职业和家庭角色的变化

随着社会的发展和进步，与以往的家庭工作模式不同，在我国，越来越多的女性离开家庭外出工作。双职工家庭，或称为双薪家庭，即男女双方都外出工作的家庭，已经对大多数人的工作方式产生了巨大影响，并将继续影响我们未来的工作。

工作地点的选择是一个重要问题，它增加了双职工夫妇生涯规划的复杂性。当两个人都工作且固定工作地点涉及其中一人时，跟随的一方将面临相当大的困难，因为新的工作地点可能没有相同的机遇。在双职工家庭的情况下，成功的地域选择需要一定的协商与妥协技能。用认知的术语来说，这意味着无论做何种选择，两个人都能感到"赢"。在当今社会工作中，同时兼顾好夫妇两人的职业生涯常常是复杂的事情。

（二）生涯规划调整与修正的常见情况

职业生涯规划的调整通常源于生涯障碍的出现。以小明同学的经历为例，我们可以探讨几种需要对生涯规划进行调整的典型情况。

1. 生涯兴趣的丧失

小明曾对机械充满兴趣，受到父亲的影响，他自幼便对拆装家用小型机械设备表现出浓厚的兴趣。然而，在大学学习软件工程的过程中，他发现课程内容与自己的兴趣不符，感到学习吃力。这表明小明在机械领域的兴趣可能正在消失。

2. 家庭期望的压力

尽管小明清楚自己的兴趣所在，但家庭的期望和母亲的影响使他最终放弃了机械专业，选择了计算机专业。母亲认为机械行业收益不高、工作环境差，而计算机行业则热门、前景好、收入高。

3. 社会规范的限制

小明的母亲期望他选择一个符合社会主流价值观的职业，如建筑、计算机和金融等，这些行业通常被认为工作环境好、收入高、市场需求大。社会规范和家庭期望共同塑造了小明的生涯选择。

4. 顺从的人格特质

小明从小受到母亲的教育，形成了顺从的人格。在面对重大决策时，他往往忽略自己的需求，以满足他人的期望。这种人格特质也是生涯规划需要调整的常见原因之一。

5. 同伴的负面影响

小明身边的同学对学习和职业发展持消极态度，这种同伴的影响使小明对自己的消极行为感到正常，从而影响了他的生涯规划。

6. 自制力的减弱

小明目前的学习状态不佳，缺乏高中时期的冲劲，对学习提不起兴趣，反而沉迷于网络游戏。这种生活方式的改变可能会对他的正常社交和生涯发展造成阻碍。

7. 自信心的下降

小明在大学中经历了功课不及格和恋爱失败，这些连续的挫折影响了他的自尊心。自尊心的下降可能会导致抑郁等情绪问题，进而影响个人的行为能力。

8. 规章制度的制约

小明考虑过转专业，但了解到学校的相关制度和自己的学习状态后，发现转专业难以实现。规章制度的限制也是大学生需要不断调整生涯规划的原因之一。

通过小明的故事，我们可以了解到需要调整生涯规划的常见情况，包括：职业兴趣、家庭期望、社会规范、人格特质、同伴影响、自制力、自信心和规章制度等方面的影响。

（三）生涯规划调整与修正的原则和最佳时机

1. 生涯规划调整与修正的原则

① 明确性原则：目标和措施是否明确？实现目标的步骤是否直截了当？

② 灵活性原则：目标或措施是否具有弹性或缓冲性？是否能根据环境变化进行调整？

③ 一致性原则：主要目标与分目标是否一致？目标与措施是否一致？个人目标与组织目标是否一致？

④ 挑战性原则：目标与措施是否具有挑战性，还是仅维持现状？

⑤ 激励性原则：目标是否符合个人性格、兴趣和特长？是否能产生内在

激励作用？

⑥ 合作性原则：个人目标与他人目标是否具有合作性与协调性？

⑦ 全程性原则：生涯规划应考虑整个生涯发展历程，进行全程规划。

⑧ 具体性原则：生涯规划的各阶段划分与安排必须具体可行。

⑨ 实际性原则：生涯目标实现途径多样，在规划时需考虑个人特质、社会环境、组织环境等因素，选择可行途径。

⑩ 可评量原则：规划应有明确的时间限制或标准，便于评量和检查，为规划调整提供参考。

2. 生涯规划调整与修正的最佳时机

生涯发展是动态的，需要在不同阶段对规划进行调整甚至改变。对大学生而言，生涯规划的最佳调整时机有两个：毕业前夕和从业初期。

（1）毕业前夕的调整

毕业前的调整需要运用战略性思维能力来协商和评估录用通知。面对多份录用通知时，需在压力下考虑与个人和职业选择相关的信息。当只收到一份录用通知时，消极思维可能占据上风。你可能会急于抓住机会，但也要挑战自己的想法，相信自己值得更好的机会。

在毕业前夕，全面了解工作机会和个人情况，将为你提供一次绝佳的生涯规划调整和生涯发展选择的机会。

（2）从业初期的调整

初入职场，你会迅速感受到大学与工作的差异。雇主通常认为大学毕业生在适应新工作场所方面准备不足。问题通常不在于学业领域，而在于人际交往和个人能力。从大学文化向全职就业文化的转变过程中，你可能需要调整的领域包括从理论到实践、工作惯例、沟通、组织结构、适应新工作地点、现实期待、岗位认识、合作态度、承担责任等。这些因素将决定你对职业生涯的满意度和适应度，一旦这些领域未达到标准，就到了生涯规划调整的重要时机。

（四）调整职业生涯规划的方法

调整职业生涯规划的方法包括自我条件重新剖析和发展机遇重新评估。

1. 自我条件重新剖析

"七要"——评估自身能力、衡量外部环境、设定目标、选择策略、重视实践、善于反省、重新出发。

"七问"——自己真正喜欢的工作是什么？自己的专长在哪里？当前目标工作的重要性如何？有哪些工作机会可选择？我将如何行动？下一个工作我将

做什么？在当前工作中我将为下一个工作做哪些准备？

2. 发展机遇的重新评估

发展机遇的重新评估主要关注当前环境因素对个人职业发展的影响，评估指标包括社会与政治环境、经济环境、职业环境和组织环境。在分析环境影响时，应注意环境特点、发展趋势、新要求以及有利和不利因素等。在调整个人职业生涯规划时，要分析发展机遇的特点、发展变化情况、个人与机遇的关系、在机遇中的地位、新机遇提出的要求以及有利和不利条件等。只有充分了解这些发展机遇与环境，才能在复杂环境中避害趋利，有效调整和修正生涯计划，使生涯规划更具实际意义。

（五）调整与修正生涯目标

生涯目标的调整与修正是生涯规划中反馈环节的关键部分。在职业生涯规划的最后阶段，信息反馈起着至关重要的作用。反馈，这一传播学概念，描述了传播者了解其信息是否被预期接收者真正理解的过程，是沟通双方期望得到的信息回流。将这一概念应用于职业生涯规划，意味着大学生在规划过程中，需围绕既定目标不断进行调整，以确保目标的实现。

生涯反馈是规划系统的一个组成部分。在大学生职业生涯反馈机制中，反馈的主体是大学生本人，而客体则包括教师、辅导员、家长、朋友、学校指导机构、专业咨询机构以及外部环境等。主体反馈属于内反馈，通过自我内省的方式进行；客体反馈属于外反馈，通过外部咨询的方式实现。生涯反馈作为生涯规划不可或缺的一部分，是一个持续循环、不断进步的过程。

鉴于现实社会中不确定因素的存在，职业生涯规划实施过程中可能会出现与原定目标的偏差。这就要求学生持续进行自我反省，并对规划目标及行动方案进行必要的修正或调整，以确保最终实现人生理想。从这个角度来说，目标的修正与调整是反馈过程的核心，是一个重新认识和发展自我的过程。这一过程要求人们时刻关注内外环境的变化，不断审视和调整自我，以完成目标的修正与调整，确保个人职业生涯规划的有效性。因此，目标修正与调整并非随意改变目标，而是基于人生理想，对阶段性目标进行微调，以及对实现目标的路径、方法或策略、时间进行调整。不同层次目标之间存在递进关系，目标调整的意义在于确保人生愿景与人生意义的实现。

1. 目标调整与修正的方法

① 定期检查预定目标的实现情况。

② 在每个阶段目标实现后，根据实际效果，调整未来阶段目标的行动

策略。

③ 评估客观环境的变化是否影响了计划的执行。

④ 持续进行反省和修正，检查策略方案是否适应环境变化，并将其作为生涯规划修正的依据。

2. 目标调整与修正需要考虑的因素

① 环境因素，涵盖社会、政治、经济、法律、自然环境等。需要在各部分间进行协调，做出必要的修正和调整。

② 个人因素，包括年龄、性别、学历、经历及家庭状况等。分析个人因素以便更好地了解自我，进行科学的调整与修正。

③ 组织因素。考虑组织的目标、文化、规模及发展方向等因素。

国内专家研究设计了生涯规划动态修正卡，作为帮助大学生修正生涯目标的工具。动态修正卡包含六个必要部分：个人基本信息、生涯目标、实施方案、支撑材料、评估反馈和专家意见。学生入学后即可建立生涯规划动态修正卡，并根据自身情况每年进行内容的补充和修正，由专家进行评估。这一过程持续至毕业，确保了学生生涯目标的实现。

（六）行动方案的调整与修正

行动方案制定后，并非一成不变，需要根据客观实际情况及其变化，不断进行调整、修改和完善，以确保其可行性和有效性。接下来，根据评估结果进行策略方案的调整。调整内容包括：职业的重新选择、职业生涯路线的确定、阶段目标的修正、实施措施与行动计划的变更。

通过评估反馈和修正，应达到以下目的：

① 对自己的优势充满信心（我清楚自己的优势所在）。

② 对自己的发展机会有清晰的认识（我知道自己在哪些方面需要改进）。

③ 识别出关键的改进领域。

④ 为这些改进领域制定具体的行动改变计划。

⑤ 以恰当的方式回应反馈者，并表达感谢。

⑥ 执行行动计划，确保取得显著的进步和成就。

综上所述，大学生职业生涯规划是一个持续动态的过程，有效的职业生涯规划需要对生涯目标进行评估，并做出适当的调整，以更好地适应个人发展和社会发展的需求，并为下一轮规划提供参考。

附　录

附录1　霍兰德职业代码

代码	适合职业
RIA	牙科技术员、陶工、建筑设计员、模型工、细木工、制作链条人员
RIS	厨师、林务员、跳水员、潜水员、染色工、电器修理、眼镜制作、电工、纺织机械装配工、报务员、装玻璃工人、发电厂操作工人、焊接工
RIE	（建筑和桥梁工程、环境工程、航空工程、公路工程、电力工程、信号工程、电话工程、一般机械工程、自动工程、矿业工程、海洋工程、交通工程）技术人员、制图员、家政经济人员、打捞员、计量员、农民、农场工人、农业机器操作、清洁工、无线电修理、汽车修理、手表修理、管工、线路维修、盖(修)房工、电子技术员、伐木工、机械师、锻压操作工、造船装配工、工具仓库管理员
RIC	船上工作人员、接待员、杂志保管员、牙科医生的助手、制帽工、磨坊工、石匠、机器制造、机车(火车头)制造、农业机器装配、汽车装配工、缝纫机装配工、钟表装配和检验、电动器具装配、鞋匠、锁匠、货物检验员、电梯机修工、托儿所所长、钢琴调音工、装配工、印刷工、建筑钢铁工人、卡车司机
RAI	手工雕刻、玻璃雕刻、制作模型人员、家具木工、制作皮革品、手工绣花、手工钩针纺织、排字工人、印刷拼板工人、图画雕刻、装订工
RSE	消防员、交通巡警、门卫、理发师、房间清洁工、屠夫、锻工、开凿人、管道安装工、出租汽车驾驶员、仓库管理员
RSI	纺织工、农业学校的教师、某些职业课程教师(诸如艺术、商业、技术、工艺课程)、雨衣上胶工人
REC	抄水表员、保姆、实验室动物饲养员、动物管理员
REI	轮船船长、航海领航员、大副、试管实验员
RES	旅馆服务员、家畜饲养员、渔民、渔网修补工、水手长、收割机操作工、搬行李工人、公园服务员、救生员、登山导游、火车工程技术员、建筑工人、铺轨工人

续表

代码	适合职业
RCI	测量员、勘测员、仪器操作者、农业工程技师、化学工程师、民用工程技师、石油工程技师、资料室管理员、探矿工、煅烧工、烧窑工、矿工、保养工、磨床工、取样员、样品检验员、纺纱工、炮手、漂洗工、电焊工、锯木工、刨床工、制帽工、手工缝纫、油漆工、染色工、按摩师、木匠、农民、建筑工人、电影放映员、勘测员助手
RCS	公共汽车驾驶员、一等水手、游泳池服务员、裁缝、建筑工人、石匠、烟囱修理工、水磨石工、泥水匠、车工、烟囱修建工、混凝土工、电话修理工、爆炸手、邮递员、矿工、裱糊工人、纺纱工
IAS	普通经济学家、农业经济学家、财政经济学家、国际贸易经济学家、实验心理学家、工程心理学家、心理学家、哲学家、内科医生、数学家
IAR	人类学家、天文学家、化学家、物理学家、医学病理学家、动物标本录制者、化石修复者、艺术品管理员
ISE	营养学家、饮食顾问、火灾检查员、邮政服务检查员
ISC	侦查员、电视播音室修理工、电视修理服务员、验尸室人员、编目录的人、医学实验室技师、调查研究者
ISR	水生生物学者、昆虫学家、微生物学家、配镜师、矫正视力者、细菌学家、牙科医生、骨科医生
ISA	实验心理学家、普通心理学家、发展心理学家、教育心理学家、社会心理学家、临床心理学家、目录学家、皮肤病学家、神经病学家、妇产科医生、眼科医生、五官科医生、医学实验室技术专家、民航医务人员、护士
IES	细菌学家、生理学家、化学专家、地质专家、地理物理学专家、纺织技术专家、医院药剂师、工业药剂师、药房营业员
IEC	档案保管员、保险统计员
ICR	质量检查技术员、地质学技师、工程师、法官、图书馆技术辅助员、计算机操作者、医院听诊员、家禽检查员
IRA	地理学家、地质学家、声学物理学家、矿物学家、古生物学家、石油地质学家、地震学者、原子和分子物理学家、电学和磁学物理学家、气象学家、设计审核员、人口统计学家、数学统计学家、外科医生、城市规划家、气象员
IRS	流体物理学家、物理海洋学家、等离子体物理学家、农业科学家、动物学家、食品科学家、园艺学家、植物学家、细菌学家、解剖学家、动物病理学家、作物病理学家、药物学家、生物化学家、生物物理学家、细胞生物学家、临床化学家、遗传学家、分子生物学家、质量控制工程师、地理学家、兽医、放射治疗技师
IRE	化验员、化学工程师、纺织工程师、食品技师、渔业技术专家、材料和测试工程师、电气工程师、土木工程师、航空工程师、行政官员、冶金专家、原子核工程师、陶瓷工程师、地质工程师、电力工程师、口腔科医生、牙科医生
IRC	飞机领航员、飞行员、物理实验室技师、文献检查员、农业技术专家、动植物技术专家、生物技师、油管检查员、工商业规划者、矿藏安全检查员、纺织品检验员、照相机修理工、工程技术员、编计算机程序者、工具设计者、仪器维修工

续表

代码	适合职业
ASE	戏剧导演、舞蹈教师、广告撰稿人、报刊专栏作者、记者、演员、英语导游、外语翻译
ASI	音乐教师、乐器教师、美术教师、管弦乐指挥、合唱队指挥、歌星、演奏家、哲学家、作家、广告经理、时装模特
AER	新闻摄影师、电视摄像师、艺术指导、录音指导、丑角演员、魔术师、木偶戏演员、骑士、跳水员
AEI	音乐指挥、舞台指导、电影导演
AES	流行歌手、舞蹈演员、电影导演、广播节目主持人、舞蹈教师、口技表演者、喜剧演员、模特
AIS	画家、剧作家、编辑、评论家、时装艺术大师、家具设计师、包装设计师、布景设计师、服装设计师、新闻摄影师、男演员、文学作者
AIE	花匠、皮衣设计师、工业产品设计师、剪影艺术家、复制雕刻品大师
AIR	建筑师、画家、摄影师、绘图员、环境美化工、雕刻家、包装设计师、陶器设计师、绣花工、漫画家
SEC	社会活动家、退伍军人服务官员、工商会事务代表、教育咨询者、宿舍管理员、旅馆经理、饮食服务管理员
SER	体育教练、游泳指导
SEI	大学校长、学院院长、医院行政管理员、历史学家、家政经济学家、职业学校教师、资料员
SEA	娱乐活动管理员、国外服务办事员、社会服务助理、一般咨询者、宗教教育工作者
SCE	部长助理、福利机构职员、生产协调人、环境卫生管理人员、戏院经理、餐馆经理、售票员
SRI	外科医师助手、医院服务员
SRE	体育教师、职业病治疗者、体育教练、专业运动员、房管员、儿童家庭教师、警察、引座员、传达员、保姆
SRC	护理员、护理助手、医院勤杂工、理发师、学校儿童服务人员
SIA	社会学家、心理咨询者、学校心理学家、政治科学家、大学或学院的系主任、大学或学院的教育学教师、大学农业教师、大学工程和建筑课程的教师、(大学数学、医学、物理、社会科学和生命科学)的教师、研究生助教、成人教育教师
SIE	营养学家、饮食学家、海关检查员、安全检查员、税务稽查员、校长
SIC	描图员、兽医助手、诊所助理、体检检查员、监督缓刑犯的工作者、娱乐指导员、咨询人员、社会科学教师
SIR	理疗员、救护队工作人员、手足病医生、职业病治疗助手
ECI	银行行长、审计员、信用管理员、地产管理员、商业管理员
ECS	信用办事员、保险人员、各类进货员、海关服务经理、售货员、购买员、会计

续表

代码	适合职业
ERI	建筑物管理员、工业工程师、农场管理员、护士长、农业经营管理人员
ERS	仓库管理员、房屋管理员、货栈监督人
ERC	邮政局局长、渔船船长、机械操作领班、木工领班、瓦工领班、驾驶员领班
EIR	科学、技术和有关周期出版物的管理员
EIC	专利代理人、鉴定人、运输服务检查员、安全检查员、废品收购人员
EIS	警官、侦查员、交通检查员、安全咨询者、合同管理者、商人
EAS	法官、律师、公证人
EAR	展览室管理员、舞台管理员、播音员、驯兽员
ESC	理发师、裁判员、政府行政管理员、财政管理员、工程管理员、职业病防治、售货员、商业经理、办公室主任、人事负责人、调度员
ESR	家具售货员、书店售货员、公共汽车的驾驶员、日用商品的售货员、护士长、自然科学和工程的行政领导
ESI	博物馆管理员、图书馆管理员、古迹管理员、饮食业经理、地区安全服务管理员、技术服务咨询者、超级市场管理员、零售商品店店员、批发商、出租汽车服务站调度
ESA	博物馆馆长、报刊管理员、音乐器材售货员、广告商、售画营业员、导游、（轮船或班机上的）事务长、飞机上的服务员、船员、法官、律师
CRI	簿记员、会计、计时员、铸造机操作工、打字员、按键操作工、复印机操作工
CRS	仓库保管员、档案管理员、缝纫工、讲述员、收款人
CRE	标价员、实验室工作者、广告管理员、自动打字机操作员、电动机装配工、缝纫机操作工
CIS	记账员、顾客服务员、报刊发行员、土地测量员、保险公司职员、会计师、估价员、邮政检查员、外贸检查员
CIE	打字员、统计员、支票记录员、订货员、校对员、办公室工作人员
CIR	校对员、工程职员、海底电报员、检修计划员、发报员
CSE	接待员、通信员、电话接线员、卖票员、旅馆服务员、私人职员、商学教师、旅游办事员
CSR	运货代理商、铁路职员、交通检查员、办公室通信员
CSA	秘书、图书管理员、办公室办事员
CER	邮递员、数据处理员、航空邮件检查员
CEI	推销员、经济分析家
CES	银行会计、记账员、法人秘书、速记员、法院报告人

附录2 专业知识技能词汇表

在下面的内容性技能清单中圈出你所知道的。如有可能，用一个更具体的词来替换这里的词汇。比如，如果你圈出了"外语"这个词，根据你所掌握的外语方面的知识，你可能把它替换成"日耳曼族语""法语"或"德语"。列出所有的内容性技能是不可能的，但这个清单可以激发你的记忆和思考。

研磨剂	毒品	美学	过敏性反应
受虐儿童	黏合剂	非洲、非洲人	游乐园
会计	管理	农业	解剖学
声学	青春期	疾病	麻醉药
杂技	收养	飞机	动物
丙烯酸树脂	航空学	酒精中毒	古董
人类学	制陶术	工程学	地理
开胃食品	庆典	发动机	构造
仪器	椅子	娱乐	老年病学
学徒	支票簿	设备	魔力
仲裁	化学药品	道德	玻璃
建筑	教堂	欧洲、欧洲人	目标
争吵	马戏团	事件(哪一类的?)	高尔夫球
数学	城市	织物	政府
艺术、艺术史	泥土	家庭	机构
炮兵	气候	农用机械	图表
亚洲、亚洲人	衣服	时尚	谷物
天文学	学院	发酵	语法
运动	颜色	肥料	制图学
原子	喜剧	纤维光学	小组
拍卖	委员会议	纤维	成长
听众	公司	小说	枪支
音频设备	精神疾病	电影	头发
儿童养育	计算机	金融	手工艺品
细菌	混凝土	财务记录	和谐
信仰	菜单	抛光剂	卫生保健
行为	化妆品	火灾、消防	听力
钟	女装	急救	帮助
自行车	工艺品	鱼	商品
生物学	犯罪	钓鱼	历史
小鸟	庄稼	健康	爱好
毯子	顾客	调味	马匹

蓝图	风俗	飞行	园艺
船只	奶制品	地板	医院
簿记	数据	插花	旅馆
书	决策	花	房子
植物学	装饰	液体	人性
花束	公尺	食品供应	打猎
金属	方法	大纲	公众意见
砖	残疾人	熔炉	公开演说
桥	疾病	行李	出版
预算	戏剧	纸张	木偶
公制	钻孔机	公园	谜语
建筑材料	干砌墙材料	党派、社会	棉被
官僚制度	染料	工资体系	收音机
生意	地震	人（哪一类的？）	铁路
橱柜	同情	期刊	范围
地毯	雇主	绩效	房地产
卡通	能量	人格	娱乐
水泥	饭食	前景	冷藏
矿物质	机械学	药物	报告
珠宝	医疗器械	哲学	饭馆
新闻业	药物	摄影	步枪
正义	会议	地方	节奏
狗窝	钱	计划	河流
钥匙、锁	动机	图画	道路
刀子	摩托车	塑料	逻辑学
湖泊	马达	灰浆	润滑油
灯	移动设备	植物（哪一类的？）	木材
土地	博物馆	水力学	机器
风景	音乐	卫生	机器零件
语言	乐器	思想	魔术
花边	神话	意识形态	地图
洗衣房	名字	文盲	市场、市场学
法律	麻醉剂	插图	婚姻
割草机	记叙文	意象	协会成员
草坪	国家	所得税	化粪池
领导	国内事件	移民	丝绸
学习	自然	保险	银器
皮革制品	导航	兴趣	洗涤槽
立法	外语	投资	皮肤

图书馆	森林	印刷机	社会学
灯光	叉车	机械	软件
读写能力	火炉	监狱	词汇
文学	水果	问题	体育运动
平版印刷	室内装饰	产品	舞台
礼拜仪式	家具	节目	污点
牲畜	皮毛	财产	石头
场所	计量表	心理学	统计学
位置	宝石	心理疗法	仓库
机车	地理学	宣传	故事
报纸	数字	托儿所	办公设备
办公室工作	观点	果园	管弦乐队
学生	符号	桌子	团队
牙齿	电话	望远镜	电视
领土	纺织品	盘子	游戏
钳子	诗歌	毒药	政治程序
污染物	锅	旅行	树木
打字机	制服	蔬菜	退伍老兵
盒式录像带	录像机	剧院	神学
理论	线	轮胎	旅游
村庄	视力	图像	声音
战争	水	角色	屋顶
房间	路线	橡皮	盐
风景	婚礼	车轮	葡萄酒
木材	野生生物	窗户	羊毛
世界	包装材料	游艇	动物园

附录3　自我管理技能词汇表

圈出你相信自己确实拥有的任何适应性技能。在每个适应性技能后面都有一个同义词。如果某个同义词更适合你,也请你把它圈出来。大多数适应性技能都用形容词或副词来表达。

学术性强的——勤学的,博学的
精确的——准确的,正确的
活跃的——活泼的,精力充沛的
适合的——灵活的,适应的
精通的——娴熟的,内行的,熟练的
胆大的——勇敢的,冒险的

机敏的——警戒的,警惕的,警觉的
野心勃勃的——有抱负的,毅然决然的
好分析的——逻辑的,批判的
感谢的——感激的,感恩的
艺术的——美学的,优美的
随和的——放松的,随意的

攻击性强的——强有力的,好斗的

坚持己见的——强调的,坚持的

健壮的——强壮的,肌肉发达的

留心(细节)的——观察敏锐的

吸引人的——漂亮的,英俊的

平衡的——公平的,公正的,无私的

心胸开阔的——宽容的,开明的

有条理的——有效率的,勤勉的

平静的——沉着的,镇定的,不动摇的

正直的——直率的,坦率的,真诚的

有能力的——有竞争力的,技艺精湛的

仔细的——谨慎的,小心的

喜悦的——高兴的,快乐的,欢快的

清楚的——明白的,明确的,确切的

聪明的——伶俐的,敏锐的,敏捷的

竞争的——好斗的,努力奋斗的

有信心的——自信的,有把握的

志趣相投的——愉快的,融洽的

认真的——可靠的,负责的

考虑周到的——体贴的,亲切的

前后一致的——稳定的,有规律的

常规的——传统的,认可的

合作的——统一的,一致的

有勇气的——勇敢的,无畏的,英勇的

周到的——有礼貌的,尊敬的

好奇的——好问的,爱探究的

有创造性的——新颖的,有创意的

果断的——坚决的,坚定的,明确的

慎重的——小心的,审慎的

民主的——平等的,公平的

感情外露的——富于表情的,易动感情的

可靠的——令人信任的,可信赖的

坚决的——坚定的,果敢的

灵巧的——灵活的,敏捷的,机敏的

婉转得体的——机智的,文雅的,精明的

谨慎的——小心的,精明的

独特的——唯一的,个性化的

占统治地位的——发号施令的,权威的

有文化的——博学的,诗意的,好学的

有效的——多产的,有说服力的

雄辩的——鼓舞人心的,精神饱满的

有感情的——感动的,多愁善感的

同情的——理解的,关心的

着重的——强调的,有力的

精力充沛的——活泼的,活跃的

进取的——冒险的,努力的

热情的——热切的,热烈的,兴奋的

有效率的——省力的,省时的

博学的——消息灵通的,有文化修养的

慷慨的——乐善好施的,仁慈的

讲道德的——体面的,有德行的

富于表现力的——生动的,有力的

公平的——无私的,无偏见的

有远见的——明智的,有预见的

流行的——时髦的,走俏的,现行的

坚定的——不动摇的,稳定的

灵活的——适应性强的,易调教的

有力的——强大的,强壮的

合礼仪的——适当的,有礼貌的

朴素的——节俭的,节省的,节约的

大方的——慷慨的,乐善好施的

亲切的——真诚的,友好的,和蔼的

温和的——好心的,温柔的

吃苦耐劳的——坚强的,坚韧不拔的

有帮助的——建设性的,有用的

诚实的——真诚的,坦率的

有希望的——乐观的,鼓舞人心的

幽默的——诙谐的,滑稽的,可笑的

富有想象力的——有创意的,有创造性的

微妙的——机智的、敏感的

独立的——自立的,自由的

勤奋的——努力的,忙碌的

有知识的——有学者气质的,有文化涵养的

智慧的——聪明的,见识广的,敏锐的

特意的——有目的的,故意的

明智的——聪明的,有判断力的

善良的——好心的,仁慈的

有条理的——系统的,整洁的,精确的

拘谨的——矜持的,客气的
负责的——充分考虑的,成熟的,可靠的
反应灵敏的——活泼的,能接纳的
自发的——首创的,足智多谋的
敏感的——易受影响的,敏锐的
严肃的——冷静的,认真的,坚决的
精明的——机敏的,爱算计的,机警的
真诚的——诚恳的,可信的,诚挚的
交际的——随和的,亲切的
自发的——冲动的,本能的
稳定的——坚固的,稳固的,可靠的
高大结实的——强有力的,强健的,肌肉发达的
耐心的——坚定不移的,毫无怨言的
平和的——宁静的,平静的,安静的
敏锐的——有洞察力的,有辨识力的
坚持的——持久的,持续的
有说服力的——令人信服的,有影响力的
爱玩耍的——有趣的,快乐的
泰然自若的——自制的,镇静的
礼貌的——尊敬的,文明的,恰当的
积极的——有远见的,坚定的
实用的——有用的,实际的
精确的——详细的,明确的,准确的
多产的——硕果累累的,丰富的
文雅的——文明的,有修养的
爱说话的——爱发表意见的,善于表达的
有目的的——下定决心的,有意的
安静的——无声的,沉默的,宁静的
合理的——合逻辑的,有根据的
善意的——充满爱意的,友善的
可靠的——可信赖的,值得信赖的
热心的——热情的,热切的,热烈的
精力旺盛的——生机盎然的,充满活力的
容光焕发的——明亮的,热情洋溢的,光彩夺目的
快速的——敏捷的,迅速的,灵活的,轻快的
多才多艺的——多技能的,手巧的

逻辑性强的——理智的,有条理的
忠诚的——真诚的,忠实的,坚定的
有条理的——系统的,整洁的
小心翼翼的——精确的,完美主义的
谦虚的——谦逊的,简朴的,朴素的
有益于成长的——有帮助的,支持的
观察敏锐的——留心的,警觉的
头脑开放的——接纳的,客观的
有秩序的——训练有素的,整齐的
独创的——创造性的,罕有的
随和的——友好的,好交际的
充满热情的——狂喜的,热心的
成功的——有成就的,证据确凿的
同情的——仁慈的,温暖的,善良的
有策略的——考虑周详的,慎重的
顽强的——坚持的,坚定的
理论性强的——抽象的,学术的
完全的——彻底的,全部的
深思熟虑的——沉思的,慎重的
宽容的——仁慈的,宽大的
坚强的——不动摇的,坚定的
值得信赖的——可靠的,可信赖的
真诚的——诚实的,实际的
善解人意的——了解的,理解的
保护的——警戒的,防御的
智慧的——明智的,仔细的,聪明的
准时的——守时的,稳定的,及时的
现实的——自然的,真实的
沉思的——爱思考的,深思熟虑的
理性的——合理的,符合逻辑的
迷人的——有魅力的,令人愉快的
有德行的——道德的,模范的

附录 4　可迁移技能词汇表

达到	照顾	巩固	指导
执行	运送	建设	洞悉
适应	制图	联系	发现
管理	选择	控制	拆除
做广告	分类	烹调	展示
劝告	打扫	协调	证明
开玩笑	攀登	复制	草拟
分析	训练	纠正	绘制
预测	收集	符合	训练
申请	上色	咨询	驾驶
评价	交流	计数	编辑
安排	比较	创造	授予
装配	比赛	培养	鼓励
声称	决定	忍耐	评估
完成	定义	加强	协助
构成	代表	提高	参加
领会	运送	娱乐	审核
计算	证明	建立	权衡
集中	设计	估计	议价
概念化	详述	评估	美化
调和	探测	膨胀	面对
发展	解释	购买	联结
发明	探索	计算	保存

参考文献

[1] 王莹,王玉君,丛婵娟. 大学生职业生涯规划[M]. 北京：清华大学出版社,2019.

[2] 张元,孙定义. 职业生涯规划[M]. 北京：高等教育出版社,2019.

[3] 曹鸣岐. 职业生涯规划[M]. 3版. 北京：高等教育出版社,2019.

[4] 王丽. 职业生涯规划[M]. 2版. 北京：高等教育出版社,2019.

[5] 唐娜·邓宁. 你的职业性格是什么：MBTI16型人格与职业选择[M]. 王瑶,邢之浩,译. 2版. 北京：电子工业出版社,2019.

[6] 孙宗虎. 职业生涯规划管理实务手册[M]. 3版. 北京：人民邮电出版社,2018.

[7] 吕平. 大学生职业生涯规划与就业创业指导[M]. 天津：南开大学出版社,2018.

[8] 苏文平. 大学生职业生涯规划与就业创业指导[M]. 北京：中国人民大学出版社,2018.

[9] 布赖恩·费瑟斯通豪. 远见：如何规划职业生涯3大阶段[M]. 苏健,译. 北京：北京联合出版公司,2018.

[10] 戴维·范鲁伊. 生涯线[M]. 粟志敏,译. 杭州：浙江人民出版社,2018.

[11] 钟思嘉,金树人. 大学生职业生涯规划：自主与自助手册[M]. 北京：高等教育出版社,2017.

[12] 戴安·萨克尼克,美丽莎·若夫门. 职业指导：职业生涯规划教程[M]. 中国就业培训技术指导中心,清华大学学生职业发展指导中心,译. 11版. 北京：中国劳动社会保障出版社,2017.

[13] 庄明科,谢伟. 大学生职业生涯规划[M]. 北京：中国人民大学出版社,2016.

[14] 钟谷兰,杨开. 大学生职业生涯发展与规划[M]. 2版. 上海：华东师范大学出版社,2016.

[15] 王丽. 大学生职业生涯规划训练手册[M]. 北京：北京理工大学出版社,2011.

[16] 徐伟新. 社会主义核心价值观研究[M]. 北京：中共中央党校出版社,2016.